Markus Reiter
Klardeutsch.

Markus Reiter

KLARDEUTSCH.
Neuro-Rhetorik für Manager

2., erweiterte Auflage

HANSER

FSC

Mix
Produktgruppe aus vorbildlich
bewirtschafteten Wäldern und
anderen kontrollierten Herkünften

Zert.-Nr. GFA-COC-001262
www.fsc.org
© 1996 Forest Stewardship Council

Das für dieses Buch verwendete FSC-zertifizierte Papier Munken Premium
liefert Arctic Paper Mochenwangen GmbH.

Bibliografische Information der Deutschen Nationalbibliothek
Die Deutsche Nationalbibliothek verzeichnet diese Publikation in der Deutschen Nationalbibliografie; detaillierte bibliografische Daten sind im Internet
über http://dnb.d-nb.de abrufbar.

1   2   3   4   5   6   13 12 11 10

© 2010 Carl Hanser Verlag München

Internet: http://www.hanser.de
Lektorat: Martin Janik
Herstellung: Ursula Barche
Umschlaggestaltung: Büro plan.it, München
Satz: Presse- und Verlagsservice, Erding
Druck und Bindung: Friedrich Pustet, Regensburg
Printed in Germany

ISBN 978-3-446-42179-0

"I quite agree with you," said the Duchess; "and the moral of that is – 'Be what you would seem to be' – or, if you'd like it put more simply – 'Never image yourself not to be otherwise than what it might appear others that what you were or might haven been was not otherwise that what you had been would have appeared to them to be otherwise.'"

"I think I should understand that better," Alice said very politely, "if I had it written down: but I can't quite follow it as you say it."

Lewis Carroll, Alice's Adventures in Wonderland

„Ich stimme dir vollkommen zu", sagte die Herzogin, „und die Moral davon ist: Sei, was du zu scheinen wünschest! – oder einfacher ausgedrückt: Bilde dir nie ein, verschieden von dem zu sein, was anderen erscheint, dass, was du warest oder gewesen sein möchtest, nicht verschieden von dem war, dass, was du gewesen warest ihnen erschienen wäre, als wäre es verschieden."

„Ich glaube, ich würde das besser verstehen", sagte Alice sehr höflich, „wenn ich es aufgeschrieben hätte; ich kann nicht ganz folgen, wenn Sie es sagen."

Lewis Carroll: Alice im Wunderland

Inhalt

Zum Start: Vorwort

Kürzlich besuchte ich eine zweitägige Veranstaltung zur Zukunft der Medien. Es war bereits später Nachmittag am zweiten Kongresstag, einem Sonnabend. Wir Teilnehmer hatten eine ziemlich beeindruckende Reihe von Rednerinnen und Rednern hinter uns. Unzählige PowerPoint-Präsentationen hatten mich so ermüdet, dass selbst die dritte Flasche Cola keine Wirkung mehr zeigte. Zum ich weiß nicht wievielten Male wurden wir aufgefordert, „innovative Lösungen" zu suchen, um den „technologischen Herausforderungen" zu begegnen. Blablabla. Gähn!

In jenem Moment, in dem mir die Augen endgültig zuzufallen drohten, trat ein neuer Redner ans Pult. Er begann seinen Vortrag damit, zu erzählen, wie er seinen ersten Internet-Zugang eingerichtet hatte. Welche Probleme es damals gab. Welche Mühen es ihm gekostet hatte, eine funktionierende Verbindung herzustellen. Welche Dummheiten er dabei gemacht hatte. Er schilderte seine Erlebnisse mit Selbstironie und Humor und brachte die Kongressteilnehmer zum Lachen. Plötzlich erinnerte ich mich an meinen eigenen ersten Internet-Anschluss. Mit Modem! An die kleine Ewigkeit, die es brauchte, eine Homepage aufzurufen. An die häufigen Ausfälle, weil die Telefonleitung zusammengebrochen war. Anderen Teilnehmern ging es wohl ähnlich. Kurzum: Das Auditorium war hellwach. Plötzlich waren wir wieder bereit, uns mit komplizierten Gedanken über neue Medien zu beschäftigen.

Warum hatte dieser Experte so viel mehr Erfolg als seine Vorrednerinnen und Vorredner? Ganz einfach: Er hatte seinen Vortrag gehirngerecht aufbereitet.

Das Gehirn des Menschen nimmt nur zwei Prozent seiner Körpermasse ein (im Durchschnitt, Ihre persönliche Körpermasse kenne ich ja nicht). Es verbraucht aber rund 20 Prozent der Energie des Körpers. Da die Natur nichts verschwendet, hat die Evolution unserem Gehirn offensichtlich eine besonders wichtige Rolle zugedacht. In der Tat benutzen wir es (unter anderem) für eine außerordentlich erstaunliche Leistung: für die Sprache. Keine andere Spezies ist in der Lage, sich auf ähnlich umfassende Weise zu verständigen. Die Erfindung der Sprache stellt nach Auffassung vieler Wissenschaftler den entscheidenden evolutionären Schritt dar, der der menschlichen Rasse zu ihren kulturellen und technischen Höchstleistungen verhalf. Denn mit der Sprache geben Menschen Informationen weiter, die sonst verloren gegangen wären, und sie ordnen ihre sozialen Beziehungen untereinander. Das galt für die Steinzeitmenschen, das gilt nicht minder heute in einer Welt der E-Mails, Handys und SMS.

Wenn man es wörtlich nimmt, ist jede Sprache gehirngerecht, die von einem anderen Menschen noch irgendwie verstanden wird. Nur handelt sich es manchmal um eine Qual. An guten Präsentationen, Reden und Texten aber haben wir Spaß. Wir hören ihnen gerne zu. Wir lesen sie mit Vergnügen. Und wir können uns gut merken, was wir auf diese Weise erfahren haben. Diese Vorträge und Texte sind, was ich als gehirngerecht bezeichne.

Die Neurowissenschaften haben in den vergangenen zehn bis 20 Jahren einen enormen Aufschwung genommen. Dank Methoden wie dem EEG, der Positronen-Emissionstomografie und der funktionellen Magnetresonanztomografie können Forscher dem Gehirn heute dabei zusehen, wie es denkt und wie es Sprache verarbeitet. Zwar hat der deutsche Philosoph Gottfried Wilhelm Leibniz bereits 1683 in seinem Essay „Unvorgreifliche Gedanken, betreffend die Ausübung und Verbesserung der deutschen Sprache" viele Regeln und Erkenntnisse zur gehirngerechten Sprache vorgebracht. Die Sprachkritiker Karl Kraus, Kurt Tucholsky, Ludwig Reiners, Wolf Schneider und viele andere haben einiges wiederholt, manches ergänzt. Aber erst heute können wir beweisen: Ihre Regeln für klares Deutsch sind deshalb richtig, weil sie der Art und Weise entsprechen, wie unser Gehirn mit Sprache umgeht.

Ziel dieses Buches ist es, Ihnen zu zeigen, wie Sie in Ihrem Berufsalltag die Gesetze der Neuro-Rhetorik zu Ihrem Vorteil einsetzen können. Ich habe dazu die jüngsten Erkenntnisse der Neuro- und Psycholinguistik aufbereitet und sie in praktische Tipps gefasst.

In den ersten beiden Kapiteln werde ich zunächst weiter ausholen. Darin werden Sie erfahren, wie Sprache entstanden ist und wo sie in unserem Gehirn verarbeitet wird. Dieser Hintergrund hilft Ihnen, die zahlreichen Experimente und Studien besser zu verstehen, die ich im zweiten Teil vorstelle. Der zweite Teil umfasst nämlich zwölf Erkenntnisse der Neurowissenschaften für eine gehirngerechte Sprache, mit der Sie persönlich im Alltag mehr Erfolg haben werden. Falls Sie ein besonders ungeduldiger Leser sind, können Sie den ersten Teil überspringen und sich gleich den Erkenntnissen widmen.

Ich empfehle es Ihnen aber nicht. Ich gebe seit über zehn Jahren Seminare zum Thema Sprache. Dabei habe ich die Erfahrung gemacht, dass die Teilnehmer mit praktischen Tipps mehr anfangen können, wenn ich ihnen zuvor die wissenschaftlichen Hintergründe erläutert habe, auf denen sie basieren. Das ist übrigens an sich schon gehirngerecht. Im Zusammenhang und mit einer Begründung können wir Fakten besser abspeichern, als wenn wir sie einzeln und nackt lernen.

Rhetorik sollte nicht allzu eng verstanden werden. Viel Wissen wird in modernen Gesellschaften schriftlich weitergegeben. Die meisten Manager müssen täglich schreiben und Geschriebenes freigeben: Anweisungen, Marketingtexte, Vertriebsbroschüren, Geschäftskorrespondenz, Beiträge für Newsletter, Pressemitteilungen, Artikel für Kunden- und Mitarbeiterzeitschriften, Fachaufsätze und vieles mehr. Deshalb beschäftigte ich mich im dritten Teil mit Schreiben und Lesen. Natürlich erhalten Sie auch hier neben wissenschaftlichem Hintergrund viele Tipps und Tricks für den Alltag.

Sie werden bei der Lektüre feststellen: Gehirngerechte Sprache ist nicht schwer. Im Gegenteil: Sie kommt uns ganz natürlich. Wir müssen sie nur zulassen. Viele Manager, Politiker, Beamte und Journalisten haben durch die Sprache, mit der sie Tag für Tag konfrontiert werden, verlernt, gehirngerecht zu schreiben. Dieses Buch soll Sie ermutigen, sich vom Phrasendeutsch und vom Sprachmüll zu befreien. Wer den Eingebungen seines eigenen Gehirns folgt, wird beim Reden und Schreiben die Gehirne der anderen Menschen besser erreichen.

ERSTER TEIL
Sprache und Gehirn

Sprache entsteht im Gehirn

Die Erforschung der menschlichen Sprache war nicht immer sonderlich menschenfreundlich. Der ägyptische Pharao Psammetichos I. zum Beispiel soll im sechsten Jahrhundert vor Christus einem Schafhirten befohlen haben, zwei Knaben in einer Höhle zusammen mit seiner Herde aufzuziehen. Er verbot dem Manne streng, zu den beiden Kindern auch nur ein einziges Wort zu sagen. Auf diese Weise wollte der Herrscher herausfinden, welche Sprache die Ursprache der Menschen sei. Er ging davon aus, dass Kinder zur Sprache kämen ganz so, wie ihnen Haare sprössen und die Gliedmaßen wüchsen.

Nach zwei Jahren in der Isolation sollen die bedauernswerten Kinder „bekos, bekos" gerufen haben. Das ist das phrygische Wort für Brot. Daraus schloss der Pharao: Das Phrygische müsse die Ursprache aller Völker sei. So jedenfalls erzählt uns der griechische Geschichtsschreiber Herodot dieses erste linguistische Experiment der Weltgeschichte in seinen *Historien*. Was aus den beiden Knaben nach ihren ersten Worten geworden ist, verschweigt er übrigens.

Kritiker in späteren Jahrhunderten vermuteten, dass die Kinder gar keine Sprache gesprochen, ja wohl noch nicht einmal das Wort „bekos" artikuliert haben. Vielmehr ahmten sie wohl das Einzige nach, was sie an lautlichen Äußerungen zu hören bekamen: das Mähen der Schafe. Für die Beauftragten des Pharaos klang diese Imitation wie „bekos".

Das Phrygische ist übrigens eine indoeuropäische Sprache, die vom zwölften Jahrhundert vor Christus bis zum siebten Jahrhundert nach Christus gesprochen wurde – und damit auf keinen Fall die älteste Sprache der Welt ist. Sie ging, wie alle Sprachen dieser Familie, aus dem Proto-Indoeuropäischen hervor, das vor etwa 7 000 Jahren entstand.

Der Bericht Herodots zeigt zum einen, dass die Menschen sich seit jeher für den Ursprung der Sprache interessiert haben. Denn Sprache ist das Offensichtlichste, was den Menschen von allen anderen Lebewesen unterscheidet. Weder Lurche noch Delfine, weder Fruchtfliegen (die Lieblingstiere der Genetiker) noch Menschenaffen können auf jene Art reden, die wir als Sprache bezeichnen. Welche Ansätze einer Sprache dennoch bei anderen Spezies zu finden sind, darüber mehr in den folgenden Kapiteln.

Zum anderen zeigt das Ergebnis des pharaonischen Experiments: Sprache entsteht im Gehirn. Es kommt nicht nur auf die Art der Luftbewegung an, die unser Stimmorgan auslöst. Nicht nur auf die Frequenz oder auf andere physikalische Umstände der Lautproduktion, sondern vielmehr darauf, wie diese Signale von unserem Gehirn verarbeitet werden – und was in unserem Kopf daraus entsteht. Wenn es sein muss, hören wir, was wir hören wollen. Das ist nicht nur eine Erfahrung, die Eltern mit ihren unwilligen pubertierenden Kindern machen, wenn sie ihnen auftragen, den Müll hinunterzutragen. Ein aktuelles Experiment aus der Erforschung der neurologischen Lautverarbeitung belegt diese Tatsache ebenso.

Wissenschaftler spielten Probanden eine Reihe unartikulierter Laute, einzelne Silben, Vokale und Konsonanten vor, die sich zu einem allgemeinen Gemurmel ausnahmen. Die Teilnehmer an dem Experiment wurden gefragt, ob sie etwas Sinnvolles verstanden hätten und, wenn ja, was. In den ersten Minuten des Hörens gaben die Versuchspersonen an, sie könnten keine Wörter ausmachen. Je länger sie jedoch zuhörten, desto eher vermeinten sie, einzelne Wörter oder Satzfetzen vernommen zu haben – obgleich es diese objektiv nicht gab. Woran liegt das?

Unser Gehirn ist darauf getrimmt, in Lautfolgen nach sinnvollen Mustern zu suchen, besonders nach jenen unserer Muttersprache. Deshalb hören wir auf einer Party in New York, so wir je einmal dorthin eingeladen sind, inmitten englischsprachigen Gemurmels sofort den einzigen anderen Deutsch sprechenden Gast am entgegengesetzten Ende des Raumes heraus. Unser Gehirn ist auf diese Lautmuster besonders geeicht. Dafür, dass es sich bei dem anderen Deutschen stets um einen Menschen handelt, dem wir am liebsten nirgendwo auf der Welt jemals begegnen wollten, gibt es allerdings keine neurobiologische Erklärung.

Im vorgestellten Experiment arbeitete der Verstand der Teilnehmer so hart, dass in ihrem Gehirn aus den gehörten Geräuschen Lautmuster konstruiert wurden, die gar nicht vorhanden waren.

Zwei Araber unter falschem Verdacht

Diese Angewohnheit unseres Hirns kann zu unangenehmen Zwischenfällen führen. Kurz nach den Bombenanschlägen auf die U-Bahn in London durch islamistische Terroristen im Juli 2005 wurden zwei Araber verhaftet. Ein Zeuge mit mittelmäßigen Arabischkenntnissen gab an, er habe die beiden Männer an einer Bushaltestelle belauscht, wie sie sich flüsternd über weitere Attentate unterhalten hätten. Nach einer aufgeregten Fahndung wurden die Männer entdeckt und festgenommen. Es stellte sich nach einigen Tagen heraus, dass die beiden Araber völlig harmlos waren. Sie hatten an der Haltestelle nicht über anstehende Terrorangriffe gesprochen.

Man sollte Gerechtigkeit walten lassen: Der übereifrige Zeuge hat die Araber wahrscheinlich nicht mutwillig verdächtigt – sein Gehirn mag ihm einen Streich gespielt haben. Unter dem Eindruck der in diesen Tagen in London allgegenwärtigen Terrordebatte konstruierte es, was es – zumal von zwei Arabern – zu hören befürchtete. Sprache wird eben im Gehirn gemacht.

Ich habe einmal einen Geschäftsmann kennengelernt, der sich diesen Mechanismus zunutze machte. Er murmelte in Verhandlungen einige zusammenhanglose Silben – in der Hoffnung, dass seine Geschäftspartner diese als zustimmende Äußerungen interpretieren. Hinterher konnte er sich ohne zu lügen damit herausreden, er habe ja nichts gesagt.

Einmal hatte mein Gehirn große Schwierigkeiten ein sprachliches Muster zu erkennen. Nach meinem Studium lebte ich während eines Praktikums bei den Vereinten Nationen für rund ein viertel Jahr in New York City. Fast jeden Tag fuhr ich mit der U-Bahn von meiner Unterkunft im International House in Manhattans Upper West Side nach Lower Manhattan. Jeden Tag hörte ich beim Aus- und Einsteigen durch das nicht mehr ganz moderne Lautsprechersystem den U-Bahn-Fahrer etwas krächzen, das wie „Mdklsingdrrrrssplisss" klang. Drei Monate grübelte ich, was den Fahrgästen hier mitgeteilt werden sollte. Erst gegen Ende meines Aufenthaltes gelang es meinem Gehirn mit zunehmender Gewöhnung an die unterschiedlichsten Akzente im Englischen, die einem in New York City und bei den Vereinten Nationen begegnen, den rätselhaften Spruch zu decodieren: „Mind the closing doors, please!" (Vorsicht, Türen schließen!) lautete die Botschaft.

Grundsätzlich ist der Mechanismus des Gehirns, Muster zu erkennen, sinnvoll. Auf diese Weise gelingt es Menschen nämlich, Sprache aus einer Kakofonie ablenkender Geräusche herauszuhören. Schon Neugeborene sind dazu in der Lage. In Untersuchungen wandten sich Babys schon Stunden, nachdem sie auf die Welt gekommen waren, menschlicher Sprache aufmerksamer zu als anderen Geräuschen. Ohne Zweifel ist diese Fähigkeit für sie unabdingbar bei ihrem Spracherwerb. Denn wie sonst sollen die Babys aus all den seltsamen Geräuschen, die die Erwachsenen und ihre Umwelt von sich geben, einen Sinn konstruieren. Sie müssen Muster herausfiltern und dabei durchaus großzügig über Unterschiede hinweggehen. Schließlich spricht Tante Frieda anders als der Papa oder als Onkel Thomas.

Die Forschung kann zeigen, dass Babys schon sehr früh

Musik von Sprache zu unterscheiden vermögen, obgleich beide Geräusche über Muster verfügen. Die Verarbeitung der Signale erfolgt in unterschiedlichen Arealen des Gehirns, Sprache vornehmlich linkshemisphärisch, Musik in der rechten Gehirnhälfte. Wie eng beide zusammenhängen, zeigt sich daran, dass die Satzmelodie und die Betonung des Gesprochenen ebenfalls rechtshemisphärisch verarbeitet werden. Diese sogenannten prosodischen Merkmale, auf die ich unter Erkenntnis 2 näher eingehe, sind für unser Gehirn also so etwas wie Musik.

Das Ergebnis eines berühmten Experiments lässt sogar vermuten, dass Ungeborene schon im Mutterleib an ihre Muttersprache gewöhnt werden. Französische Neugeborene erhielten dazu einen Schnuller, an dem sie saugen konnten. Die Heftigkeit der Saugbewegungen wurde gemessen. Dann spielte man den Babys französische und russische Laute vor. Hörten die Babys Französisch, saugten sie stärker. Russisch ließ sie kalt. Da das Experiment mit russischen Kindern vermutlich auch umgekehrt funktioniert, sollten es die Franzosen allerdings nicht als Beleg für die Überlegenheit ihrer Sprache ansehen.

Genies trauriges Schicksal bringt die Neurolinguistik weiter

Womit wir wieder zu den Kindern zurückkehren, die ohne den Kontakt mit Sprache aufwachsen. Psammetichos' Experiment wurde in der Geschichte mindestens noch zweimal wiederholt – mit für die betroffenen Kinder tragischem Ausgang. Jakob IV. von Schottland hoffte im 15. Jahrhundert zu belegen, dass Hebräisch die Muttersprache der Menschheit sei. Er sperrte dazu zwei Kinder ein und kam offensichtlich zu dem erwünschten Ergebnis. Die Kinder, so berichtet ein Chronist, „spak very guid Ebrew". Man darf allerdings bezweifeln, dass es bei dem Experiment mit rechten Dingen zuging. Die Kinder starben schließlich und nahmen diese (oder eine andere) Erkenntnis mit ins Grab.

Nicht anders war es zwei Jahrhunderte zuvor den Knaben in Sizilien ergangen. Sie sollten den Wissensdurst des weltläufigen und immens neugierigen Stauferkaisers Friedrich II., den seine Mitbürger „Stupor Mundi", „das Staunen der Welt" nannten, stillen. Der Chronist und Franziskanermönch Salimbene von Parma berichtet: „Seine Wahnidee war, dass er ein Experiment machen wollte, welche Art Sprache und Sprechweise Knaben nach ihrem Heranwachsen hätten, wenn sie vorher mit niemandem sprächen. Und deshalb befahl er den Ammen, sie sollten den Kindern Milch geben, sie baden und waschen, aber in keiner Weise mit ihnen schöntun und zu ihnen sprechen. Er wollte nämlich erforschen, ob sie die hebräische Sprache sprächen, als die älteste, oder Griechisch oder Latein oder Arabisch oder aber die Sprache der Eltern, die sie geboren hatten. Aber er mühte sich vergebens, weil die Kinder alle starben. Denn sie vermochten nicht zu leben ohne die Koseworte ihrer Ammen."

Die moderne Linguistik war nicht minder neugierig wie Psammetichos, Friedrich und Jakob. Sie hatte aber Gott sei Dank genug Skrupel, deren Experiment zu wiederholen. Glücklicherweise (allerdings nur für die Wissenschaft) kam den Sprachforschern der Zufall zu Hilfe:

Am 4. November 1970 entdeckte die Polizei in Los Angeles ein 13-jähriges Mädchen in der Wohnung ihrer Eltern. Die Beamten fanden das Kind angeschnallt an einen Nachtstuhl. Es konnte weder laufen noch gerade sitzen. Und es konnte nicht sprechen. Der Vater des Kindes, das später den Namen Genie erhielt, hatte seine Tochter vor der „dämonischen Außenwelt" abschirmen wollen. Er hatte das Mädchen nur angebellt, nie ein Wort zu ihr gesprochen. Von ihrer blinden und geistesgestörten Mutter hatte Genie jahrelang keine Hilfe zu erwarten gehabt, bis diese eines Tages völlig verzweifelt auf einem Sozialamt in Los Angeles auftauchte und von ihrem Schicksal berichtete.

Für die Linguistin Susan Curtiss wird Genie zu einem Projekt. Mühevoll versucht die Wissenschaftlerin das Vertrauen des Mädchens zu gewinnen, redet lange und liebevoll mit ihm, nimmt es mit in den Zoo und in die Stadt. Sie will herausfinden, ob Genie trotz ihres Alters noch befriedigend Sprache erlernen kann. Neurolinguisten vermuteten nämlich schon damals, dass die entscheidenden Hirnstrukturen für den Erwerb von Sprache nur während eines begrenzten Zeitraums aufgebaut werden können. Danach sei unser Gehirn nicht mehr in der Lage, überhaupt eine menschliche Sprache fließend und korrekt zu erlernen. Für die Forscher stellte es natürlich ein Problem dar, diese These zu belegen. Schließlich lernen alle Kinder ohne große Mühe zu sprechen. Das gilt sogar dann, wenn die Erwachsenen nicht direkt mit ihnen reden, sondern sich nur Menschen in ihrer Umgebung unterhalten, wie es in der Erziehung von Kleinkindern bei einigen wenigen Stämmen in Afrika üblich ist.

Eben deshalb kam, bei aller Tragik, das Schicksal von Genie den Linguisten entgegen. Das Mädchen hatte nämlich die Pubertät hinter sich – jenes Alter, von dem die Forscher vermuteten, dass es das Ende der Fähigkeit darstelle, Sprache zu erwerben. Zunächst jedoch erlernte Genie durchaus einige Wörter und es gelang ihr nach einiger Übung, ganz wie einem Kleinkind, bruchstückhafte Sätze hervorzubringen. Was Genie jedoch bis zum Ende der wissenschaftlichen Experimente mit ihr nie schaffte, ist, grammatisch korrekt konstruierte Sätze zu formulieren. Sie schien noch nicht einmal ein Gefühl dafür zu entwickeln, was Grammatik überhaupt ist und nach welchen Regeln die Syntax, also der Satzbau, funktioniert. Obwohl Susan Curtiss sich intensiv um Genie kümmerte und mit allen Mitteln der Pädagogik versuchte, ihr Englisch beizubringen, blieben die Äußerungen des Mädchens auf dem Niveau von Sätzen wie „Ich – Park – spazieren gehen".[1]

Eine Untersuchung von Genies Gehirn zeigte, dass ihre linke Gehirnhälfte stark unterentwickelt war. Ihre rechte Gehirnhälfte hingegen arbeitete weitgehend normal. Linksseitig sind, wir kommen noch darauf zurück, die für das Sprachverständnis und die Sprachproduktion zuständigen Areale angeordnet. Das Gehirn des Mädchens versuchte, den Mangel dort durch Aktivierung rechtshemisphärischer Strukturen auszugleichen. Das gelingt aber in diesem Alter nur noch unzureichend. Die Zuständigkeiten sind schlichtweg schon verteilt. Genies sprachliche Fähigkeiten erinnerten deshalb an Schlaganfall-Patienten, bei denen die Sprachzentren der linken Gehirnhälfte zu Schaden gekommen sind. Auch bei ihnen springt teilweise die rechte Hälfte ein – mit ähnlichen, wenig zufriedenstellenden Ergebnissen. Kleinkinder, denen Neurochirurgen sehr früh die linke Gehirnhälfte zum Beispiel wegen eines Tumors entfernen mussten, können den Mangel hingegen durch eine stärkere und andere Vernetzung der rechten Hirnhälfte ausgleichen. Sie haben im Erwachsenenalter nur geringe Störungen des Sprachvermögens.

Genie übrigens wurde nach einigen Jahren in Ruhe gelassen und der wissenschaftlichen Forschung entzogen. Sie lebt heute, nach allem, was man weiß, in einem Heim für geistig Behinderte in der Nähe von Los Angeles.

Was das alles mit Ihnen zu tun hat

Vielen Dank, lieber Leser, dass Sie es bis hierher geschafft haben. Sie werden sich an dieser Stelle möglicherweise fragen: Was geht mich das alles an? Warum sollte ich mich für die Schwierigkeiten interessieren, die ein 13-jähriges Wolfskind in den 70er-Jahren des letzten Jahrhunderts mit dem Spracherwerb hatte? Und warum sollten mich zwei unglückliche Araber in London kümmern, denen ein übereifriger Lauscher Terrorpläne unterstellt?

Die Antwort lautet: Weil uns diese Fälle einen Einblick in die Sprachverarbeitung unseres Gehirns erlauben. Und weil wir alle täglich mit Sprache arbeiten – als Sprecher und als Zuhörer, als Schreiber und als Leser. Ohne Sprache kann unsere Zivilisation nicht bestehen. Ohne Sprache hätte sie nie entstehen können. Kein einziges, noch so isoliertes Volk auf der ganzen Welt hat jemals beschlossen, die Sache mit dem Sprechen wieder bleiben zu lassen. Als zu wirkmächtig hat sich dieser evolutionäre Vorteil erwiesen.

Dieses Buch ist meines Wissens einer der ersten Versuche, neurolinguistische Erkenntnisse der Wissenschaft für den Alltag anwendbar zu machen. Ich verfolge zwei Ziele: Zum einen möchte ich Sie in die faszinierende Welt der Sprache, der gesprochenen wie der geschriebenen, entführen. Ich möchte Ihnen erklären, wie Sprache im Gehirn verarbeitet wird, was beim Zuhören, Sprechen und Lesen in unserem Kopf vor sich geht. Die Neurolinguistik, die Erforschung der Sprachvorgänge im Gehirn, hat in den letzten 20 bis 30 Jahren enorme Fortschritte gemacht. Heutzutage können Wissenschaftler Menschen mit besonderen bildgebenden Verfahren, der sogenannten Positronen-Emissionstomografie (PET) und der funktionellen Magnetresonanztomografie (MRT), beim Reden, Verstehen und Lesen zusehen. Wir wissen inzwischen, in welchen Bereichen des Gehirns Wörter, Sätze, unser mentales Lexikon, die Bedeutungen von Begriffen in der Muttersprache und in später erlernten Fremdsprachen angesiedelt sind. Wir haben eine erste Ahnung davon, welche Prozesse ablaufen und woran es liegt, wenn unser Sprachvermögen gestört ist. Noch sind viele Erkenntnisse vorläufig, ist manches im Fluss, einiges umstritten – aber spannend ist es allemal.

Zum anderen will ich Ihnen zeigen, wie Sie dieses Wissen der Neurolinguistik zu Ihrem Vorteil nutzen können. Wie Sie also Ihre persönliche Sprache, gesprochen wie geschrieben, gehirngerecht einsetzen können. In einem Falle kann das bedeuten, mit dem, was Sie äußern, die Hirnzellen Ihrer Zuhörer und Leser besonders zu aktivieren, sie zu überraschen und neugierig zu machen. Durch geschickten Einsatz von sprachlichen Mitteln stimulieren Sie dabei das Gehirn Ihrer Zuhörer und Leser. In einem anderen Falle hilft es Ihren Zwecken eher, wenn Sie es dem Gehirn Ihres Gegenübers besonders leicht machen. Auf diese Weise sparen Ihre Zuhörer oder Leser Energie. Statt mühsam zu entschlüsseln, was Sie ihnen eigentlich mitteilen wollen, können sie über den Inhalt nachdenken.

Wie Sie dieses Buch nutzen können

Der Aufbau des Buches entspricht diesem doppelten Ansatz. Im ersten, populärwissenschaftlichen Teil erfahren Sie eine Menge darüber, wo Sprache herkommt, was sie ausmacht, wie sie möglicherweise entstanden ist und wie sie im Gehirn verarbeitet wird. Im zweiten, praktischen Teil ziehe ich aus der linguistischen und neurolinguistischen Forschung zwölf Erkenntnisse für Ihren alltäglichen Sprachgebrauch. Wenn Sie die Grundlagen gar nicht oder erst später lesen wollen, sind Sie eingeladen, gleich zu den Erkenntnissen im zweiten Teil weiterzublättern. Wollen Sie sich einen Moment Zeit nehmen, um dem spannenden Phänomen Sprache auf die Spur zu kommen, starten Sie jetzt mit dem ersten Teil.

Wo die Sprache herkommt

Vom Wissensdurst um die Sprache der Herrscher Psammetichos, Jakob und Friedrich habe ich bereits berichtet. In späteren Jahren entstanden unzählige, zum Teil absurde Theorien darüber, wie und warum Sprache entstanden sein könnte. Der französische Philosoph Jean-Jacques Rousseau zum Beispiel ging in seinem Essay „Über den Ursprung der Sprache" davon aus, dass die Urmenschen die Laute der Tiere nachgeahmt und zudem schrille Schreie von sich gegeben hätten, um zum Beispiel auf Gefahren aufmerksam zu machen. So wie wir Kindern gegenüber noch heute einen Hund als „Wauwau" bezeichnen, seien aus diesen Nachahmungen Wörter für das Bezeichnete geworden. Diese Überlegungen zum Ursprung der Sprache teilte Rousseau im Übrigen mit dem deutschen Philosophen Johann Gottfried Herder. Die Theorie hat durchaus einiges für sich, wenn sie auch von Linguisten heute angezweifelt wird. Dem ein oder anderen werden aber sicherlich anekdotische Belege einfallen. Mir zum Beispiel ein Erlebnis vor einigen Jahren bei einer Pressereise nach Czernowitz in der Ukraine. Damals wollte ich eine orthodoxe Kirche am Rande der Innenstadt besuchen, als sich ein ziemlich großer und ziemlich skrupellos wirkender Hund anschickte, mich anzufallen. Im letzten Augenblick konnte ich mich in das Kircheninnere retten. Dort traf ich auf einen Popen, der mir für die Kirche und hoffentlich auch für die körperliche Unversehrtheit ihrer Besucher zuständig schien. Da mein Ukrainisch leider etwas schwach ist, versuchte ich den Mann durch nachgeahmtes Gebell, angstgeprägte Schreie und dramatische Gesten auf meine Lage aufmerksam zu machen. Mein Rückfall in die vorsprachliche Kommunikation hatte Erfolg. Der Pope verstand und bekam die Bestie in den Griff; mir gelang es, sicher das Kirchengelände wieder zu verlassen.

Dennoch vermag die Theorie Rousseaus und Herders nicht wirklich zu überzeugen. Die wenigsten Wörter unserer Sprache sind lautmalerischer Natur. Die meisten Begriffe sind willkürlich. Sie sind Symbole, die von den realen Dingen völlig gelöst sind. Was ein Wort bezeichnet, ist letztlich eine Übereinkunft der Sprechergemeinschaft. In einer Erzählung des Schriftstellers Peter Bichsel entschließt sich ein alter Mann, die Dinge seines Alltags einfach umzubenennen. Den Tisch nennt er Bett, den Stuhl Wecker und so weiter. An und für sich handelt es sich dabei um ein Phänomen, das in jeder Sprache ständig vorkommt – allerdings nicht von heute auf morgen, sondern in Generationen. Wörter wechseln im Laufe der Jahrzehnte und Jahrhunderte ihre Bedeutung und auch, was in ihnen mitschwingt. Das führt dazu, dass wir beim Lesen der deutschen Klassiker des 18. Jahrhunderts vieles missverstehen oder gar nicht verstehen. So würde zum Beispiel heute kaum jemand sagen: „Das ist mein Weib", wenn er respektvoll von seiner Ehefrau reden möchte. Vor 200 Jahren wäre dies hingegen eine keinesfalls anstößige Formulierung gewesen.

Wie schwul cool wurde

Der Bedeutungswandel geschieht zum einen als Folge der Sprachentwicklung einer Sprechergemeinschaft. Das Wort „geil" bedeutete zum Beispiel im Althochdeutschen übermütig, im Mittelhochdeutschen lustig, üppig (mit dem gleichen Wort-Ursprung aus dem Germanischen wie „gären" im Sinne von aufschäumen); im Neuhochdeutschen wurde es fast nur noch als „geschlechtlich erregt" verstanden. Die Jugendsprache der 1980er-Jahre veränderte die Wortbedeutung erneut – fast wieder zurück auf die ursprüngliche.

Dieser Prozess hat etwas mit der Unschärfe zu tun, die jeder Wortbedeutung anhaftet. So wird ein Begriff von Generation zu Generation zwar weiter benutzt, aber sein Sinn verschiebt sich immer mehr in eine bestimmte Richtung – vielleicht weil ihm mal eine ironische, mal eine pejorative Bedeutung beigegeben wird. Im Extremfall kann er dann am anderen Ende des Bedeutungsspektrums ankommen – also genau das Gegenteil des Ursprünglichen bedeuten. Zum Beispiel war ein Weib ursprünglich die geschäftige, ehrbare Ehefrau.

Auffallend ist übrigens, dass mehr Begriffe nach unten absacken, also einen negativen Beigeschmack bekommen, als dass sie aufsteigen. Etymologen, Wissenschaftler also, die sich mit der Sprachentwicklung beschäftigen, zeichnen solche Entwicklungen nach. Etymologien sind deshalb eine durchaus anregende Lektüre. Sie werden übrigens auch von Fachleuten benutzt, die für Werbung und Marketing neue Begriffe erfinden müssen.

Sprachwandel geschieht schleichend und er vollzieht sich dadurch, dass viele Angehörige einer Sprachgemeinschaft sich einem neuen Gebrauch anpassen. Viele Sprachkritiker behaupten zum Beispiel, heutzutage müsse immer alles mit „super-", „hyper-" oder „extra-" gesteigert werden. Das liege am schädlichen Einfluss der Werbung, die nach immer neuen Superlativen greife. In früheren Zeiten hingegen hätten die Menschen noch schlicht und einfach gesprochen. Diesen Kritikern kann entgegnet werden, dass früher mitnichten alles besser war. Die Menschen scheinen schon immer befürchtet zu haben, dass ihren Worten die Überzeugungskraft fehle. Sie suchten nach Bekräftigung, um deutlich zu machen, dass sie es in ihrem Falle wirklich, absolut, total und völlig ernst meinten. Im Altfranzösischen zum Beispiel reichte es aus, einen Satz mit „ne" zu verneinen, so wie wir es im Deutschen noch immer mit „nicht" tun. Auch den Menschen damals war jedoch ein Nein nicht Nein genug. Sprecher begannen, ihre Verneinung zu bekräftigen. Unter anderem mit einer Formulierung, die sich vielleicht mit „auf keinen Fall" oder „keinen Schritt weit" übersetzen ließe, auf Französisch mit dem Wörtchen „pas" (Schritt) ausgedrückt. Ende des 16. Jahrhunderts verlor „ne – pas" seine Nachdrücklichkeit und bedeutete nicht mehr als ein einfaches Nein. Der heutige Sprachgebrauch schreibt bei der Verneinung diese Konstruktion vor.

Bedeutungswandel von Wörtern kann andererseits absichtsvoll geschehen, zum Beispiel, weil gewisse Lobbygruppen eine Bedeutung okkupieren. Ein solches Vorgehen gleicht der Erfolgsgeschichte des Weihnachtsmannes. Diese Figur eines alten Mannes im roten Mantel und mit dem weißen Rauschebart wurde von Coca-Cola erfunden und mit entsprechendem Marketingaufwand zunächst in den Vereinigten Staaten, dann weltweit durchgesetzt. Heute kennt man den Weihnachtsmann von Idaho bis Wladiwostok, von Windhuk bis Sydney. Genauso können Interessengruppen mit entsprechendem Aufwand Wörter durchsetzen.

Ein schönes Beispiel für den sprachlichen Prozess des Bedeutungswandels, zum einen des unabsichtlichen, zum anderen des bewussten, sind die englischen Wörter für schwul, nämlich „gay" und „queer". Ursprünglich bedeutete „gay" fröhlich, heiter. Das heißt es grundsätzlich auch heute noch. Doch niemand kann im Englischen das Wort in diesem Sinne verwenden, ohne dass seine zweite Bedeutung, nämlich „schwul", dabei mitschwingt. Gerade wegen dieser Doppelbedeutung hat die amerikanische Homosexuellenbewegung das Wort zur Selbstbeschreibung übernommen.

„Queer" hingegen war lange ein Schimpfwort für Schwule. In einer bewussten politischen Entscheidung haben sich radikale amerikanische Schwulenaktivisten in den 90er-Jahren mit genau jenem Wort selbst so bezeichnet, mit dem ihre Gegner sie beschimpften. So ist es ihnen gelungen, vor dem Hintergrund wachsender gesellschaftlicher Akzeptanz, „queer" zu einem positiv besetzten Begriff zu machen.

Das deutsche Wort „schwul" hat übrigens eine nicht minder wechselvolle Geschichte. Ursprünglich hieß es warm und war eine Variante des Wortes „schwül", das die Auswirkungen eines Schwelbrandes bezeichnet (und heute für „feucht-warm" steht).

Später kam es als abwertende Bezeichnung für homosexuell in Gebrauch. Als der Grünen-Abgeordnete Herbert Rusche das Wort in einer Plenardebatte im Deutschen Bundestag Mitte der 80er-Jahre zum ersten Mal benutzte, wurde er vom Sitzungspräsidenten dafür noch gerügt. Heute ist „schwul" in der öffentlichen Debatte ohne Probleme benutzbar – während es sich in der Jugendsprache erneut zu einem abwertenden Begriff gewandelt hat, diesmal für alles, was der Sprecher für uncool hält.

Ein weiteres Beispiel für die Veränderbarkeit der Wörter ist der Begriff „Reform". In den 60er- und 70er-Jahren des letzten Jahrhunderts war „Reform" ein Wort der Linken. Es bezeichnete gesellschaftliche Veränderungen, die unter dem Motto „Mehr Demokratie wagen" standen. Die Bildungs- und Universitätsreform zum Beispiel sollte den Unterricht modernisieren und den Muff von tausend Jahren unter den Talaren lüften. In den 90er-Jahren gelang es der arbeitgebernahen Denkfabrik „Initiative Neue Soziale Marktwirtschaft", den Begriff „Reform" zu besetzen. Er steht heute für Veränderungen in Richtung Marktwirtschaft und ist damit zum Schreckgespenst von traditionellen Sozialdemokraten und Gewerkschaftern geworden.

Daraus lässt sich lernen: Sprach- und Bedeutungswandel vollzieht sich einerseits von selbst, andererseits kann er herbeigeführt werden. Um dies zu erreichen, bedarf es allerdings einigen gesellschaftlichen und publizistischen Einflusses. Das ist der Grund, warum der alte Mann in Peter Bichsels Geschichte am Ende einsam und unverstanden ist – seine willkürlichen Neudefinitionen hat einfach niemand mitgemacht.

Wenn Sie Teil einer gesellschaftlichen Gruppe sind, die es sich vorgenommen hat, einen bestimmten Begriff umzudeuten, so gilt mein Rat: Bleiben Sie konsequent! Je konsequenter Sie und Ihre Mitstreiter das Wort im gewünschten Sinne anwenden, desto größer ist die Chance, dass es sich durchsetzt – die entsprechende mediale Unterstützung vorausgesetzt. Die entgegengesetzte Position ist übrigens wesentlich schwieriger: Ist ein

Bedeutungswandel erst einmal ins Rollen gekommen, lässt sich die ursprüngliche Bedeutung des Wortes kaum noch retten. Es ist oft besser, rasch ein neues Wort für die alte Bedeutung zu prägen, als sich der Entwicklung entgegenzustemmen. Dabei sollten Sie auch darauf achten, welche Wortfelder im Gehirn ein bestimmter Begriff aktiviert. Mehr dazu lesen Sie unter „Erkenntnis 3".

Dies alles ist möglich, weil, wie gesagt, die Wörter und das Bezeichnete willkürlich zusammenhängen. Wörter sind Symbole. Und Menschen sind, wie der amerikanische Anthropologe und Sprachforscher Terrence W. Deacon schreibt, eine „symbolische Spezies". Er meint damit „Symbol-Entschlüssler". In seinem gleichnamigen Buch (*The Symbolic Species – The Co-evolution of Language and the Brain*) beschreibt Deacon, wie sich angetrieben vom Umgang mit Symbolen die menschliche Sprache und das menschliche Gehirn parallel entwickelt haben könnten.

Autsch-Theorie und Hauruck-Theorie

Das sind allerdings Theorien, die lange nach Rousseau und Herder formuliert wurden. Zeitgenössische Ansätze waren hingegen die „Hauruck"-Theorie, die „Autsch"-Theorie und die „Tamtam"-Theorie. Erstere behauptet, Sprache sei entstanden, als die ersten Menschen gemeinsame Arbeiten verrichteten. Wenn sie etwa ein Kanu an Land zogen, hätten sie „hau ruck" gerufen. Die „Autsch"-Theorie ging davon aus, dass Menschen mit Lauten ihren Gefühlen Ausdruck verliehen hätten – also dem „Autsch", wenn einem Urmenschen ein Ast am Kopf traf. Die „Tamtam"-Theoretiker vermuteten, dass Sprache aus rituellen Lautäußerungen entstand. Die Urmenschen seien, stampfend und laut „tam, tam, tam" rufend, um ein Lagerfeuer getanzt. Irgendwann sei ihnen das viele „Tamtam" langweilig geworden und sie hätten angefangen zu sprechen.

Als ganz so absurd, wie es scheinen mag, erweist sich die

Tamtam-Theorie aus heutiger Sicht übrigens nicht. Viele Wissenschaftler vermuten inzwischen, dass Sprache unseren Urahnen dazu diente, soziale Beziehungen aufzubauen und zu pflegen. Der Nachwuchs der Urmenschen kam wegen des engeren Beckens der Mütter, der sich durch ihren aufrechten Gang erklärt, früher und unreifer zur Welt. Er brauchte anfangs mehr Zuwendung. Urformen der Sprache, so etwas wie Ammengesang, könnten den Müttern dazu gedient haben, ihren Urmenschenbabys diese Zuwendung zu vermitteln.

Steven Mithen, Professor für Vorgeschichte an der University of Reading in England schreibt 2005 in seinem Buch *The Singing Neanderthals*, die Urmenschen hätten eine „musikähnliche Kommunikation entwickelt, die komplexer und ausgefeilter war als alles, was frühere Angehörige der Art Homo gekannt haben". Mit Gesten, Mimik, Lautmalerei und Sprechgesang hätten sie sich untereinander verständigt, ihre Gemeinschaft zusammengeschweißt und sich auf die Jagd eingestimmt. Mit anderen Worten: Sie hätten eine Menge Tamtam gemacht.

Im 19. Jahrhundert jedenfalls gingen die vielen Ideen zum Ursprung der Sprache den Mitgliedern der französischen Société de Linguistique de Paris so sehr auf die Nerven, dass sie 1866 verkündete: „Die Gesellschaft wird in Zukunft keine Theorien über die Entstehung der Sprache oder die Bildung einer Universalsprache annehmen." 1872 folgte die London Philological Society diesem Schritt. „Dieser Akt akademischer Zensur hatte ausgesprochen lang andauernde Konsequenzen", empört sich die australische Linguistin und Wissenschaftsautorin Christine Kenneally, Verfasserin des Buches *The First Word – The Search for the Origins of Language*. Noch 1970 hätten sich amerikanische Anthropologen, die Beiträge zu einem Buch mit dem Titel *Der Ursprung der Sprache* verfasst hätten, zu Beginn ihrer Aufsätze für ihr Tun entschuldigt.

Evolution oder Revolution?

Woher aber kommt die Sprache nun wirklich? Wir wissen es nicht. Wir wissen nur, dass etwas im Gehirn der ersten sprechenden Menschen geschehen sein muss, das ihnen diese Fähigkeit verlieh. Lassen Sie uns unsere Suche in Ostafrika beginnen, irgendwo in den dortigen Savannen, zu einer Zeit vor etwa 150 000 Jahren. Damals begannen die ersten Menschen zu sprechen. Allerdings: So genau weiß man es nicht. Es gibt Wissenschaftler, die glauben, seine volle Sprachfähigkeit habe der Mensch erst vor rund 100 000 Jahren erlangt. Andere ziehen noch ein paar Tausend Jährchen ab und landen bei etwa einer Zeit vor etwa 65 000 Jahren oder gar bei vor 35 000 Jahren. Es war ohne Zweifel einer der gewaltigsten Sprünge der Evolution. Das heißt, vielleicht war es gar kein Sprung. Die Wissenschaftler konnten sich bislang noch nicht darauf einigen, ob Sprache von heute auf morgen (nicht wörtlich natürlich, sondern in menschheitsgeschichtlicher Perspektive) in der Spezies des *Homo sapiens sapiens*, von uns heutigen Menschen also, aufkam – oder andere Menschen-Arten Vorformen sprachlicher Verständigung kannten. Der amerikanische Linguist Noam Chomsky, dem wir im Laufe des Buches noch öfter begegnen werden, vertritt die erstgenannte These. In der Tat gibt es in der Evolution solche plötzlichen Entwicklungssprünge. Der bekannteste ist die sogenannte kambrische Explosion, bei der sich innerhalb eines (evolutionsgeschichtlich gesehen) Augenblicks von 50 Millionen Jahren einfache Mehrzeller zu komplexen Lebensformen wandelten. Aber 50 Millionen Jahre sind eben doch ein bisschen länger als ein paar Tausend Jahre!

Die ersten Vorläufer der heutigen Menschen datieren Paläoanthropologen auf eine Zeit vor etwa zwei Millionen Jahren. Ob diese Frühmenschen bereits sprechen konnten, ist umstritten. Untersuchungen ihrer Schädel deuten darauf hin, dass sie nur eingeschränkt dazu in der Lage waren. Ähnlich wie bei heutigen Affen hatte ihr Kehlkopf schlichtweg nicht genug Platz. Einige Paläoanthropologen gehen davon aus, dass es so etwas wie das „fehlende Glied in der Kette", ein „Missing Link" zwischen Frühmenschen und heutigen Menschen, gegeben haben muss – mit rudimentären Sprachfähigkeiten. Der heutige Mensch, der *Homo sapiens*, tauchte den Erkenntnissen der Wissenschaftler zufolge erstmals vor etwa 150 000 Jahren auf, und zwar in einem vergleichsweise eng begrenzten Gebiet in Afrika. Die entsprechenden archäologischen Funde sind allerdings rar. Es hängt vom Zufall ab, ob irgendwo erhaltene Knochen gefunden werden. Meist handelt es sich nur um Reste, aus denen die Anatomie der Urmenschen rekonstruiert werden muss. Dennoch kann man davon ausgehen, dass sich das Gehirn und der Kehlkopf dieser Frühmenschen nicht wesentlich vom heutigen Menschen unterschieden. Auch die Zunge dürfte ähnlich beweglich gewesen sein. Nach allem, was man heute weiß, hätte der Mensch vor 300 000 Jahren sprechen können. Warum sollte er also zwischen 100 000 und 50 000 Jahre warten und seine Sprechwerkzeuge so lange ungenutzt lassen?

Allerdings lässt sich für eine Zeit vor rund 35 000 Jahren eine erstaunliche Veränderung in Technik und Kultur unserer Vorfahren feststellen. Während sie sich anatomisch nur wenig veränderten, finden sich plötzlich erheblich mehr Spuren von Kultur und von einem Verständnis von Symbolen, also etwa Einritzungen und Felszeichnungen. Die Menschen nutzen zudem neuartige Werkzeuge, um Steine und Holz zu bearbeiten, zum Jagen und um ihre Beute weiterzuverarbeiten. Wissenschaftler vermuten, dass diese kulturellen Errungenschaften mit erheblicher Weiterentwicklung der Sprache zusammenhängen. Sie erleichterte es, Erkenntnisse und Techniken von Generation zu Generation weiterzugeben und zu bewahren – ein Ausgangspunkt, um zu Verbesserungen zu kommen. Diese Erkenntnisse lassen vermuten, dass die Theorie der Sprachexplosion richtig sein könnte.

Andererseits: Wir wissen, dass die letzten gemeinsamen Vorfahren der heutigen Menschen und der heutigen Menschenaffen, zum Beispiel der Schimpansen, vor rund sechs Millionen Jahren lebten. Selbst bei den heute noch existierenden Primaten zeigen Experimente, auf die wir noch zurückkommen werden, dass sie die Fähigkeit zum Verständnis von Symbolen besitzen. Zahlreiche Tiere, Vögel und Affen, verständigen sich durch Lautäußerungen. Zwar verfügen sie in der Regel nur über ein Repertoire, das nicht mehr als etwa 40 verschiedene Laute umfasst, aber immerhin besitzen sie die anatomischen Voraussetzungen, um diese Laute zu produzieren. Erneut: Wie wahrscheinlich ist es, dass bei den Hominiden rund 5,9 Millionen Jahre nichts in Richtung Sprache passiert sein soll – und dann plötzlich alles ganz schnell ging? Schädeluntersuchungen an den Überresten von Neandertalern zeigen zum Beispiel, dass diese in der Lage gewesen sein dürften, sprachähnliche Laute zu produzieren – wenn auch die Form ihres Schädels Rückschlüsse darauf zulässt, dass sie nicht zu allen Lauten in der Lage waren, zu denen der *Homo sapiens* fähig ist.

Hingegen deuten Schädelfunde darauf hin, dass der Homo erectus, der vor rund zwei Millionen Jahren aufkam, über Hirnareale verfügte, die dem Wernicke-Areal und dem Broca-Areal ähnlich sind. Diese beiden Bereiche der Großhirnrinde spielen eine wesentliche Rolle bei der Sprachproduktion und dem Sprachverstehen, wie ich später noch erläutern werde.

Kurzum: Die Paläontologen sind sich sehr darüber im Unklaren, ab wann man von einem sprachbegabten Urmenschen reden kann. In meinen Seminaren stelle ich den Teilnehmern gelegentlich genau diese Frage. Seltsamerweise traut sich nur selten jemand zu raten, obwohl man alles zwischen „vor zwei Millionen Jahren" und „vor 35 000 Jahren" als richtig gelten lassen könnte.

In den letzten Jahren haben sich deshalb einige Gen-Forscher auf die Suche nach jener Erbsubstanz begeben, die den Menschen die Sprache erlaubt. Dabei sind sie bei einer britischen Familie fündig geworden, deren Mitglieder zu einem überdurchschnittlich großen Teil an Sprachstörungen leiden. 15 Familienmitglieder haben erhebliche Probleme damit, grammatisch korrekte Sätze zu bilden und die richtigen Wörter zu finden. 1998 stellten Anthony Monaco und Simon Fisher, zwei Genetiker an der Universität Oxford, fest, dass die Betroffenen einen Defekt am Gen FOXP2 aufwiesen. Handelt es sich dabei um das Sprach-Gen? So pauschal ist diese Aussage vermutlich falsch. Eine so komplexe Fähigkeit wie die Sprache lässt sich nicht auf ein einziges Gen zurückführen. Ohne Zweifel aber spielt das FOXP2-Protein eine wichtige Rolle, wenn das Gehirn sich für die Sprache einrichtet.

Leipziger Forscher unter der Leitung des schwedischen Paläogenetikers Svante Pääbo veröffentlichten (2007) einen Artikel, demzufolge die Neandertaler über die gleiche Form des FOXP2-Gens verfügten wie heutige Menschen. „Es gibt keinen Grund zu denken, dass Neandertaler keine Sprache hatten wie wir", sagte Pääbo einem Reporter der Zeitschrift *Technology Review*.

Aus Sicht der Evolution ist es für eine Gruppe von Menschen sinnvoll, miteinander zu reden. Sie sichern sich damit als Gruppe einen Überlebensvorteil. Zunächst vielleicht nur dadurch, dass sie einfache Ein-Wort-Botschaften oder Warnungen: „Blaubeeren!" oder „Säbelzahntiger!" von sich geben, verbunden mit entsprechenden Gesten.

Der Linguist Guy Deutscher, der an der Universität von Leiden in den Niederlanden lehrt, zeigt in seinem lesenswerten Buch *The Unfolding of Language*, wie aus einer sehr rudimentären, nahezu grammatikfreien Erzählung in kleinen Schritten der Veränderung und Anpassung ein grammatisch komplexer Text entstehen kann.

Ungefähr so mag ein Urmensch laut Deutscher seinen Sippenmitgliedern am Lagerfeuer vor der Höhle ein Erlebnis vom Tage berichtet haben:

„Mädchen Frucht sammeln   umdrehen   Mammut sehen
Mädchen rennen   Baum finden   klettern   Mammut Baum
schütteln   Mädchen schreien schreien."

Dieser Erzählstil klingt ein wenig wie das Ergebnis meines
Versuches vor einigen Jahren, mithilfe eines Selbstlernbuches
die polnische Sprache zu meistern. Bekanntlich sprechen die
meisten Polen ein komplexeres Polnisch, wenngleich ein (zugegeben politisch liberaler) polnischer Bekannter von mir behauptet, der amtierende Präsident Lech Kaczyński äußere sich auf
ähnlichem Niveau. Man wird den urzeitlichen Erzähler wohl
nicht für seine stilistische Eleganz bewundern, hat jedoch ohne
Probleme die berichteten Ereignisse vor Augen.

Deutscher demonstriert nun, wie über die Generationen und
Jahrtausende durch Weglassen und Hinzufügen Schritt für
Schritt, getrieben durch den Wunsch der Sprecher nach Effizienz
und   Genauigkeit,   folgender   Text   entstehen   kann:
„Ein Mädchen, das unterwegs war, um Früchte zu sammeln,
hörte eines Tages plötzliche Geräusche hinter ihrem Rücken. Sie
drehte sich um und sah ein gewaltiges Mammut direkt auf sie
zustürmen. Sie rannte auf den nächstgelegenen Baum zu und
kletterte nach oben, jedoch begann das Mammut so heftig an
dem Baum zu rütteln, dass das hochgradig verängstigte Mädchen anfing, wie hysterisch zu schreien."

Um eine solche kulturelle Leistung sprachlichen Wandels zu
ermöglichen, bedarf es jedoch mehr als nur der Fähigkeit, Alarmrufe von sich zu geben. Alarmrufe allein machen nämlich noch
keine Sprache aus. Auch Tiere kennen sie. Das US-amerikani-
sche Forscherteam Robert Seyfarth und Dorothy Cheney hat
die Kommunikation zwischen Grünen Meerkatzen, einer Af-
fenart, untersucht. Sie stellten fest, dass die Affen unterschiedliche Alarmrufe benutzten, je nachdem ob sich ihnen die Gefahr
in Form eines Adlers, eines Leoparden oder einer Schlange
näherte. Entsprechend fiel die Reaktion der anderen Affen aus:
Vor einem Adler flüchteten sie ins Gebüsch, vor einer Schlange

auf die Bäume, bei Leoparden tarnen sie sich. Es liegt nahe zu vermuten, dass Alarmschreie Protoformen einer sprachlichen Verständigung darstellen.

Was dagegen spricht: Die Alarmrufe sind offenbar genetisch programmiert. Auch Tiere, die in Isolation aufwachsen, etwa im Zoo, produzieren sie. Bei der menschlichen Sprache ist das, wie im ersten Kapitel gezeigt, anders. Die Wissenschaftsautorin Christine Kenneally sieht dennoch eine Übereinstimmung: „Wenn Meerkatzen, Meisen und Hähne Alarmrufe ausstoßen, verbinden sie einen bestimmten Laut mit einer Erscheinung in der realen Welt. Gleichgültig ob dieses Verhalten angeboren, halbwegs angeboren oder gar nicht genetisch bestimmt ist, auf jeden Fall scheint es eine weitverbreitete, wohlentwickelte und nützliche Funktion zu sein. […] Die Menschen haben auf dieser Fähigkeit auf andere Art aufgebaut und daraus die menschliche Sprache entwickelt.“

Damit fällt ein wichtiges Stichwort: Die Verbindung eines Symbols, zum Beispiel eines Lautes, mit einer Erscheinung in der realen Welt nennt die Wissenschaft *Repräsentation*. Mit Repräsentationen zu arbeiten ist eine entscheidende kognitive Fähigkeit. Sie ist der Beginn des Denkens.

Vom Werden neuer Sprachen

Vom 17. bis zum 19. Jahrhundert erwarb sich Europa durch seine Sklavenausbeutung einen ziemlich miesen Ruf. Später trugen auch die Vereinigten Staaten Unrühmliches dazu bei. Auf den Plantagen in den Kolonien arbeiteten Menschen aus vielen Regionen mit unterschiedlicher Muttersprache. Sie wurden wild zusammengewürfelt und zum Arbeiten gezwungen. Die Sklaventreiber machten sich nicht die Mühe, ihnen ihre Sprache in didaktisch überlegter Weise beizubringen. Ein paar barsche Kommandos reichten aus, die Männer, Frauen und Kinder anzutreiben. Wie sollten sich die Sklaven untereinander verständigen? Mühevoll, so viel kann man zumindest sagen. Sie übernahmen ein paar Brocken aus der Sprache ihrer Herren, Fetzen aus ihren eigenen Muttersprachen und schnappten von anderen Sprechern etwas auf. Mit der Zeit entstand ein gemeinsamer Bestand an Wörtern und Redewendungen, mit denen man sich behelfsmäßig verständigen konnte. Diese Hilfssprachen nennen die Linguisten *Pidgin*. Sie kommen auch unter anderen, friedlicheren Umständen vor, etwa wenn Menschen unterschiedlicher Muttersprache regelmäßig miteinander Handel treiben. Mit einiger Berechtigung kann man das Gastarbeiter-Deutsch der ersten Generation als Pidgin-Deutsch bezeichnen.

Sklaven und Sklavinnen unterschiedlicher Muttersprache kamen sich trotz der Sprachbarriere näher, vergnügten sich miteinander und zeugten Kinder, mit denen sie Pidgin sprachen. Nun wäre zu erwarten, dass diese Kinder selber Pidgin sprächen, also eine primitive Hilfssprache. Das ist aber nicht der Fall! Vielmehr bauten die Kinder schon in der ersten Generation die bruchstückhafte Sprache ihrer Eltern zu einer eigenständigen Sprache aus, die festen grammatischen und semantischen Mustern folgt. Man nennt diese Sprachen Kreolsprachen.[2] Offenbar zwingt ihr Gehirn Sprachen lernende Babys, in das, was sie an sprachlichen Äußerungen hören, Muster zu interpretieren. Sprache entsteht in den Gehirnen der Babys und Kleinkinder!

Ein in der Sprachwissenschaft berühmt gewordener Fall Mitte der 80er-Jahre des letzten Jahrhunderts bestätigt diese Vermutung. In einer nicaraguanischen Sonderschule für gehörlose Kinder versuchten die Lehrer den Schülern Spanisch durch Lippenlesen beizubringen. Dieses Vorhaben misslang. Doch die Kinder hatten natürlich das Bedürfnis, sich untereinander zu verständigen. Die älteren Kinder machten ihre Anliegen mit einfachen, spontanen Handbewegungen deutlich, mit einer Art primitiver Zeichensprache. Man kann diese Zeichensprache als Pidgin auffassen. Die jüngeren Kinder beobachteten sie dabei

– und formten aus der behelfsmäßigen Zeichensprache eine voll ausgebildete, komplexe Gebärdensprache. Ihr Gehirn hatte sie zur Sprache gezwungen – und zwar ohne dass es vorher einen einzigen Sprecher dieser Gebärdensprache gegeben hätte. Diese nicaraguanische Gebärdensprache (ISN, „Ideoma de Signos Nicaragüense") gilt bei den Linguisten als Kreolsprache.

Obwohl die gesprochenen Kreolsprachen rund um den Erdball unabhängig voneinander entstanden, ähneln sie sich in erstaunlicher Weise. Ihre grammatischen Übereinstimmungen untereinander sind größer als die Übereinstimmungen mit den Ausgangssprachen der Sklavenbesitzer, wie Englisch, Französisch, Spanisch, Portugiesisch. So bedienen sich Kreolsprachen sogenannter Marker, um die grammatische Form deutlich zu machen; und nicht verschiedener Wortendungen wie in den Ausgangssprachen.

Einige Wissenschaftler vermuten, dass Marker sich langfristig in den Sprachen durchsetzen werden, die heute noch die Wortendungen verwenden. Die Wortendungen selbst sind übrigens entstanden, weil frühere Sprecher die ursprünglichen Marker mit den Wörtern zusammengezogen haben. Der Sprachforscher Guy Deutscher kommt daher zu dem Schluss, dass die Kräfte der Zerstörung und die Kräfte des Neuschaffens in Sprachen stets gleichzeitig am Werke sind.

Der amerikanische Linguist Noam Chomsky sieht durch die Kreolsprachen seine These von der Universalgrammatik bestätigt. Chomsky behauptet nämlich, allen Menschen sei eine solche grundlegende Grammatik angeboren – die dann entsprechend den Besonderheiten der Muttersprache ausgeformt werde. Nur so sei es Kleinkindern möglich, die verwirrenden Signale ihrer sprechenden Umgebung zu analysieren und zu interpretieren. Chomskys These beherrschte die Sprachwissenschaft von den 60er-Jahren bis in die jüngste Zeit. Inzwischen gibt es einige überzeugende Ansätze, die zeigen, dass Kleinkinder nur mithilfe ihres Verstandes und ihrer allgemeinen analytischen Fähigkeiten – also ohne Universalgrammatik im Kopf – sich Sprache aneignen könnten.

Wie unterhielten sich Adam und Eva?

Erinnern Sie sich an die Bibel? Laut „Genesis" schuf Gott Adam aus Lehm und Eva aus seiner Rippe. Dann trug er ihnen auf, seinen Geschöpfen Namen zu geben. So kam die Sprache in die Welt – und zwar eine, die alle Nachkommen Adams und Evas miteinander teilten. Erst als die Menschen sich durch den Turmbau zu Babel über Gott zu erheben trachteten, wurde der Allmächtige wütend und ließ die Menschen in verschiedenen Zungen reden, auf dass sie sich nicht mehr untereinander verstanden. Der biblischen Erzählung wohnt nach heutigem Stand der Wissenschaft im folgenden Sinne eine historische Wahrheit inne: Alle Sprachen dieser Welt stammen vermutlich von einer Ursprache ab, die in jener kleinen, oben beschriebenen Gruppe von *Homo sapiens* in Ostafrika entstanden ist. Mit anderen Worten: Adam und Eva lebten in Afrika und haben wirklich begonnen, den Dingen der Schöpfung Namen zu geben. Über die Jahrtausende verbreiteten sich diese Urmenschen in mehreren Wellen in der ganzen Welt.[3] Genetiker sind heute in der Lage, ihren Weg über die Kontinente zu verfolgen. Die auswandernden Sippen nahmen ihre Sprache mit. Mit den Jahrtausenden veränderte sich die Ursprache der einzelnen, isolierten Clans und diese Dialekte entwickelten sich in ganz verschiedene Richtungen.

Wir machen uns heute kaum noch klar, wie stark sich Sprache wandelt – *fundamental* wandelt. Das liegt daran, dass seit einigen Jahrhunderten in unseren Breiten Sprache durch Schrift konserviert wird. Wir können heute noch ohne große Mühe Goethe, Herder und sogar den Barockdichter Grimmelshausen verstehen. Vor althochdeutschen Texten hingegen müssen wir kapitulieren. Oder verstehen Sie das hier: „fater unseer, thu pist in himili, uuihi namun dinan, qhueme rihhi din, uuerde uuillo diin, so in himile sosa in erdu"? Okay, vielleicht ahnen Sie, um was es geht, da Ihnen die heutige Fassung dieses Textes vertraut ist. Es handelt sich um das Vaterunser, wie es uns in einer Handschrift aus Sankt Gallen aus dem achten Jahrhundert überliefert ist.

Wie stark der Einfluss der Schrift darauf ist, wie sich Sprachen gegen andere Sprachen durchsetzen, zeigt ein historisches Beispiel. Als die Römer weite Teile Südeuropas eroberten, verdrängten sie die Sprachen der dortigen Bevölkerung und setzten Latein in ihrem Herrschaftsgebiet durch. Latein konnte niedergeschrieben werden und somit als Sprache der Verwaltung und des Militärs dienen. Es blieb vom einen Teil des Reiches bis zum anderen übrigens erstaunlich beständig. Es bereitete einem Römer keine Mühe, sich im heutigen Spanien, in Südengland, in Trier oder in Nordafrika auf Latein zu verständigen. Als nach dem Zusammenbruch Westroms 476 die Goten und andere germanische Völker sich diese Gebiete unterwarfen, gaben nicht die Eroberten, sondern die Eroberer ihre Sprache auf. Gotisch verschwand, Latein bestand. Der Grund: Verwaltung, Rechnungswesen, Militär, alles war auf Schriftverkehr in Latein aufgebaut. In Gotisch hingegen gibt es nur sehr wenige Schriftdokumente. Latein blieb auch die Sprache der Wissenschaft und Literatur bis weit in die frühe Neuzeit hinein. Noch Descartes schrieb seine Abhandlung *Principia philosophiae* 1644 auf Latein. Und die katholische Kirche verwendet es bis heute für Enzykliken und vereinzelt im Gottesdienst.

Als in Südeuropa die zentrale Verwaltung durch Rom entfiel, begann Latein sich allerdings zu wandeln. Es entstanden die heutigen romanischen Sprachen Französisch, Spanisch und Portugiesisch und eine Reihe anderer. Noch zu Zeiten Dantes galt Italienisch den Gelehrten als degeneriertes Latein.

Sprachen, die nur mündlich überliefert werden, verändern sich rasanter und grundsätzlicher als solche, die für kommende

Generationen aufgeschrieben werden. Sprecher verschieben Laute, verschlucken Endungen, verändern Vokale und Konsonanten, machen aus zwei Wörtern eins oder aus einem Wort zwei, geben Wörtern eine engere, weitere oder abwertende Bedeutung. Sie bauen Sätze anders und eignen sich neue syntaktische Strukturen an. Da es kein dauerhaftes schriftliches Gedächtnis gibt, weiß nach zwei Generationen niemand mehr, was ursprünglich gemeint war oder wie es früher klang.

Der Sprachwandel geschieht meistens von ganz alleine; manchmal sind Veränderungen auf den Kontakt mit anderen Sprachen zurückzuführen. Linguisten haben bei einer Eingeborenen-Sprache namens Ngan'gityemerri in Australien verblüfft bemerkt, dass deren Sprecher innerhalb nur einer Generation, von 1930 bis heute, auf eine völlig neue Grammatik umgestellt haben.

Zugegeben: Das ist eine Ausnahme. Normalerweise sind grammatische Strukturen wie der Satzbau, die sogenannte Syntax, recht beständig. Ihr Wandel geschieht allmählich, oft bestehen bestimmte grammatische Strukturen für längere Zeit nebeneinander. Seine wichtigste Ursache ist die Bequemlichkeit der Sprecher bei der Aussprache. Veränderungen vollziehen sich zunächst auf der Ebene der Semantik, also der Wörter, ihrer Aussprache und Bedeutung. Diese Veränderungen folgen dabei nachvollziehbaren Regeln.

1786 hielt der englische Gelehrte Sir William Jones in Kalkutta einen Vortrag, der zur Geburtsstunde der modernen Linguistik werden sollte. Dem Indologen und Richter am Obersten Gericht in Kalkutta war aufgefallen, dass sich europäische Sprachen und einige indische Sprachen, darunter Sanskrit, im Vokabular und in der Grammatik auf verblüffende Weise ähnelten. Vater zum Beispiel heißt auf Latein und Griechisch „pater", auf Altenglisch „fæder" und auf Sanskrit „pitar". Jones behauptete, dass diese Sprachen auf eine gemeinsame Wurzel zurückgehen. Sie wird heute als Proto-Indoeuropäisch bezeichnet. Die Sprachen, die daraus hervorgegangen sind, rechnet man der indoeuropäischen Sprachfamilie zu. Im Deutschen ist gelegentlich noch der Begriff „indogermanisch" gebräuchlich. Sprachfamilie hin oder her: Sie werden als Deutschsprechender die indoeuropäischen Cousins des Deutschen, zum Beispiel Kurdisch, Persisch, Bengali oder Hindi, kaum verstehen. Kein Wunder – seit der gemeinsamen Ursprache sind etwa 7 000 Jahre vergangen.

Sprachforscher haben aber erkannt, dass die Veränderungen am Wortschatz sich nach bestimmten Regeln vollziehen, den sogenannten Lautverschiebungen. Auf Latein und Griechisch fängt „pater" mit „p" an, in den germanischen Sprachen wurde aus dem „p" ein „f". Im Deutschen aus dem „f" („fater" im Althochdeutschen) dann ein „v". Einige deutsche Dialekte, das Norddeutsche zum Beispiel, haben nicht alle Lautverschiebungen mitgemacht. Kennt man die Regeln, kann man die Ursprungssprache rekonstruieren. Auf diese Weise setzten Linguisten das Proto-Indoeuropäische zusammen. Hier heißt Vater „ph$_a$tér'". Einer Konvention der Sprachwissenschaft folgend, werden rekonstruierte Wörter, für die es keine schriftlichen Belege gibt, durch ein Sternchen gekennzeichnet.

Anfang der 60er-Jahre des letzten Jahrhunderts machten die sowjetischen Linguisten Wladislaw Illitsch-Switytsch und Aharon B. Dolgopolsky mit einer kühnen Behauptung auf sich aufmerksam. Sie hätten die Sprache der Menschen der Jungsteinzeit rekonstruiert, verkündeten sie. Indem sie sich auf Urworte wie die Bezeichnungen für Grundfarben, für enge Verwandtschaftsbeziehungen und Grundnahrungsmittel konzentriert haben, sei es ihnen durch Sprachvergleich gelungen, ein Vokabular der Ursprache zusammenzustellen, die sie „Nostratisch" (nach dem lateinischen Wort noster für „unser" im Sinne von „unsere Sprache") nannten. Die meisten ihrer Kollegen sind sich einig: Illitsch-Switytsch und Dolgopolsky haben wohl den Mund zu voll genommen. Ihre Deutungen gelten vielen anderen Linguisten als willkürlich; die Übereinstimmungen, die sie gefunden haben wollen, werden als zufällig angesehen. Vermutlich wird es niemals möglich sein, Sprache 10 000 oder 15 000 Jahre zurückzuverfolgen. Zu radikal ist der Wandel.

Deshalb gibt es keinen Sprachwissenschaftler, der den deutschen Autor Richard Fester ernst nimmt. Fester behauptet, die sechs Urlaute der Menschheitssprache entdeckt zu haben. Seine Schlüsse beruhen jedoch auf großzügigen Interpretationen und auf Zufällen. Mit welchen Namen Adam und Eva die Dinge der Schöpfung benannten – wir werden es nie erfahren.

Aber halt: Ganz ohne Hinweise sind wir vielleicht doch nicht. Einige Sprachforscher behaupten, man könne zumindest begründete Vermutungen darüber anstellen, *wie* sich Adam und Eva unterhielten. Dass sie nämlich beim Reden schnalzten. Schnalzen entsteht, wenn der Sprecher im Mund einen Unterdruck erzeugt und dann Luft einsaugt. Linguisten sprechen von Klicklauten. Es gibt mehrere davon, die mit Symbolen wie „!" oder „|" dargestellt werden. Einige afrikanische Bantusprachen verwenden bis zu fünf verschiedene Klicklaute. Insgesamt wurden 48 unterschiedliche Variationen gezählt. Aufgrund verschiedener Hinweise halten es Forscher für wahrscheinlich, dass solche Klicklaute auch in der Ursprache der Menschen vorkamen. Wenn Sie also das nächste Mal bei einem guten Essen zustimmend schnalzen, kehren Sie damit an den Ursprung der menschlichen Sprache zurück.

Wo die Sprache wohnt

Auch am Anfang der Hirnforschung zur Sprache stand ein trauriges Schicksal. Im April 1861 untersuchte der französische Chirurg Paul Broca in Paris den 51-jährigen Monsieur Leborgne. Der Mann konnte seit 40 Jahren nur ein Wort sprechen, nämlich „tan". Immer, wenn er etwas sagen wollte, brachte er nur „tan, tan" hervor. Die Äußerung machte nicht sonderlich viel Sinn, denn „tan" ist das französische Wort für Gerberlohe, zum Gerben verwendete Baumrinde. Es ist kaum wahrscheinlich, dass Leborgne die Lohe so am Herzen lag, dass er über nichts anderes reden wollte. Broca nannten seinen Patienten „Monsieur Tan". Zum Unglück von Herrn Leborgne und zum Glück für die Medizingeschichte verstarb der Patient wenige Tage später. Broca durfte sein Gehirn untersuchen.

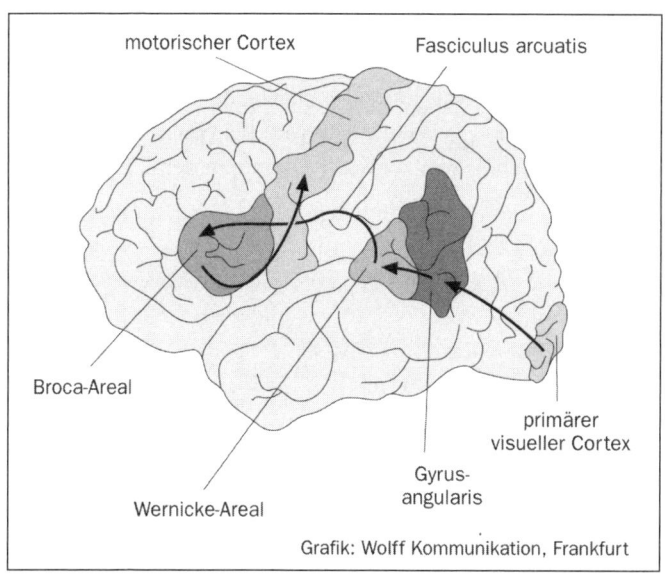

Grafik: Wolff Kommunikation, Frankfurt

Dabei stellte er fest, dass ein bestimmtes Areal im vorderen Teil der linken Großhirnrinde geschädigt war. Um genau zu sein: Es handelte sich um den hinteren Teil der untersten Windung des Frontallappens der linken Hemisphäre. Diese Läsion machte Broca dafür verantwortlich, dass Monsieur Leborgne nicht mehr als nur „tan, tan" zu äußern vermochte. Spätere Untersuchungen Brocas an weiteren Patienten bestätigten seinen Befund. Die entsprechende Stelle des Cortex, der Großhirnrinde, wird von den Neurowissenschaftlern bis heute ihm zu Ehren „Broca-Areal" genannt. Dort ist, vereinfacht gesagt, die Sprachproduktion verortet. Schädigungen in diesem Bereich, zum Beispiel durch einen Hirnschlag oder einen Unfall, führen zu einer bestimmten Form von Ausfällen sprachlicher Fähigkeiten. Solche sprachlichen Ausfälle nennen die Neurologen Aphasie. In diesem Falle sprechen sie deshalb von einer „Broca-Aphasie".

Hier ein Beispiel für die Art, wie ein Patient mit Broca-Aphasie spricht. Es stammt aus einem linguistischen Lehrbuch (Keller/Leuninger 1993):

„Nur auftehn, un hier äh Betten un hier Kaffee un un hier immer so helfen, arbeiten hier … un immer hier immer Mittag Arbeit, ich weiß nich, das is so schlimm zählen, das genau … Frau B. … ne, Frau L. gut, is gut, auch Arbeit immer … un eins, zwei hier so hier so Rek, Brett un das so hier so, un hier so Kartoffel un Rüben un alles, alles gut … so is gut …"

Das Broca-Areal spielt also eine wichtige Rolle bei der Produktion von Sprache. Die Patienten haben offensichtlich noch eine Vorstellung davon, was die Wörter bedeuten. Sie sind aber nicht in der Lage, ihrem (meist völlig intakten) Sprechapparat die richtigen Befehle für flüssige Äußerungen zu erteilen.

Wortsalat nach Carl Wernicke

Einige Jahre nach Broca untersuchte der deutsche Neurologe Carl Wernicke Patienten, die ganz andere Schwierigkeiten mit der Sprache hatten als „Monsieur Tan". Sie konnten die Wörter gut artikulieren. Allein, was sie sagten, ergab keinen Sinn. Es passte nicht zusammen, die Bedeutung blieb unklar, die Sätze klangen wirr. Einige Wörter waren sogar frei erfunden. Die Äußerungen dieser Patienten glichen einem gut gemischten Wortsalat.

Ein Beispiel für eine Wernicke-Aphasie aus dem schon erwähnten Lehrbuch:

„Naja ... das ist so ... wenn Sie einen treffen draußen abends ... das ist ja ... und der Mann ... wird jetzt versucht ... als wenn er irgendwas festgestellen hat ungefähr ... ehe sich macht ich ... ich kann aber noch nicht amtlich ... jetzt muss er sein Beweis nachweisen ... den hat er nicht ... also ist er fest ... und wird erst sichergestellt festgemacht ... der wird erst festgestellt werden und dann wird festgestellt was sich dort vorgetragen hat ... nicht ... erst dann ... ist ein Beweis mit seinem Papier dass er nachweisen kann ... ich kann ihm aber nicht nachweisen ... wird aber bloß festgestellt vorläufig ... aber er kann laufen."[4]

1874 beschrieb Wernicke seine Forschungsergebnisse in einem Buch mit dem umständlichen Titel *Der aphasische Symptomenkomplex. Eine psychologische Studie auf anatomischer Basis.* Die Aphasien seiner Patienten führte er darin auf eine Schädigung in einem Bereich des seitlichen Scheitel- und oberen Schläfenlappens zurück. Die Region heißt seitdem Wernicke-Areal. Dort vermuten Wissenschaftler das mentale Lexikon – jenen Ort, an dem die Wörter ihre Bedeutung erhalten.

Die beiden Sprachareale spielen für die moderne Hirnforschung noch immer eine wichtige Rolle. Inzwischen konnten die Wissenschaftler einige Bereiche des Sprachverständnisses und der Sprachproduktion noch genauer lokalisieren. Im Prinzip aber haben die neuen, bildgebenden Verfahren Brocas und Wernickes Vermutung über den Wohnort der Sprache im Gehirn bestätigt.

Unbestritten ist, dass die wesentlichen Funktionen der Sprache in der linken Gehirnhälfte angesiedelt sind. Dies kann man bei sogenannten Split-Brain-Patienten sehen. Dabei handelt es sich um Menschen, bei denen die Nervenbündel zwischen den beiden Hirnhälften, in der Fachsprache Balken genannt, durchgetrennt wurden. Dies geschieht bei schweren epileptischen Anfällen, die auf diese Weise in der Tat verhindert werden können. Bei Split-Brain-Patienten zeigt sich nun, dass die rechte Gehirnhälfte nur über ein sehr beschränktes Wortverständnis verfügt. Einer der Ersten, bei dem Ärzte eine solche Operation durchgeführt hatten, war ein Amerikaner. Er wird in der Literatur nur mit seinen Initialen W. J. bezeichnet. Zeigte man seiner rechten Gehirnhälfte (also dem linken Auge) zum Beispiel eine Gabel, konnte er nicht sagen, was er gerade sah.

Die Sache ist allerdings ein bisschen komplizierter. In einem Experiment saß W. J. vor einem Schirm, hinter dem sich mehrere Gegenstände befanden, die er befühlen konnte. Zeigte man seiner rechten Gehirnhälfte eine Gabel, konnte er nicht sagen, dass es sich um eine Gabel handelte. Er vermochte aber mit der linken Hand (die mit der rechten Gehirnhälfte verbunden ist) hinter dem Schirm eine Gabel zu identifizieren. Reichte W. J. diese Gabel daraufhin seiner rechten Hand (die mit der linken Gehirnhälfte verbunden ist), konnte er sie endlich als „Gabel" bezeichnen.

Sprache ist linksdominant – aber rechts geschieht auch etwas

Neurochirurgen führen bei ihren Patienten vor einem Eingriff einen intrakarotidalen Amobarbitaltest, auch als Wada-Test bezeichnet, benannt nach dem japanisch-kanadischen Neurologen Juhn Wada. Der Test ist eigentlich harmlos, hört sich aber für Außenstehende gruselig an: Dabei wird eine Hälfte des Gehirns kurzzeitig betäubt. Danach muss der Patient eine Reihe von Aufgaben lösen, darunter solche sprachlicher Natur. So können die Ärzte herausfinden, auf welcher Seite die Sprache in diesem bestimmten Fall angesiedelt ist. Auf diese Weise wollen die Chirurgen verhindern, dass sie bei ihrem Eingriff Teile des Hirns entfernen, die für die Sprache oder das Gedächtnis zuständig sind. Das Ergebnis ist eindeutig: Bei fast allen Rechtshändern ist die Sprache linksdominant, ebenso bei rund drei Vierteln der Linkshänder.

„Linksdominant" – aus diesem Wort lässt sich bereits ersehen, dass Sprache nicht *ausschließlich* links verortet ist. Das ist wichtig. Denn eine Sprache, die nur links verarbeitet wird, ist arm und blutleer. Je anschaulicher, bildhafter und lebendiger das Gehörte oder Gelesene ist, desto stärker werden beide Hemisphären beansprucht. Und desto größer ist die Chance, dass sich der Inhalt im Gedächtnis festsetzt.

Wenn unser Gehirn Sprache verarbeitet, spielen nämlich im besten Falle noch viele andere Bereiche eine Rolle. Zum Beispiel das Assoziationszentrum im präfrontalen Cortex, dem Vorderhirn. Diese Region ist im Laufe der Evolutionsgeschichte des Menschen um rund ein Drittel gewachsen. Daraus lässt sich schließen, dass sie für bestimmte menschliche Fähigkeiten entscheidend ist. Der präfrontale Cortex spielt zum Beispiel eine große Rolle dabei, Emotionen zu bewerten, wie der Fall des amerikanischen Eisenbahnarbeiters Phineas Gage zeigt, den ich in „Erkenntnis 11" erzählen werde. Außerdem wird er für das

Arbeitsgedächtnis gebraucht. Menschen, deren präfrontaler Cortex geschädigt ist, fällt es schwer, spontan zu sprechen. Einige Wissenschaftler behaupten, der präfrontale Cortex sei so etwas wie der Sitz des menschlichen Denkens, oder, in der Fachsprache, der kognitiven Prozesse.

Die Neuropsychologin Bettina Neininger zeigt in ihrer Doktorarbeit, dass auch die rechte Hemisphäre eine wichtige Rolle bei der Wortverarbeitung spielt. Patienten, die eine Schädigung an bestimmten Stellen ihrer rechten Gehirnhälfte aufwiesen, konnten einige Gruppen von Substantiven und Verben nicht mehr oder nur verzögert erkennen.

Ich werde Sie im Laufe dieses Buches noch mit einigen anderen Hirnregionen vertraut machen, namentlich mit der Amygdala, auch Mandelkern genannt, und dem Hippocampus. Beide sind Teil des limbischen Systems, eines entwicklungsgeschichtlich vergleichsweise alten Teils unseres Gehirns. Das limbische System hat viel mit spontanen, nicht willentlichen Reaktionen auf äußere Reize zu tun. Von ihm gehen unsere Triebe und unsere Emotionen aus. Ein Teil der Sprache, die wir hören oder lesen, wird in eben dieser Region verarbeitet. Mit anderen Worten: Wir können uns ihrer Wirkung nicht entziehen – auch dann nicht, wenn wir wollen. Zahlreiche Experimente belegen dies. Das berühmteste und zugleich eines der einfachsten ist die Aufforderung, *nicht* an einen rosa Elefanten zu denken. Das geht nicht: Sie können ihren Verstand nicht zwingen, *nicht* an einen rosa Elefanten zu denken, wenn sie ausdrücklich dazu aufgefordert werden.

Was wir als konkrete Beschreibung zu hören bekommen, müssen wir unweigerlich in unserem Gehirn in ein inneres Bild verwandeln. In diesem Falle die Vorstellung eines rosa Elefanten – obgleich wir vermutlich noch nie in unserem Leben einen rosa Elefanten gesehen haben und wohl nie einem begegnen werden. Der Marketingberater und Experte für Cooperate Language, Armin Reins, macht diesen Zwang unseres Gehirns, uns

eine Vorstellung zu machen, in einer hübschen Übung deutlich:
Was stellen Sie sich beim Gedanken an Montevideo vor? Falls
Sie nicht zufällig schon einmal dort waren, vermutlich nicht
mehr als „eine Stadt in Südamerika" (Kinofreunde haben wo-
möglich Bilder aus dem Film *Das Haus in Montevideo* im Kopf).
Ich helfe Ihnen auf die Sprünge: Montevideo müssen Sie sich
vorstellen wie München am Meer. Bingo! Sofort entsteht in
Ihrem Gehirn ein Bild. München kennen Sie. Das Meer auch.
Da wird so einiges klarer. Dumm nur: Montevideo gleicht in
keiner Weise einem München am Meer! „Sie werden diese Verbindung trotzdem nicht aus Ihrem Kopf bekommen. Ja, bildhafte Texte können eine diabolische Wirkung haben", schreibt
Armin Reins augenzwinkernd.

Vor allem sind wir unseren Assoziationen im Wortsinne unwillkürlich, also „jenseits unserer Willkür", ausgesetzt. Jedes
Mal, wenn wir etwas hören oder lesen, ist unser Gehirn danach
nicht mehr, wie es vorher war. Es ist ständig damit beschäftigt,
Neuronenverbindungen auf- und umzubauen. Wenn wir etwas
lernen, entstehen neue neuronale Verknüpfungen. Verbindungen, die wir lange nicht mehr aufgerufen haben, verkümmern.
Manchmal reicht ein Wort, ein Wiederauffindungssignal, wie
der Gedächtnisforscher Daniel Schacter es nennt, um alte Verknüpfungen neu aufleben zu lassen. Sie können nicht anders:
Wenn Sie aus dem Westen Deutschlands stammen und Mitte
30 bis Mitte 40 sind, werden Ihnen bestimmte Assoziationen
kommen, sobald ich anfange, von Ahoi-Brause zu erzählen. Oder
von Nutella.

Wie wir Wörter bewerten

Neurolinguisten haben herausgefunden, dass alle Menschen dieser Welt Wörter gefühlsmäßig einordnen, unabhängig von ihrer Muttersprache. Sie tun dies nach drei Dimensionen: in „gut – schlecht", in „stark – schwach" und in „aktiv – passiv".

Wer erfolgreiche Neuro-Rhetorik nutzen will, muss ein Gefühl dafür entwickeln, wie Wörter und Sätze im Gehirn wirken. Das bedeutet: Die eigene Sprache sollte nicht nur im Wernicke-Areal verstanden werden. Sie sollte das limbische System zu angenehmen Gefühlen evozieren. Sie sollte im präfrontalen Cortex freundliche Assoziationen hervorrufen.

Ein Beispiel macht dies deutlich. Eine Unternehmensberatung im Internet wirbt mit folgenden Sätzen für sich: „Die Individualentwicklung ist geprägt durch permanente Innovationsschübe und eine entsprechend hohe Zahl an Methoden, Technologien und Werkzeugen. Flexibilität und die einfache Adaptierbarkeit von Entwicklungsvorhaben entscheiden dabei häufig über Erfolg und Misserfolg." Irgendwelche Regungen im limbischen System? Assoziationen im präfrontalen Cortex? Bei solchen Sätzen meldet unser Gehirn vor allem eines: Langeweile!

Und jetzt zum Vergleich folgende Beschreibung: „Unsere Unternehmensberater sind wie Sherpas bei einer Himalaja-Besteigung. Wir tragen Ihr Gepäck. Wir nehmen Ihnen manche Mühe ab. Wir ermuntern Sie auf dem beschwerlichen Weg. Aber den Triumph Ihrer Gipfelbesteigung genießen Sie ganz alleine." Sie müssen die Assoziationen nicht mögen, Sie werden vielleicht das Bild für unpassend halten, aber Sie können nicht leugnen: Bei solchen Formulierungen tut sich was in Ihrem Kopf. Jetzt kommt es nur noch darauf an, die Wörter, Bilder und Geschichten zu finden, die Ihnen, Ihren Lesern und Zuhörern am meisten behagen.

ZWEITER TEIL

Neuro-Rhetorik – 13 Erkenntnisse der Hirnforschung und was sie für Ihren Alltag bedeuten

Erkenntnis 1: Mit Gesten sprechen

Haben Sie schon einmal bei einem besonders schwungvollen Redner im Fernsehen den Ton abgestellt und der Person beim Reden nur zugesehen? Dabei wird klar, dass die Gestik eine Menge darüber verrät, über was der Sprecher gerade redet – und manchmal auch über den Sprecher selbst. Experimente haben ergeben, dass Zuschauer zwischen 50 und 60 Prozent des Gesprochenen erraten, wenn sie – ohne zu hören – nur die Gesten interpretieren, vorausgesetzt sie wissen grundsätzlich, um welches Thema es geht. Fehlt die Gestik, macht das die Kommunikation schwieriger. Nach einem Telefonat sind sich die Gesprächspartner viel häufiger uneins über bestimmte Aspekte dessen, was sie beredet haben, als nach einer persönlichen Unterhaltung.

Alle Menschen gestikulieren, so sie nicht durch Behinderungen eingeschränkt sind. Nicht nur die Italiener und andere südliche Völker, denen man gestenreiches Reden nachsagt, auch die vermeintlich ruhigen und bewegungsarmen Nordeuropäer unterstützen das Gesagte durch Gesten, wenngleich diese in der Regel zurückhaltender sind als in den südlicheren Kulturen. Die Berliner Gestenforscherin Cornelia Müller erklärt dazu in einem Interview: „Ich konnte bei einer vergleichenden Untersuchung von Spaniern und Deutschen nicht feststellen, dass die Deutschen weniger Gesten einsetzen. Allerdings gestikulieren wir anders, nämlich mehr aus dem Handgelenk. Die Spanier nutzen Schultern und Ellenbogen häufiger, das heißt, ihre Bewegungen sind raumgreifender und damit sichtbarer." Wer Mitarbeiter in einem Callcenter beobachtet, die mit einem Kopfhörer und Mikrofon telefonieren, wird feststellen: Auch sie gestikulieren – obgleich sie ihr Gegenüber natürlich nicht sehen kann. Wissenschaftler haben sogar Gesten bei Menschen nachweisen können, die über keine Arme verfügen. Sie behaupteten, mit ihren in Wirklichkeit nicht vorhandenen, sogenannten Phantom-Gliedmaßen zu gestikulieren. Und in der Tat: Der motorische Cortex, jenes Gehirnareal, das für Bewegung zuständig ist, war bei ihnen während des Redens aktiv. Blinde gestikulieren selbst dann, wenn sie sich mit anderen Blinden unterhalten.

Kürzlich war ich in einem Varieté-Theater. Dort trat unter anderem ein armenischer Clown auf, der sich nur durch Gesten und mit Tönen verständigte, die er mit einer Pfeife erzeugte. Im Laufe seines Auftritts holte der Clown zwei Besucher aus dem Publikum auf die Bühne. Er sprach mit ihnen kein einziges Wort. Allein ein auf- und abschwellender Ton aus seiner Pfeife und seine Handbewegungen reichten aus, um ihnen und dem Rest des Publikums klarzumachen, was sie tun sollten. Dieser Abend führte mir erneut vor Augen, welche kommunikative Wirkung Gesten haben.

In der Tat ist es für fast alle Menschen körperlich anstrengend, *nicht* zu gestikulieren. Diese Erfahrung mache ich selbst gelegentlich bei Fernsehauftritten. Ich neige nämlich grundsätzlich zum Reden mit ausholenden Gesten. Wenn man aber vor einer Fernsehkamera steht, raten die meisten Medientrainer, bei der Gestik zurückhaltend zu sein. Der Sprecher soll nicht vor seinem Gesicht herumfuchteln und dem Zuschauer somit den Blick versperren. Manchmal können Sie zum Beispiel Moderatoren oder Politiker im Fernsehstudio beobachten, die nahezu krampfhaft ihre Hände auf ein Pult pressen, um den Impuls zum Gestikulieren zu unterdrücken. Auch ich muss mich, wie gesagt, immer dazu zwingen, ruhig zu bleiben. Wenn die Diskussion dann recht lebhaft wird, fange ich unwillkürlich wieder an, mit den Händen zu reden.

Gestikulieren, so bestätigen Forscher, geschieht nämlich spontan. Es unter Kontrolle zu bringen, das Ziel vieler Seminare zur Körpersprache, erfordert große Anstrengung. Einige Trainer, die Manager auf öffentliche Auftritte vorbereiten, versuchen ihren Kunden einstudierte Gesten beizubringen. Sie gehen dabei von folgendem Gedanken aus: „Sprecher sind sich oft nicht bewusst, welche Informationen sie durch Gesten ausdrücken. Zuhörer nehmen diese Informationen zwar zur Kenntnis, sind sich dessen aber oft ebenso wenig bewusst", schreibt die führende amerikanische Gestenforscherin Susan Goldin-Meadow.

Dennoch sollten Sie skeptisch reagieren, wenn ein Sprechtrainer Ihnen bestimmte Gesten antrainieren will. In vielen Fällen wirken einstudierte Bewegungen unnatürlich – und im entscheidenden Augenblick bricht Ihr persönlicher Stil ohnehin wieder durch. Zuhörer besitzen ein feines Gespür dafür, ob Gesten zur Persönlichkeit eines Menschen passen. Im Experiment konnten Versuchspersonen einstudierte, also willentliche, Gesten fast immer von natürlichen, also unwillkürlichen, unterscheiden. Besser ist es deshalb zu lernen, wie Sie Ihre natürliche Gestik besser einsetzen können.

Gesten haben drei mögliche Funktionen: Sie können erstens einer gesprochenen Aussage mehr Gewicht verleihen. Dies geschieht bei Bewegungen, die allein keine Aussage haben, sondern nur die Betonung unterstreichen. Also etwa, wenn Sie mit Ihrer Hand die Satzmelodie nachahmen. Außerdem zählen dazu Gesten wie Kopfnicken oder Kopfschütteln, mit denen Sie ein „Ja!" oder ein „Nein!" noch entschiedener wirken lassen. Die meisten Menschen malen zum Beispiel, wenn sie von einem Quadrat sprechen, mit ihren Händen ein Quadrat in die Luft.

Zum Zweiten können Gesten das Gesagte ergänzen, also zusätzliche Informationen liefern. Wenn ich sage, ich sei eine Treppe hinaufgestiegen, kann ich durch eine spiralförmige Handbewegung deutlich machen, dass es sich um eine Wendeltreppe gehandelt hat. Dieses Hilfsmittel wird sehr häufig von Menschen beim lebhaften Erzählen eingesetzt. Sie können solches Vorgehen beobachten, wenn Sie in der U-Bahn Menschen zusehen, die sich über die Erlebnisse des vergangenen Wochenendes auf den neuesten Stand bringen. Gesten werden oft dann eingesetzt, wenn dem Sprecher das entsprechende Wort gerade nicht einfällt. „So ein Ding!", sagt dann jemand und malt mit den Händen in die Luft, was er meint. Diese unterstützende Funktion von Gesten ist der Grund, warum sie Sprachforscher lange Zeit als paralinguistisch interpretiert haben.

Gesten können drittens eine sprachliche Aussage ersetzen. Das haben wir alle schon im Urlaub erlebt in einem fremden Land, dessen Sprache wir nicht sprechen. Es gibt Menschen, denen gelingt es, ganz ohne Worte auf einem arabischen Basar mehr oder weniger gute Geschäfte zu machen. Leider sind sie zwar in der Regel für den Käufer weniger vorteilhaft, aber das hat nichts mit den Gesten zu tun. In einer Studie haben Wissenschaftler Versuchspersonen nur mit Gesten erklärt, wie man einen Feuerstein herstellt. Es zeigte sich, dass die Probanden den Stein genauso gut und genauso schnell herstellen konnten wie eine Vergleichsgruppe, die eine ausführliche mündliche Anweisung erhalten hatte. In einigen Fällen sind Gesten den komplizierten sprachlichen Ausführungen sogar überlegen.

Wenn Menschen sprechen, nutzen sie die Gestik in der Regel, um ihren Worten mehr Ausdruck zu verleihen. Ohne Wörter hingegen werden die Gesten intensiver und mimischer. „Gesten sind in die Luft gemalte Bilder. Sie machen bildliche Formen des Denkens sichtbar", schreibt die Berliner Gestenforscherin Cornelia Müller. Auch das werden Sie im Urlaub an sich selbst beobachtet haben: Beherrschen Sie die Sprache Ihres Gastlandes, werden Sie nur andeutungsweise auf die Sache zeigen, die Sie erwerben wollen. Sprechen Sie die fremde Sprache hingegen nicht, so vollführen Sie vermutlich eine kleine Pantomime, um das Gewünschte zu bekommen.

Für den Alltag bedeutet dies: Sprecher, die durch ihren Gestenreichtum ihre Rede unterstreichen, intensivieren für ihre Zuhörer den Eindruck des Gesagten. Stimmen Gestik und Gesagtes allerdings nicht überein, so zeigen sich die Angesprochenen verwirrt. Sage ich: „Ich hätte gern ein riesiges Stück Kuchen", deute aber mit den Fingern ein winziges Stück an, fragt das Gegenüber in den meisten Fällen: „Was willst du denn nun?" Dass ein Widerspruch zwischen dem Gesagten und den Gesten unser Gehirn verwirrt, können Wissenschaftler auch mithilfe des Elektroenzephalografen (EEG) zeigen. Dabei werden Ströme im Gehirn gemessen, um Aktivität nachzuweisen. In unserem Beispiel träte der sogenannte N400-Effekt auf, den wir in „Erkenntnis 4" noch genauer vorstellen werden.

Über Immanuel Kant mit den Händen reden

Bisher ging es um echte Gesten, nicht um eine Sprache, die durch Hand- und Kopfbewegungen artikuliert wird. Die Gebärdensprache der Gehörlosen wirkt auf Außenstehende oft wie Gestikulieren. Das ist sie aber nicht. Die Linguisten sind sich heute einig, dass es sich bei Gebärdensprache um eine voll funktionsfähige Sprache handelt. Es gibt darin zwar Gesten, die an das konkret Gemeinte erinnern. Aber diese spielen ungefähr die gleiche geringe Rolle wie lautmalerische Wörter in der gesprochenen Sprache. Die Gebärdensprache kann im gleichen Maße abstrakte Zusammenhänge ausdrücken, wie das eine normale Lautsprache vermag. Wenn Sie wollen, können Sie sich in ihr über Immanuel Kant oder Michel Foucault unterhalten.

Sie wird von gehörlosen Kleinkindern auch genauso erworben – im gleichen kritischen Zeitfenster. Das wird deutlich, wenn taube Kinder bei hörenden Eltern aufwachsen, die erst im Erwachsenenalter die Gebärdensprache erlernt haben. Da die Eltern die Gebärdensprache meist nur unzulänglich beherrschen, fällt es den Kindern schwerer, sie sich korrekt anzueignen. Gehörlose Kinder von gehörlosen, fließend in Gebärdensprache kommunizierenden Eltern, fällt der Spracherwerb erheblich leichter. Hörenden Eltern wird deshalb oft empfohlen, ihre

tauben Kinder so oft und so früh wie möglich Menschen aus-
zusetzen, die Gebärdensprache fließend beherrschen.

Der unzweifelhafte Unterschied zwischen Gebärdensprache
und Gesten wird auch bei Untersuchungen mit bildgebenden
Verfahren deutlich. Gebärdensprache aktiviert im Gehirn die
gleichen, linkshemisphärischen Bereiche wie die Lautsprache.
Das Wortverständnis erfolgt im Wernicke-Areal, die Sprachproduktion im Broca-Areal. Die Ausführung wird im motorischen Cortex angewiesen. Bei Lautsprachen gehen die Befehle
an den Stimmapparat, bei Gebärdensprache an die Arme und
Hände.

Allerdings: Gesten beziehen die rechte Hemisphäre wesentlich stärker mit ein. Das kann sich bei sehr guten Gesten-Lesern
sogar auf Geschriebenes auswirken. „Wenn taub geborene Personen, deren primäres Kommunikationsmittel die Gebärdensprache ist, englische Sätze lesen, zeigen sie vor allem in rechtshemisphärischen Hirnregionen Aktivierung", schreiben die
beiden Leipziger Psycholinguisten Christoph Herrmann und
Christian Fiebach. In seiner rechten Hälfte verarbeitet das Hirn
auch andere, nicht semantische Signale wie die Betonung. Zusätzlich werden aber beim Gestikulieren die gleichen Areale auf
der linken Seite aktiv wie beim Reden.

Gestikulierende Affen

Nicht nur Menschen gestikulieren, auch Menschenaffen kennen
die Kommunikation mittels Gesten. Wir wissen allerdings nicht
genau, wie ausgeprägt ihr Verständnis von Gestik ist. Einige
Forscher vermuten, dass sie nur zu sehr einfachen Gesten fähig
sind, zum Beispiel indem sie auf den Tisch klopfen oder den
Nachbarn anstupsen, um auf sich aufmerksam zu machen. Hingegen ist es zweifelhaft, ob Affen mit dem Finger auf etwas
deuten können – und wenn sie es tun, ob dieses Deuten etwas
zu bedeuten hat. Viele Forscher vermuten, dass mit dem Finger

auf etwas zu deuten nur Menschen möglich ist, nicht zuletzt deshalb, weil nur sie eine dafür geeignete Anatomie der Hand besitzen. Andere Wissenschaftler weisen darauf hin, dass es zum natürlichen Verhalten von Affen gehöre, zu deuten – wenn auch in der Regel mit der ganzen Hand.

Wenn wir sprachliche Fähigkeiten bei Menschenaffen vermuten, müssten die Tiere die Gesten nicht nur ausführen können. Sie müssten sie auch verstehen. Sue Savage-Rumbaugh gehört weltweit zu den bedeutendsten Forschern, die den Spracherwerb von Menschenaffen untersuchen. Sie brachte zweien ihrer Tiere mit Namen Sherman und Austin bei, sich durch Zeichen verständlich zu machen – allerdings nur gegenüber ihrem menschlichen Trainer. Als die Tiere eines Tages *miteinander* reden sollten, gestikulierten beide wild, aber keiner hörte dem anderen zu. Zwar sollen solche Situationen auch in der einen oder anderen Ehe vorkommen, grundsätzlich scheint es aber ein menschliches Privileg zu sein, komplexe Gesten nicht nur auszuführen, sondern sie auch interpretieren zu können.

Die Neigung zur Gestik ist dem Menschen, im Gegensatz zu Menschenaffen, vermutlich angeboren. Babys versuchen sich bereits im zehnten Monat im Gestikulieren. Ab etwa dem elften Monat deuten sie mit dem Finger auf Gegenstände, die sie bezeichnen möchten. Dieser Phase folgt eine Kombination aus Sprache und Gesten, etwa wenn ein Kleinkind auf die Flasche deutet und „essen" dabei sagt. Erst ab dem 20. Monat dominiert Sprache die Kommunikation. Die Linguistin Christine Kenneally schließt daraus: „Diese Ergebnisse deuten darauf hin, dass Gesten der Sprache nicht vorausgehen, sondern grundsätzlich mit ihr verknüpft sind."

Einige Wissenschaftler vermuten, dass bei den Beobachtern von Gesten die sogenannten Spiegelneuronen tätig werden, über die Sie später unter „Erkenntnis 12" noch mehr erfahren werden. Das würde bedeuten, dass Gesten uns ermöglichen, nachzuvollziehen, was der Sprecher ausdrücken will. Sie hülfen uns zudem, das Gesagte zu interpretieren. Ich hatte einmal ein Medientraining mit einem Manager, der eine extrem zurückhaltende und sparsame Gestik hatte. Das Problem: Der Mann wirkte dadurch wie ein Sprechcomputer. Seine Zuhörer wussten oft nicht, was sie von seinen Äußerungen halten sollten. Durch einiges Üben gelang es uns, seine immer noch zurückhaltende Gestik stärker zu akzentuieren. Auf diese Weise konnten die Zuhörer die Aussagen des Managers wesentlich leichter interpretieren.

Übrigens helfen Gesten dabei, flüssiger und ausdrucksreicher zu reden. Sie erleichtern es dem Gehirn nämlich, auf abgespeicherte Wörter und Wissen zuzugreifen. Mehr noch: Gesten helfen dem Sprecher sogar beim Denken. Die Gestenforscherin Susan Goldin-Meadow bat Teilnehmer eines Experiments, eine mathematische Aufgabe zu lösen. Nachdem sie fertig gerechnet hatten, sollten die Probanden sich einzelne vorgegebene Buchstaben merken. Schließlich baten die Forscher die Teilnehmer, an einer Tafel zu erläutern, wie sie die Mathe-Aufgabe gelöst hatten. Diejenigen, die beim Erläutern gestikulieren durften, konnten sich nachher an mehr Buchstaben erinnern als jene, denen Gesten untersagt worden waren. Offensichtlich verminderte das Gestikulieren die Anstrengung beim Sprechen und Erklären – es blieb mehr Kapazität für das Gedächtnis übrig. Diese Erkenntnis sollten Sie sich bei Ihrem nächsten Vortrag zunutze machen.

Warum Sie auf die linke Gesichtshälfte achten sollten!

Um Ihre Zuhörer visuell zu beeinflussen, müssen Sie noch nicht einmal die Hände zu Hilfe nehmen. Allein die Mimik und die Lippenbewegungen reichen aus, uns wertvolle Informationen zu geben, die über den Inhalt des Gesagten hinausreichen. Einige Forscher vermuten, dass unser Gehirn mit einem speziellen neuronalen Mechanismus ausgestattet ist, der darauf achtet, ob

Mimik und Körpersprache übereinstimmen. Er entscheidet darüber in nur 115 Millisekunden.

Wie wichtig die Mimik ist, zeigt folgende Studie: Babys im Alter von vier bis sechs Monaten können allein an der Mimik eines Sprechers ablesen, ob er in ihrer Muttersprache oder in einer Fremdsprache redet. Wissenschaftler an der Universität von Vancouver in Kanada spielten den Babys Videos vor, auf denen ein Sprecher einen Satz auf Englisch oder Französisch sagte – allerdings ohne Ton. Später zeigten sie den Babys dann ein weiteres stummes Video, entweder in der gleichen oder aber in der jeweils anderen Sprache. Die Babys betrachteten den Sprecher im zweiten Video aufmerksamer, wenn er in einer anderen Sprache redete. Ein typisches Zeichen, dass sie den Wechsel der Sprache bemerkt hatten. Unser Mienenspiel wird vorwiegend von der rechten Gehirnhälfte gesteuert, die stärker mit dem Verarbeiten von Emotionen befasst ist. Das ist auch bei Menschenaffen der Fall. Bei der Auswertung von Videoaufzeichnungen konnten Wissenschaftler erkennen, dass sich bei Affen emotionale Gesichtsausdrücke erst auf der linken Gesichtshälfte beobachten lassen. Für die linke Gesichtshälfte ist die rechte Hirnhälfte zuständig. Sie sollten also in Verhandlungen bei Ihren Geschäftspartnern auf die linke Gesichtshälfte achten – eventuell erkennen Sie dort schneller eine emotionale Regung, die Ihr Gegenüber verbergen möchte.

Der amerikanische Anthropologe und Psychologe Paul Ekman konnte schon in den 60er-Jahren des vorigen Jahrhunderts nachweisen, dass Gesichtsausdrücke in allen Kulturen ähnlich gedeutet werden. Ekman hatte isoliert lebenden Ureinwohnern in Papua-Neuguinea Fotos von Menschen mit einer bestimmten Mimik vorgelegt, die er entsprechenden Gefühlen zugeordnet hatte, zum Beispiel Ärger, Freude, Anspannung, Ekel und Trauer. Dann las er den Ureinwohnern Geschichten vor, in denen ebenfalls eine dieser Emotionen zum Ausdruck kam. Die Neuguineer wählten zu den Gefühlen die gleichen Fotos aus, die auch amerikanische Studenten ausgesucht hatten. Später wurden die Beobachtungen in Studien mit vielen anderen Völkern bestätigt. Es gibt über 10 000 mögliche Gesichtsausdrücke – und trotzdem interpretieren Menschen sie überall auf der Welt ähnlich.

Ein Lächeln, ein Königreich für ein Lächeln

Der angenehmste Gesichtsausdruck ist zweifellos das Lächeln. Nur Menschen sind zum Lächeln fähig. Diese Fähigkeit war vermutlich ein evolutionärer Vorteil unserer Vorfahren, denn so konnten sie ihrem Gegenüber signalisieren, wenn sie friedfertige Absichten verfolgten. Menschen überall auf der Welt deuten ein Lächeln übrigens gleich – und sie sind fast immer in der Lage, ein falsches Lächeln von einem echten zu unterscheiden. Auch das hat die Evolution klug eingerichtet, auch wenn wir diese Fähigkeit manchmal beim Kontakt mit unangenehmen Vorgesetzten oder Kunden als lästig empfinden.

Wir freuen uns so sehr über ein Lächeln, dass wir sogar auf ein virtuelles Gesicht ansprechen. Die Neurologen Leonhard Schilbach und Kai Vogeley von der Kölner Universitätsklinik für Psychiatrie und Psychotherapie ließen Probanden auf Figuren aus dem Online-Spiel „The Sims", sogenannte Agenten, reagieren. Ein männlicher oder ein weiblicher Agent blickten dabei entweder direkt auf den Teilnehmer oder in einem Winkel von 30 Grad. In einem Fall lächelte die virtuelle Figur, in anderen Fällen machte sie ein ausdrucksloses Gesicht. Die Probanden nahmen ihr künstliches Gegenüber tatsächlich als soziale Interaktionspartner wahr und setzten ihre Lachmuskeln in Bewegung. In anderen Untersuchungen zeigte sich, dass unser Gehirn sogar einen Smiley als lächelndes Gesicht wertet.

Verantwortlich dafür sind offenbar zwei Systeme in unserem Gehirn, zum einen das Spiegelneuronensystem, über das Sie unter Erkenntnis 12 mehr erfahren werden, und zum anderen das soziale neuronale Netzwerk. Letzteres befindet sich, erläutert Vogeley in einem Aufsatz für die Zeitschrift *Gehirn & Geist*, in den vorderen medialen Gebieten des Stirnhirns, im Grenzgebiet zwischen Schläfen- und Scheitellappen sowie im temporopolaren Kortex und bezieht zusätzlich die Amygdala mit ein. Dieses Netzwerk wird aktiv, wenn wir uns in einen anderen Menschen hineinversetzen. Das zeigt, dass Menschen versuchen, aus einem Lächeln auf den Gefühlszustand des Gegenübers zu schließen – ein in der Tat recht naheliegendes Vorgehen.

Schon Mitte des 19. Jahrhunderts konnte der Physiologe Guillaume-Benjamin Duchenne nachweisen, dass zum echten Lächeln zwei Muskeln notwendig sind, der große Jochbeinmuskel und der Augenringmuskel. Nur den Jochbeinmuskel können wir willentlich bewegen, zum Beispiel für jenes saure Höflichkeitslächeln, wenn uns der Konkurrent gerade einen Auftrag weggeschnappt hat. Der Augenringmuskel hingegen wird über den Gyrus cinguli gesteuert; auf ihn haben wir willentlich keinen Einfluss. Schauspielern gelingt ein täuschend echtes Lächeln nur, wenn sie sich eine heitere Situation vorstellen. Denn allein durch die *Vorstellung* eines freudigen Erlebnisses können wir ein entsprechendes Gefühl hervorrufen. Das ist nicht ganz einfach, denn Schauspieler müssen ja zugleich ihr Gefühl unter Kontrolle behalten. Schließlich wollen sie sich nicht von ihm davontragen lassen. Probieren Sie es aus! Falls Sie Erfolg damit haben, haben Sie gute Chancen auf einen Oscar. Es hilft Ihnen außerdem vor Vorträgen und öffentlichen Auftritten. Denken Sie, bevor Sie vor Ihr Publikum treten, an ein heiteres Erlebnis – so sorgen Sie dafür, dass Ihr Lächeln echt ist. Außerdem ist das ohnehin besser, als sich ausgerechnet in diesem Moment miesepetrige Gedanken zu machen.

Sieh mir in die Augen – und auf die Lippen!

Redner sollten ihren Zuhörern in die Augen schauen. Dass dieser Rat sinnvoll ist, kann die Wissenschaft inzwischen belegen. Ein Forscherteam unter Leitung des Neurologen Knut Kampe vom Institute of Cognitive Neuroscience des University College London fand heraus, dass der direkte Blick ins Auge bei der Aufnahme und Bewertung sozialer Kontakte eine entscheidende Rolle spielt. Immer wenn ein Betrachter dem Blick eines attraktiven Menschen direkt begegnet, wird in seinem Cortex eine Region namens ventrales Striatum aktiviert. Diese Reaktion ist unabhängig vom Geschlecht des Betrachteten. Attraktivität allein, also ohne Blickkontakt, ruft dort hingegen keine Reaktion hervor.

Bei Gesichtern, die als wenig attraktiv eingestuft wurden, verhielt es sich hingegen umgekehrt. Der fehlende Augenkontakt mit einem unattraktiven Gesicht wurde sozusagen als Erleichterung registriert.

1976 entdeckte der amerikanische Linguist Harry McGurk einen Effekt, der später nach ihm benannt wurde. McGurk hatte Versuchspersonen ein Videoband vorgespielt, auf jemand zu *sehen* war, der die Silbe „ba" aussprach. Zu *hören* bekamen die Versuchsteilnehmer aber „ga". Was nun, meinen Sie, gaben die Teilnehmer an, gehört zu haben? „Ba"? „Ga"? Die einen das, die anderen jenes? Nun, die meisten sagten, sie hätten „da" gehört! Also einen Laut zwischen „ba" und „ga". Die Forscher vermuten, dass das Gehirn versucht, die sich widersprechenden visuellen und akustischen Eindrücke zusammenzubringen – und bei einem Kompromiss landet. (So was kennen Sie ja aus Ihrem Berufsalltag!) Der McGurk-Effekt ist es übrigens, der uns schlechte Synchronisationen als so ärgerlich empfinden lässt.

Harry McGurk und Kampe liefern mit ihren Experimenten ein wichtiges Argument für Geschäftsreisen und Begegnungen mit Geschäftspartnern im wirklichen Leben, jedenfalls solange

Internet-Bild-Telefonie und Videokonferenzen technisch noch so holprig sind (und solange beide einigermaßen attraktiv sind). Wer seinem Gesprächspartner nicht richtig in die Augen und auf die Lippen sehen kann, missversteht ihn öfter, kann die Informationen nur langsamer und schlechter verarbeiten und findet ihn weniger sympathisch. Und natürlich fällt es ihm auch schwerer, Gesten zu interpretieren.

👉 Was Sie daraus lernen können, in Kürze:

- Gesten erleichtern die Kommunikation – dem Sprecher und dem Zuhörer.
- Gesten machen das Gesagte für den Zuhörer anschaulicher.
- Gesten geben zusätzliche Informationen.
- Gesten helfen beim Denken und vermindern die Anstrengung des Gehirns beim Reden und Erklären.
- Sprecher sollten beim Reden ihre Gestik nicht absichtlich unterdrücken.
- Achten Sie bei Gesprächspartnern auf die linke Gesichtshälfte. Dort spiegeln sich Emotionen am ehesten wider.
- Mimik wird in allen Kulturen gleich interpretiert.
- Menschen können ein echtes Lächeln von einem falschen unterscheiden.
- Ein echtes Lächeln lässt sich dadurch erzeugen, dass man an etwas Heiteres denkt.

Erkenntnis 2: Betonungen und Sprachmelodie nutzen

Am 19. September 1982 um 11.44 Uhr schlug der damalige Informatikstudent Scott Elliot Fahlman in einem elektronischen Diskussionsforum der Carnegie Mellon University vor, aus ASCII-Zeichen das Smiley-Signet nachzubilden, um spaßige und ernst gemeinte Beiträge besser voneinander unterscheiden zu können. Das sah dann so aus: :-). Auf diese Weise entstanden die Emoticons. Fahlmann hatte zuvor einen spaßig gemeinten Beitrag zu ernst genommen.

Die Emoticons packen ein Problem an, das die Menschheit seit der Erfindung der Schrift begleitet. Wir wissen nicht, wie sich anhört, was wir lesen. So ist es Ägyptologen zwar gelungen, die meisten Hieroglyphen zu entziffern. Aber eines konnten sie dadurch nicht herausfinden: wie es geklungen hat, wenn sich vor 5 000 Jahren zwei Ägypter miteinander unterhalten haben. Das erinnert mich ein bisschen an meinen Lateinlehrer. Er bestand darauf, dass wir im Unterricht „Kikero" sagten, wenn wir von Cicero sprachen. „Tsitsero" war verboten! Die alten Lateiner hätten schließlich auch das „c" wie ein „k" ausgesprochen. „Schola" musste wie „skola" klingen. Damals habe ich mich stets gefragt: Woher weiß der Mann das? Er war zwar ein älterer Herr, aber nicht so alt, als dass er es selbst noch gehört haben könnte. Inzwischen weiß ich, wie Linguisten die Aussprache von Wörtern zu rekonstruieren versuchen. Zum Ersten gibt es antike Grammatiken, die auch die Aussprache behandeln. Zum Zweiten finden sich immer wieder einmal Kritzeleien von Schülern, die mit der Orthografie gerungen haben und deshalb schrieben, wie sie sprachen. Daran hat sich offensichtlich in den letzten 2 000 Jahren nicht viel geändert. Zum Dritten wenden Philologen die Gesetze der Lautverschiebung auf Latein an.

Wir wissen in einigen Fällen trotzdem nicht, wie die Römer etwas gemeint haben. Denn wir haben ihre Wörter nicht gehört. Unser Gehirn kann allein aus der Betonung Informationen ziehen. Bildgebende Verfahren zeigen, dass betonte Wörter in einem Satz schneller erkannt werden als nicht betonte Wörter. Das entspricht unseren Alltagserfahrungen. Wenn Sie sagen: „GIB mir bitte die Tasse!", so wollen Sie darauf hinweisen, dass der Angesprochene die Tasse nicht werfen soll. Sagen Sie hingegen: „Gib mir BITTE die Tasse!", so hatten Sie es eventuell beim ersten Fragen an Höflichkeit mangeln lassen. Sagen Sie: „Gib mir bitte die TASSE!", so können Sie auf den Untersetzer verzichten.

Die Schriftsprache hat nur unzureichende Mittel, zum Beispiel auf die Satzmelodie hinzuweisen. Im oben erwähnten Beispiel habe ich es mit Großbuchstaben versucht. Doch allein wie Sie das „bitte" in der zweiten Fassung betonen, kann Unterschiede in Ihrer Stimmung deutlich machen – von genervt bis entschuldigend. Eine andere (unzureichende) Möglichkeit der Schriftsprache sind Satzzeichen. In der gesprochenen Sprache geht die Stimme bei einer Frage nach oben. Der Zuhörer erkennt auch dann den Fragecharakter, wenn er nicht durch eine Wortumstellung im Satz ausgedrückt wird. Der Satz „Du gehst heute Abend nicht aus" kann ohne Satzzeichen nicht befriedigend interpretiert werden. Es könnte sich um eine verwunderte Frage handeln: „Du gehst heute Abend nicht aus? Du bist doch sonst jeden Freitag unterwegs." Es könnte eine Anweisung sein: „Du gehst heute Abend nicht aus! Solange du deine Füße unter meinen Tisch stellst, wird gemacht, was ich sage!" Es könnte auch einfach heißen: „Du gehst *heute* Abend nicht aus, aber morgen kommst du doch sicher mit?" Je nachdem, wie jemand seine Äußerungen betont, wissen wir, ob es besser ist, ihn jetzt nicht anzusprechen, oder ob er sich darüber freuen würde. Es kommt vor, dass Menschen solche Sätze lesen und innehalten. Sie stellen dann fest, dass sie den Satz mit ihrer inneren Stimme falsch betont haben – und setzen nochmals mit dem Lesen an. So ist es Ihnen vielleicht auch schon gegangen, wenn Sie eine Geschichte vorgelesen und einen Satz darin falsch betont haben.

Die Linguisten nennen Satzmelodie und Betonung Prosodie. Die Prosodie bestimmt, wie wir *emotional* auf einen Satz reagieren. Ich kenne zum Beispiel Menschen, die sich allein durch den Singsang des Wiener Dialekts angesprochen fühlen. Sie sind sogar bereit, die größten Bosheiten zu schlucken (die den Wienern ja durchaus nicht fremd sind), solange sie mit dieser bestimmten Satzmelodie vorgetragen werden.

Am 10. November 1988 hielt der damalige Präsident des Deutschen Bundestages, Philipp Jenninger, eine Gedenkrede zum Jahrestag des Pogroms an den Juden 1938, die ihm nicht gut bekam. Am folgenden Tag musste er aufgrund des öffentlichen Drucks zurücktreten. Jenninger hatte sich in seiner Rede einer rhetorischen Figur bedient, die in der Sprachwissenschaft „erlebte Rede" genannt wird (für Experten: dritte Person Präteritum Indikativ). Das hörte sich dann so an: „Und was die Juden anging: Hatten sie sich nicht in der Vergangenheit doch eine Rolle angemaßt – so hieß es damals –, die ihnen nicht zukam? Mussten sie nicht endlich einmal Einschränkungen in Kauf nehmen? Hatten sie es nicht vielleicht sogar verdient, in ihre Schranken gewiesen zu werden?"

Das Problem ist sofort offensichtlich: Wenn ein Redner nicht durch seine Prosodie dauerhaft deutlich macht, dass er die Gedanken anderer wiedergibt, kann man das Geäußerte schnell für dessen eigene Meinung halten. Genau so geschah es im Falle des Bundestagspräsidenten. In der Sprachwissenschaft wird Jenningers Auftritt deshalb gern als Beispiel dafür herangezogen, wie man durch schlechte Betonung seine Karriere vermasseln kann.

Ein Team um Angela Friederici, Direktorin des Max-Planck-Instituts für Kognitions- und Neurowissenschaften in Leipzig, hat in Studien nachgewiesen: Leser benutzen bei komplizierten Texten eine „innere Prosodie". Sie betonen den gelesenen Text gleichsam lautlos in ihrem Gehirn, um ihn leichter verarbeiten und interpretieren zu können. Autoren können dem übrigens nachhelfen – mithilfe von Satzzeichen. Kommas, Gedankenstriche, Ausrufezeichen, Doppelpunkte erleichtern Lesern diese innere Prosodie.

Betone, was neu ist!

Betonungen sind also eminent wichtig. Es zeigt sich in Experimenten, dass Zuhörer es bevorzugen, wenn die Betonung in einem Satz auf den neuen Informationen liegt; auf Dingen also, die vorher noch nicht erwähnt worden sind. Die Hörer können die neuen Informationen besser und schneller verarbeiten, wenn sie betont werden. In vielen Fällen betonen wir Wörter und Sätze unwillkürlich. Es gibt sogar eine Betonung, die wir bewusst gar nicht wahrnehmen, die aber dennoch unserem Gehirn Informationen vermittelt. Sie drückt sich zum Beispiel darin aus, dass wir wichtige Wörter einen Tick lauter sprechen als jene, denen wir geringeres Gewicht beimessen.

Vielen Managern (und nicht wenigen Politikern und Wissenschaftlern) fällt es schwer, ohne Manuskript öffentlich zu reden. Beim Ablesen von Ansprachen neigen aber die meisten Menschen dazu, die Sätze weniger zu betonen – und oft auch noch falsch. Das liegt daran, dass das Gehirn beim Lesen nicht so genau weiß, wie der Text weitergeht. Wir lesen nämlich höchstens 14 bis 15 Buchstaben voraus. Einen Satz hingegen plant unser Hirn wesentlich weiter. Abgesehen davon, dass wir uns beim Reden eher an die Kapazitätsgrenzen unseres Arbeitsgedächtnisses halten. Sätze werden nur so lang, wie wir sie noch verarbeiten können. Beim Schreiben hingegen schwurbeln wir schon einmal Sätze, die Menschen schlichtweg nicht mehr erfassen können. Wir wissen also beim freien Reden besser, wohin unsere Sätze steuern, und können entsprechend die Akzente setzen. Deshalb betonen die meisten Redner die richtigen Stel-

len, wenn sie ohne Manuskript sprechen – nämlich ganz unwillkürlich die neuen Informationen.

Das gilt auch dann, wenn der Satz von der Regelsatzstellung
abweicht. Diese lautet Subjekt – Prädikat – Objekt. Beim Ablesen gehen wir davon aus, dass die Sätze nach diesem Muster
gebaut sind. Ziehen wir einmal das Objekt vor, werden wir das
in der natürlich gesprochenen Sprache automatisch durch die
Prosodie deutlich machen. Ein Redner aber, der seinen Text
abliest, gerät öfter ins Straucheln und muss den Satz, richtig
betont, wiederholen.

Die Konsequenz: Sprechen Sie frei, wann immer möglich.
Sollte es sich nicht vermeiden lassen, auf ein Manuskript zurück-
zugreifen, lesen Sie dieses vorher auf jeden Fall durch und mar-
kieren Sie die Stellen, die Sie betonen wollen. So machen es
übrigens die Nachrichtensprecher im Hörfunk und bei der
„Tagesschau".

Im Fernsehen (außer in der „Tagesschau") lesen die Moderatoren ihre Texte oft vom Teleprompter ab. Auch Topmanager
und Spitzenpolitiker tun dies. Achten Sie bei öffentlichen Reden
amerikanischer Präsidenten oder Präsidentschaftskandidaten
auf das Gerät an der Seite des Rednerpults, das wie ein Spiegel
aussieht. Früher dachte ich immer, es handle sich um eine Art
Schutzscheibe gegen die Kugeln von Attentätern. In Wirklichkeit
ist es ein Teleprompter. Die Texte für diese nur scheinbar frei
gehaltenen Reden müssen sehr sorgfältig verfasst werden. Es
kommt darauf an, eine möglichst natürlich wirkende Sprache
zu finden. Das bedeutet: kurze, lineare Sätze, einfache Wörter,
knappe Formeln, zahlreiche Wiederholungen. Schreiben fürs
Reden ist eine Kunst, die vielen deutschen Redenschreibern
schwerfällt.

Welche Betonung überzeugt mein Publikum?

Die Rhetorikwissenschaftlerin Anja Müller hat in ihrer Dissertation an der Universität Tübingen (*Die Macht der Stimme*) untersucht, welche prosodischen Merkmale Zuhörer am meisten überzeugen. Der Fachbegriff für Überzeugungskraft lautet Persuasion. Ihr Fazit: „Insgesamt ergibt sich hieraus, dass sich uneingeschränkt eigentlich nur die Intonation, und zwar die fallende beziehungsweise steigend-fallende Intonation signifikant positiv auf […] die Persuasion auswirkt."

Aus dem Wissenschaftsdeutsch übersetzt heißt das: Ein Redner überzeugt sein Publikum dann am ehesten, wenn er die Satzmelodie geschickt einsetzt. So kann er zum Beispiel die Seriosität seiner Botschaft unterstreichen, wenn er im Stile von Nachrichtensprechern die Satzmelodie zum Schluss abfallen lässt. Sie strahlen damit außerdem Ruhe, Bestimmtheit, Ausdauer und Beharrlichkeit aus. Eine ansteigende Satzmelodie empfinden Zuhörer hingegen als unbestimmt, ungewiss und vage.

Als besonders überzeugend erwiesen sich in einer Studie Telefoninterviewer, die das Interview „mit einer Intonation einleiten, die einen tiefen Ansatz aufweist, anschließend einen Anstieg verzeichnet und zum Schluss in die Tiefe abfällt". Wenig erfolgreiche Interviewer betonten genau umgekehrt. Diese Intonation sollten Sie ein wenig üben, vor allem für die Schlüsselsätze Ihres Vortrages oder Ihrer Präsentation.

Hier noch ein Beispiel dafür, wie Intonationsprobleme einen Kopf und Kragen kosten können. Am 16. November 1995 stellte sich der glücklose Rudolf Scharping auf einem Parteitag in Mannheim einer Kampfabstimmung um den SPD-Vorsitz. Sein Gegner: Oskar Lafontaine. Beide sprachen vor den Delegierten. Die Stimmung der Genossen war Scharping gegenüber nicht gerade wohlgesonnen. Lafontaines Rede brachte ihm den Sieg. Er erreichte 321 Stimmen, Scharping kam auf 190.

Walter F. Sendlmeier, Professor für Kommunikationswissenschaft an der Technischen Universität Berlin, und seine Kollegin Astrid Paeschke haben die beiden Ansprachen genau untersucht. In einem Aufsatz aus dem Jahre 1997 gaben sie dem Unterlegenen den (vermutlich ungehört verhallten) Rat: „Scharping könnte bei seinen Zuhörern einen erheblich besseren Eindruck hinterlassen, wenn er die unstetigen Wechsel von leisen, langsamen Passagen mit schmaler Tonhöhenbandbreite und plötzlichen lauten, energischen Ausbrüchen mit überdimensionalen Tonhöhensprüngen und Silbenlängungen sowie teilweise falschen Betonungen und unangemessenem Rhythmus vermeiden würde."

Einen kleinen Trost hatten die beiden Wissenschaftler für Scharping: „Aufgrund seiner tiefen, klangvollen Stimme werden ihm Eigenschaften wie selbstsicher, sachlich, geruhsam, gutmütig, aufrichtig, sympathisch, rücksichtsvoll, durchsetzungsfähig, anziehend, entschlossen zugeschrieben, die in Abhängigkeit von der Intonation ein positives Gesamtbild ergeben können, wenn durch die Betonung die genannten Eigenschaften zum Tragen kommen."

Selbst wenn Sie aller Voraussicht nach nicht in die Verlegenheit kommen werden, sich rhetorisch um den SPD-Vorsitz zu schlagen (der sowieso zusehends unattraktiver wird), sollten Sie aus den Intonationsproblemen Scharpings für Ihre eigene Rhetorik lernen.

Der Jabberwocky und die Sprachfarbe

Für seinen Roman *Alice hinter den Spiegeln,* der Fortsetzung von *Alice im Wunderland,* hat sich Lewis Carroll ein Gedicht mit dem Titel „The Jabberwocky" ausgedacht, das fast nur aus unsinnigen Wörtern besteht, die in keinem Lexikon vorkommen. Christian Enzensberger hat es sehr schön ins Deutsche übersetzt. Es heißt bei ihm „Der Zipferlake". Die erste Strophe lautet:

„Verdaustig war's, und glaße Wieben
rotterten gorkicht im Gemank.
Gar elump war der Pluckerwank,
und die gabben Schweisel frieben."

Luca Bonatti, Professor an der Scuola Internazionale Superiore
di Studi Avanzati in Triest, und internationale Kollegen kon-
frontierten Probanden mit einer Kunstsprache, deren Vokabeln
bedeutungslos waren, ganz ähnlich dem Gedicht von Carroll.
Bei der Analyse stellten die Wissenschaftler fest, dass die Gehirne der Teilnehmer unbewusste statistische Berechnungen darüber anstellten, an welcher Stelle und wie oft bei den künstlichen
Wörtern ein Vokal auftauchen müsste. So wollte das Gehirn die
Grammatik der neuen Sprache knacken. Die Konsonanten dien-
ten dem Gehirn hingegen der Worterkennung, wie die Experten
im Fachmagazin *Psychological Science* erläutern. Das Gehirn von
Menschenaffen analysiert nur Vokale.

Wenn Sie das Gedicht aus *Alice hinter den Spiegeln* laut vorlesen, wird die Sprachfarbe sogleich eine Vorstellung in Ihrem
Kopf auslösen. Das liegt daran, dass bestimmte Vokale und Konsonanten eine bestimmte Wirkung auf uns ausüben.

Der verstorbene Bonner Neurowissenschaftler Detlef Linke
vermutete gar, dass Vokale zu einer intensiven, bildhaften Asso-
ziierung führen, die vor allem die rechte Gehirnhälfte anrege.
Leser von konsonantenreichen Sprachen, des Hebräischen zum
Beispiel, würden deshalb eine zusätzliche Konfrontation mit
Bildern als rechtshemisphärische Überlastung empfinden. Linke
ist dann wohl ein bisschen zu weit gegangen, daraus das Bilder-
verbot der jüdischen Religion erklären zu wollen.

Mit aller Einschränkung gilt Folgendes: Dunkle Vokale (a,
o, u) drücken Traurigkeit, Trübsal und Finsternis, aber auch
Ruhe aus, vor allem wenn sie mit geringerer Energie ausgesprochen werden; helle Vokale (e, i) stehen für Belebtheit und emotionale Aufgeregtheit. Harte Konsonanten rufen das Gefühl von

Aggressivität hervor, insbesondere wenn sie gehäuft auftreten; weiche Konsonanten wirken beruhigend.

Darum fühlen wir uns bei einem Lied aus Schuberts *Winterreise* so traurig, selbst wenn wir den Text nur mit halbem Ohr hören. Schauen Sie einmal auf folgende Liedzeilen mit dem Titel „Letzte Hoffnung":

„Hie und da ist an den Bäumen
Manches bunte Blatt zu seh'n,
Und ich bleibe vor den Bäumen
Oftmals in Gedanken steh'n.

Schaue nach dem einen Blatte,
Hänge meine Hoffnung dran;
Spielt der Wind mit meinem Blatte,
Zittr' ich, was ich zittern kann.

Ach, und fällt das Blatt zu Boden,
Fällt mit ihm die Hoffnung ab;
Fall' ich selber mit zu Boden,
Wein' auf meiner Hoffnung Grab.

Sie werden auffallend viele a, o und u finden. Dichter haben schon immer diese Effekte genutzt.

Auch Programmierer von Spracherkennungssystemen machen sich die Erkenntnisse zunutze. John Hansen, Leiter des Center for Robust Speech Systems an der University of Texas at Dallas, hat einen Algorithmus entwickelt, der auf die Auswertung der Vokalverwendung von Anrufern setzt. „Vokale sind die stimmlichen Signale, die Ärger transportieren. Die Intensität, mit der Vokale abgehackt werden, gibt Aufschluss über die emotionale Verfassung eines Kunden", erklärte Hansen in einem Zeitschrifteninterview.

Wer schneller redet, ist früher fertig – und kompetenter

Lange habe ich mich mit dem Problem herumgeplagt, dass ich ziemlich schnell spreche. In meinen Seminaren warnte ich die Zuhörer zu Beginn davor und hoffte, dass sie dennoch mitbekommen, was ich vortrage. Dennoch hatte ich Angst, mein Publikum zu überfordern. Ich kenne zahlreiche Kollegen, denen es ähnlich geht. Ich habe sogar zeitweilig Sprechunterricht genommen, bei dem ich lernen wollte, langsamer zu reden. Mit wenig Erfolg – am Anfang hatte ich mich meistens im Griff, aber irgendwann steigerte ich fast immer das Tempo meiner Rede. Inzwischen plage ich mich mit diesem Problem nicht mehr herum. Ich spreche zwar immer noch schnell. Aber ich weiß: Das ist gar kein Problem! Im Gegenteil.

Die normale Sprechgeschwindigkeit im Deutschen liegt bei rund 200 bis 250 Silben in der Minute. Über 350 Silben empfinden wir als schnell. Amerikanische Sprachwissenschaftler spielten in einem Experiment Versuchspersonen einen kurzen Vortrag über die Gefahren des Kaffeetrinkens vor. Sie manipulierten das Sprechtempo, ließen aber die anderen prosodischen Merkmale unverändert. Das Ergebnis: Je schneller der Sprecher sprach, desto glaubwürdiger wirkte er auf seine Zuhörer. Mehr noch: Schnellere Sprecher galten als gebildeter, intelligenter und objektiver. Weitere Versuche zeigten, dass bei schnelleren Sprechern der Inhalt als vertrauenswürdiger eingestuft wurde. Der Sprecher galt als kompetenter, je schneller er sprach. Dies geht sicherlich nur bis zu einem gewissen Grad, da im Deutschen bei über 400 Silben in der Minute die Artikulation leidet.

Die Konsequenz für Manager: Sprechen Sie schneller! Dies gilt vor allem für Menschen, die von Natur aus eher zu einem geringen Sprechtempo neigen. Aber Achtung! Die Untersuchungen bezogen sich auf die gesprochene Sprache. Sie sollten ohnehin keine Manuskripte vorlesen, wie weiter oben erläutert. Auf gar keinen Fall dürfen Sie aber Ihr Manuskript im Formel-1-Tempo vortragen. Erstens werden dabei alle anderen prosodischen Merkmale vernachlässigt. Zweitens neigen wir beim Schreiben zu schwierigerem Satzbau und ungewöhnlicherer Wortwahl. Ihre Unverständlichkeit würde den gefühlten Kompetenzvorsprung zunichtemachen.

Es gilt eine weitere Einschränkung: Bei sehr emotionsgeladenen Themen wirkt es sich positiv aus, wenn Sie das Sprechtempo verlangsamen. Zu schnelles Reden verringert das Wohlwollen Ihres Publikums.

Mach mal Pause!

Vermutlich wird Ihnen über kurz oder lang sowieso die Puste ausgehen, wenn Sie durch Ihren Vortrag hecheln. Sie brauchen Pausen. Nicht alle machen jedoch Ihre Rede besser.

Die Wissenschaft unterscheidet drei Arten von Redepausen.

1. Die kurze *Gedankenpause* (oder Staupause) machen wir, um Wörter und Satzteile voneinander abzugrenzen. Sie ist wichtig, damit wir Sätze richtig verstehen können. In der Schriftsprache werden Staupausen durch Kommas dargestellt. Der Satz „Der Mann sagt die Frau kann nicht Auto fahren" ist ohne Pausen (oder Kommas) *ambigue*, wie die Linguisten sagen, also mehrdeutig. Je nachdem, wie man zu den fahrerischen Fähigkeiten von Frauen steht, kann er gelesen werden: „Der Mann sagt, die Frau kann nicht Auto fahren." Oder: „Der Mann, sagt die Frau, kann nicht Auto fahren."[5] Hirnforscher haben herausgefunden, dass unser Arbeitsgedächtnis am besten mit einer Zeitspanne von drei Sekunden umgehen kann. Nach sechs Sekunden ist es bei den meisten Menschen übervoll. Spätestens dann wird eine Gedankenpause fällig, damit der Zuhörer den Sinn des Gehörten verarbeiten kann.

2. Die ärgerlichsten Pausen sind die sogenannten *Zögerungspausen*. Das sind die gefürchteten „Ähs". Sie werden es geahnt haben: Zögerungspausen erleichtern das Zuhören nicht. Da sie den Redefluss aufhalten, leiden darunter die Glaubwürdigkeit und die Kompetenz, die dem Redner zugesprochen werden. Andere Studien legen allerdings nahe, dass Zögerungspausen – im überschaubaren Umfang – sogar eine Hilfe für die Zuhörer sind. Die Sprachwissenschaftler Marta Kutas und Steven Hillyard von der University of California spielten Versuchspersonen zweierlei Sätze vor. Die einen hatten ein erwartbares, die anderen ein überraschendes Ende. Beim EEG zeigte sich: Konnte der Teilnehmer das Wort leicht einordnen, war der Spannungsabfall der Gehirnströme gering. Fiel ihm das schwer, fiel die Spannung stärker. Bei unvorhersehbaren Wörtern, die mit „Äh" eingeleitet wurden, war der Effekt geringer als in fehlerfreien Sätzen. Wissenschaftler vermuten, dass ein „Äh" die Zuhörer vor Überraschendem warnt. Dies bestätigt der Psycholinguistiker Martin Corley von der Universität von Edinburgh in Schottland. Er zeigte in einem Gedächtnistest, dass sich die Zuhörer später besser an alle Wörter nach einem „Äh" erinnern konnten. Möglicherweise interpretierten sie die Verzögerung als ein Nachdenken (zu Recht!) und nahmen dessen Ergebnis wichtiger. Zudem zeigt sich, dass emotionale Botschaften durch Zögerungspausen weniger beeinträchtigt werden als informationsorientierte. Die „Ähs" verleihen den emotionalen Aussagen offenbar Glaubwürdigkeit. Der Sprecher wird gleichsam als jemand wahrgenommen, der um die richtigen Ausdrücke ringt.

3. Die rhetorisch wichtigste Pause ist die *Kunstpause* (auch Transinformationspause oder kurz T-Pause genannt). Die Kunstpause arbeitet, psycholinguistisch gesprochen, mit dem Parsing. Ich werde diese Eigenschaft unseres Gehirns bei der Sprachverarbeitung an späterer Stelle ausführlich erläutern.

Hier nur ganz kurz: Parsing bedeutet, dass unser Gehirn an jeder Stelle eines Satzes überlegt, wie er weitergehen könnte. Nach einer Kunstpause können die Zuhörer zum einen das bereits Gesagte verarbeiten, zum anderen auf das noch Folgende hinfiebern. Kunstpausen werden Sie als Vortragender in der Regel durch andere prosodische Merkmale unterstützen: Sie werden die Stimme heben oder senken, die Lautstärke vermindern oder erhöhen, das Sprechtempo verlangsamen. Setzen Sie alle diese Mittel zusammen ein, wirken Sie überzeugender.

„Jetzt kommt was Ironisches!"

Die eingangs erwähnten Emoticons beziehen sich nicht auf die Aussprache der Wörter. Das macht sie wertvoll, denn dadurch können sie weltweit in vielen Sprachen angewandt werden. Trotzdem haben sie etwas mit dem Klang der Sprache zu tun. Emoticons transportieren Informationen, die ansonsten im schriftlichen Gebrauch der Sprache verloren gehen. So lernt jeder angehende Journalist im Volontariat, mit Ironie in seinen Artikeln sehr zurückhaltend umzugehen. „Ironie verstehen die Leser nicht", heißt es in den Journalistenschulen. Dabei verwenden die Menschen im Alltag ständig Ironie. Sie rügen überflüssige Ausgaben mit dem Satz: „Wir schwimmen ja im Geld!" Sie empfangen Zuspätkommende mit den Worten: „Na, wieder mal überpünktlich?" Nur Kinder nehmen diese Aussagen ernst, weil sie noch nicht verstehen können, dass der Sprecher das Gegenteil von dem meint, was er sagt. Warum verstehen wir Älteren im Alltag Ironie, in der Schriftsprache aber nicht? Ganz einfach: Weil die Ironie nicht durch den Inhalt vermittelt wird, sondern durch den Tonfall. Und der geht in der Schrift verloren.

Thomas C. Gunter vom Max-Planck-Institut für Kognitions- und Neurowissenschaften in Leipzig hat die Wirkung von Ironie untersucht. Sie wird umso besser verstanden, je mehr die Zuhörer auf sie vorbereitet sind. Versuchspersonen, denen ein Sprecher zuvor als ironisch vorgestellt worden war, konnten sehr früh eine ironisch gemeinte Bemerkung erkennen und im Gehirn verarbeiten. Hatten sie eine solche Vorinformation nicht, brauchten sie wesentlich länger und nahmen die Bemerkung zunächst ernst.

Sind Sie ein bekennender Ironiker? In Ihrer Firma, wo man Sie gut kennt, macht Sie das vielleicht sogar sympathisch. Vor einem Publikum, dem Sie neu sind, müssen Sie hingegen vorsichtig sein. In diesem Falle sollten Sie die Zuhörer auf Ihren Stil vorbereiten, etwa indem Sie sich zu Beginn Ihres Vortrages als Anhänger angelsächsischen Humors zu erkennen geben. Teilen Sie Ihrem Publikum zum Beispiel mit: „Es kann sein, dass ich die eine oder andere Bemerkung mit einem Augenzwinkern mache." (Schon diesem Satz können Sie eine ironische Betonung geben.) Klingt platt, wirkt aber! Die folgenden ersten zwei, drei ironischen Anmerkungen sollten von milder Ironie geprägt sein, die Ihre Zuhörer leicht erkennen können. Danach ist das Publikum vorbereitet und dem vollen Elan Ihres Witzes steht nichts mehr im Wege.

Reden wie mein Navigationssystem

Schriftliche Informationen werden von unserem Gehirn – wie schon erläutert – vornehmlich von der linken Gehirnhälfte verarbeitet, vor allem in dem darauf spezialisierten Wernicke-Areal und im Gyrus angularis (siehe hierzu die Gehirn-Abbildung auf Seite 33). Die Sprachzentren kümmern sich um die inhaltliche Analyse des Gesagten. Die rechte Hemisphäre dagegen ist, grob gesagt, für die gefühlsmäßige Bewertung zuständig. Mit bildgebenden Verfahren konnten Wissenschaftler nachweisen, dass die prosodischen Merkmale die entsprechenden Areale der rechten Gehirnhälfte aktivieren.

Menschen, bei denen diese Bereiche der rechten Hirnhälfte

durch einen Schlaganfall oder einen Tumor geschädigt sind, scheinen völlig emotionslos zu sprechen. Sie sind aufgrund ihrer Hirnläsion nicht mehr in der Lage, ihre Stimme zu modulieren, obgleich ihr Stimmapparat völlig in Ordnung ist. Diese Patienten klingen wie die Stimme meines Navigationsinstruments – wobei ich angesichts meiner Neigung zu Fehlfahrten aufgrund meiner Orientierungsschwierigkeiten deren Emotionslosigkeit durchaus zu schätzen weiß.

Die Hirnforscher vermuten, dass die rechte Hirnhälfte die musikalische ist. Hier wird Musik überwiegend verarbeitet. So gibt es Menschen, deren Sprachfähigkeit (links) stark beeinträchtigt ist, die aber immer noch singen können. Andererseits werden Menschen mit einer Störung in der rechten Hemisphäre unmusikalisch – allerdings haben nicht alle Menschen, die unmusikalisch sind, eine Läsion der rechten Hirnhälfte. Die Musikalität rechts gilt übrigens vorwiegend für musikalische Laien. Bei Berufsmusikern werden auch weite Teile in der linken Hemisphäre aktiviert. Offensichtlich analysieren diese Könner Musik stärker als der Durchschnittshörer. Dass Musikalität und Prosodie in ähnlichen Regionen verarbeitet werden, verwundert nicht. Schließlich spricht uns Musik viel stärker emotional an als Wörter. Und Wörter wirken auf uns nur dann, wenn sie durch Betonung und Satzmelodie emotionalisiert werden. Lesen Sie doch einmal die berühmte Rede „Ich habe einen Traum" von Martin Luther King und danach hören Sie sich eine Aufnahme davon an. Selbst falls Sie kein Englisch verstehen sollten, bekommen Sie beim Zuhören fast einen besseren Eindruck von ihrer Kraft als beim Lesen der deutschen Übersetzung. Musik zu hören, stärkt nicht Ihre Sprachfähigkeit, sondern schult Ihr Ohr für Botschaften, die unterschwellig in Betonung und Satzmelodie mitschwingen.

Aber bitte mit Gefühl

Was bedeutet das alles für Ihren Alltag? Die wichtigste Schlussfolgerung lautet: Wichtige emotionale Botschaften sollten Sie
immer mündlich vortragen! Wenn es darum geht, Mitarbeiter
zusammenzuschweißen, wenn Sie Ihr Team vor einer wichtigen
Aufgabe motivieren wollen, sollten Sie sich niemals auf eine
schriftliche Botschaft verlassen.

Das gilt natürlich auch dann, wenn es darum geht, unange-
nehme Mitteilungen zu machen. Nehmen wir den fatalsten Fall:
Sie müssen Ihren Mitarbeitern erklären, dass es in nächster Zeit
zu Entlassungen kommen wird. Wenn Sie sich nun die Form
einer Hausmitteilung wählen oder eine E-Mail an alle verfassen,
können Sie noch so viel Bedauern in Ihre Worte legen – Ihre
emotionale Botschaft wird nicht ankommen. Sie werden als kalt
und gefühllos gelten. Auch wenn es für Sie selbst schwer und
unangenehm sein sollte: Stellen Sie sich den Mitarbeitern und
tragen Sie mündlich vor, warum welche Entscheidungen notwendig sind.

Ich gehe davon aus, dass Ihre Betroffenheit und Ihr Bedauern
in diesem Falle echt sind. Denn Lügen und falsche Anteilnahme
können Ihre Zuhörer heraushören. Hirnforscher haben herausgefunden, dass Menschen erstaunlich differenziert die prosodischen
Merkmale der Stimme beurteilen können. Evolutionstheoretiker
vermuten, dass diese Fähigkeit im Überlebenskampf der frühen
Menschen ein großer Vorteil war. Jene unter unseren Vorfahren,
die in der Lage waren, die subtilen, weil ungesagten Emotionen
zu erkennen, waren bei falschen Treueschwüren gewarnt. Oder
merkten, wie bei manchen Aussagen das Drohende mitschwang.
Eine Fähigkeit, die auch heute noch bei Verhandlungen von
Vorteil ist.

Einige prosodische Merkmale gelten in allen Sprachen und
Kulturen, andere variieren in den einzelnen Sprachen. Einen
Satz, der drohend vorgetragen wird, verstehen wir auch dann,

wenn uns die Wörter unklar bleiben. Andere, subtilere Botschaften gehen jedoch verloren. Für Manager mit fremdsprachigen Verhandlungspartnern ist das ein Problem. Auf Englisch geht das für einen Deutschsprachigen vielleicht gerade noch gut. Verlassen kann man sich darauf nicht. Die Zuhörer haben in den meisten Fällen erhebliche Probleme, subtilere Ausprägungen der Prosodie zu erkennen. Die Linguisten wissen, dass eine ausgeprägte Prosodie auch den Sprechern einer Fremdsprache wesentlich schwerer fällt, denn sie kämpfen ja schon mit Vokabular, Aussprache und Satzbau. Selbst wer Englisch als Fremdsprache sehr gut beherrscht, kann dem Gesagten leicht versehentlich einen falschen Zungenschlag geben. Wie aber sollen Manager die prosodischen Hinweise erkennen, die ihr Chinesisch, Arabisch oder Japanisch sprechender Geschäftspartner ihnen gibt? Für Simultandolmetscher stellt der emotionale Aspekt von Betonung und Satzmelodie eine harte Nuss dar. In diesem Falle empfiehlt es sich, einen muttersprachlichen Kollegen an den Verhandlungen zu beteiligen. Er oder sie kann im Laufe des Gesprächs Informationen über das geben, was nicht ausdrücklich gesagt wurde – aber in der Art, wie es gesagt wurde, mitschwang.

🖐 Was Sie daraus lernen können, in Kürze:

- Wir erhalten viele Informationen über die emotionale Bedeutung von Sätzen durch die Betonung und die Satzmelodie (Prosodie).
- Schriftlichen Mitteilungen fehlen die prosodischen Merkmale weitgehend.
- Emotionale Botschaften deshalb immer mündlich vortragen.
- Lieber frei reden als mit Manuskript.
- Wer mit Manuskript vorträgt, sollte sich Betonungszeichen setzen.

- Wer schneller redet, wirkt kompetenter und glaubwürdiger.

- Das wichtigste Instrument der Prosodie ist die Intonation: Sprechen Sie mit einer erst ansteigenden, dann fallenden Melodie.

- Setzen Sie Kunstpausen gezielt ein.

- In Verhandlungen sollten Sie die Informationen, die durch die Prosodie vermittelt werden, nicht unterschätzen. Sensible Gespräche deshalb immer zusammen mit Muttersprachlern führen.

Erkenntnis 3: Das Wortfeld umkreisen

Beantworten Sie bitte rasch und ohne nachzudenken folgende Fragen:

> Welche Farbe hat der Schnee?
> Welche Farbe hat ein Blatt Papier?
> Welche Farbe hat ein Arztkittel?
> Was trinkt die Kuh?

Falls Sie nun „Milch" geantwortet haben, müssen Sie sich nicht grämen. Den meisten Menschen geht es so. „Wasser" wäre natürlich richtig gewesen. Was ist passiert? Der Lapsus liegt daran, dass zum einen „weiß" und „Milch" in unserem Gehirn in einem Wortfeld beieinanderliegen. Zum anderen sind die Wörter „Kuh" und „Milch" miteinander verknüpft. Werden Sie nun gezwungen, schnell und ohne Nachdenken auf die obige Frage zu antworten, greift Ihr Gehirn auf das eng Vernetzte zurück.

In unserem Gehirn sind die Begriffe und ihre Bedeutungen nicht wie in einem Wörterbuch verzeichnet. Das wäre sehr ineffizient. Gebildete Erwachsene verfügen über einen Wortschatz von 60 000 bis 90 000 Wörtern, deren Bedeutung sie gespeichert haben. Man spricht vom passiven Wortschatz. Bei der Mehrheit der Bevölkerung dürfte er eher geringer ausfallen. Der aktive Wortschatz liegt zwischen zehn und 20 Prozent des passiven Wortschatzes. Müsste Ihr Gehirn in jedem Gespräch sein ganzes Wortverzeichnis durchrattern, würde das viel zu lange dauern. Stellen Sie sich vor, Sie sitzen im Wartezimmer Ihres Dermatologen und Ihre Nachbarin erzählt von ihrer „Zyste". Ihr Gehirn wird kaum bei A wie „Aal" anfangen und alle seine Einträge durchforsten, bis es bei „Zyste" landet. Bis dahin wäre Ihre Gesprächspartnerin schon längst ins Arztzimmer gerufen worden.

Vielmehr baut Ihr Gehirn eine gewisse Erwartung auf: Warte-zimmer – Dermatologe – Hautkrankheiten. „Zyste" wäre in diesem Zusammenhang nicht abwegig. Vielleicht sind Sie sogar über Hauterkrankungen ins Gespräch gekommen. Kurzum: Wahrscheinlich ist Ihr Gehirn darauf vorbereitet, dass Begriffe rund um die Dermatologie in der Unterhaltung auftauchen – und hat deshalb keine Probleme, wenn die „Zyste" in der Tat angesprochen wird.

Es muss natürlich nicht immer um Hautprobleme gehen. Wir können uns auf angenehmere Themen einigen, wie in folgendem wissenschaftlichen Experiment: Die Teilnehmer wurden gebeten, sich über Gartenpflege zu unterhalten. Die Forscher maßen die Zeit, die ein Sprecher benötigte, um auf einen bestimmten Begriff aus diesem Themenfeld zu kommen. Das geht in der Regel sehr schnell. Der Wert liegt im Millisekundenbereich – außer, das Wort liegt ihnen auf der Zunge, fällt ihnen aber gerade nicht ein. In diesem Fall sprechen Sprachwissenschaftler vom Zungenspitzen-Phänomen (auf Englisch TOT für „tip of the tongue"). Als Ursache sehen Gedächtnisforscher wie Professor Daniel L. Schacter von der Harvard University in Cambridge (USA) eine „schwache Aktivierung eines selten verwendeten phonologischen Knotens".

In der Regel aber kamen die Teilnehmer beim Gartenpflege-Gespräch recht fix auf die richtigen Wörter. Dann wurden sie plötzlich zu einem ganz anderen Thema befragt, von dem die Forscher wussten, dass die Teilnehmer die Antwort kannten, zum Beispiel nach dem Namen eines bekannten Fußballspielers. Das Ergebnis wird Sie nicht verwundern: Diesen Namen aus dem Gedächtnis hervorzukramen, dauerte wesentlich länger als bei den Gartenfachbegriffen – selbst wenn der Teilnehmer ein fanatischer Fußballfan war. Genau umgekehrt war es während eines Gesprächs eines begeisterten Hobbygärtners über Fußball. Er zögerte bei den Blumennamen, die ihm eigentlich sehr vertraut sind. Das Ergebnis des Experiments ist einleuchtend, wäre aber nicht logisch, wenn unser Wortspeicher zum Beispiel alphabetisch organisiert wäre. Dann läge es nahe, dass einem ein Fußballername, der mit A anfängt, schneller einfiele als ein Blumenname, der mit Z beginnt.

In Wirklichkeit sind in unserem Gehirn die Wörter wie in einem Supermarkt angeordnet. In einem Supermarkt gibt es eine Ecke, in der sich alle Milchprodukte befinden: Käse, Quark, Schlagsahne, Joghurt. An einer anderen Stelle stehen die Reinigungsmittel, zum Geschirrspülen, für den Parkettboden, für die Badewanne, die Fenster und was es heute sonst noch so an Spezialreinigern gibt. Manche Supermärkte sind besser sortiert und haben ein umfangreicheres Angebot als andere. In der Sprachwissenschaft sprechen wir bei Menschen mit einem großen Vokabular von einem elaborierten Code; Menschen mit einem geringen Vokabular sprechen hingegen einen restringierten Code. Das Angebot im Supermarkt der Wörter kann je nach Gütergruppe unterschiedlich differenziert sein: Es gibt zum Beispiel eine riesige Käsetheke, aber nur wenige Drogerieprodukte, weil die Kunden dort mehr und häufiger Käse kaufen als Aftershave.

Die Neurolinguistik kann eindeutig belegen: Wenn wir auf ein bestimmtes Wortfeld eingestimmt werden, kann unser Gehirn schneller, eindeutiger und bequemer auf verwandte Begriffe zurückgreifen. Ermittelt wird dies mit dem Elektroenzephalografen, vielen Menschen eher unter der Abkürzung EEG bekannt. Dieses Gerät misst mittels Elektroden auf der Kopfhaut die Hirnströme in den Nervenzellen. Wenn Neuronen, die Nervenzellen des Gehirns, aktiviert werden, fließt in ihnen ein Strom. Werden viele Nervenzellen aktiv, kann das EEG die elektrische Aktivität feststellen – wir wissen dann, ungefähr wo und wie lange gerade gedacht wird.[6]

Eines der Phänomene, die dabei gefunden wurden, ist das sogenannte Priming. Es bedeutet: Das mentale Worterkennungssystem wird aktiviert, wenn ihm verwandte Wörter präsentiert werden. Spreche ich zum Beispiel von einem „Haus", so wird das darauffolgende Wort „Dach" schneller erkannt als, sagen wir, das Wort „Brokkolisuppe". Die Neuropsychologen Christoph Herrmann und Christian Fiebach schreiben dazu: „Der Priming-Effekt zeigt, dass ein Wort wie Maus eine gewisse Aktivierung nicht nur für diesen Eintrag im mentalen Lexikon erzeugt, sondern auch für semantisch stark verwandte andere Lexikoneinträge", also zum Beispiel dem Wort Katze.

Professionelle Texter arbeiten bewusst mit dem Priming, um ihre Worte mit positiven Assoziationen zu belegen. Man kann nämlich nachweisen, dass bestimmte, positiv besetzte Wörter erst positiv besetzte Wortfelder aufrufen und dann angenehme Gefühle erwecken. Deshalb wimmelt es in den Werbesprüchen von positiven Formulierungen, von „Freude am Fahren", von „Spaß", von „Leben", von „Genuss".

Auch Wahlkämpfer versuchen das Priming zu nutzen. Im hessischen Landtagswahlkampf im Januar 2007 präsentierte der damalige Ministerpräsident Roland Koch ein Plakat. „Ypsilanti, Al-Wazir und die Kommunisten verhindern", stand darauf. Kochs Wahlstrategen versuchten es also mit Priming. Sie spekulierten vermutlich darauf, dass der Name des grünen Spitzenkandidaten Tarek Al-Wazir im Gehirn der Wähler unwillkürlich Assoziationen mit arabischem Terror, etwa mit al-Qaida, hervorriefe. Dass „Kommunismus" bei den meisten Menschen in ein negativ besetztes Wortfeld gehört, ist erwiesen. Die Strategie ging allerdings nicht auf; Koch verlor seine absolute Mehrheit.

Die Wissenschaftler interessierten sich auch für die Frage, was bei Wörtern geschieht, die zwei Bedeutungen haben. Nehmen wir das Wort „Hahn". Es kann sowohl das Tier meinen als auch den Wasserhahn. Was passiert nun, wenn ein Leser das Wort Hahn in einem Text vorfindet, der sich um das Leben auf dem Bauernhof dreht. Zu erwarten wäre, dass im Gehirn nur das Wortumfeld von „Hahn (Tier)" aktiviert wird. Er müsste also schnelleren Zugriff auf „Huhn", „Ei", „Krähen", „Henne" und so weiter haben. „Waschbecken", „Armaturen" und „Wasser" hingegen sollten unberücksichtigt bleiben. Ähnliches gilt für einen Satz wie: „Das ist kein schöner Zug von Ihnen!", mit dem jemand auf eine unfreundlich empfundene Handlung antwortet. Auch hier wäre zu vermuten, dass das Wortumfeld „Bahn" unberücksichtigt bleibt. Dem ist aber nicht so: Untersuchungen zeigen, dass bei Wörtern mit mehreren Bedeutungen alle Wortfelder aktiviert werden. Das Priming erleichtert dem Gehirn bei „Hahn" also den Zugriff auf „Ei" ebenso wie auf „Waschbecken". Vermutlich muss das Gehirn erst alle Möglichkeiten im mentalen Lexikon aufrufen, um entscheiden zu können, welche davon es anwenden soll.

Backenhörnchen im Unterbewusstsein

Oftmals geschieht das Priming sogar bei Wörtern, die nicht bewusst wahrgenommen werden. Die Tübinger Neurobiologin Bettina Rolke bat Versuchspersonen, sich in einer Abfolge von schwarz geschriebenen Wörtern drei weiß geschriebene (zum Beispiel Zwerg, Torte, Kuchen) zu merken. Da die Wörter in rascher Abfolge aufschienen, konnten die Teilnehmer des Versuches sich das zweite Wort (Torte) nicht bewusst machen. Trotzdem fielen die sogenannten N400-Ausschläge weniger negativ aus, wenn auf das zweite Wort ein drittes aus dessen Bedeutungsfeld folgte – das Gehirn war also auf „Kuchen" vorbereitet, obwohl es „Torte" nicht bewusst wahrgenommen hatte. Harvard-Professor Schacter legte Versuchspersonen in einem Test eine Liste von fünf Wörtern vor. Darauf stand zum Beispiel: „Attentäter – Tintenfisch – Avocado – Geheimnis – Sheriff – Klima". Dann lenkten sich die Personen eine Stunde lang mit anderen Dingen ab. Schließlich präsentierte ihnen Schacter erneut eine Liste, auf der sich Wörter mit Auslassungen fanden, also etwa: „B--ke--ör--hen, Ti--enf--ch, B-t--m--n, K--m-". Den meisten Teilnehmern an dem Versuch fiel es leicht, die zuvor gelesenen Wörter „Tintenfisch" und „Klima" zu ergänzen, nicht jedoch „Backenhörnchen" und „Butzemann". Nach einer Woche hatten die Versuchspersonen die ursprüngliche Liste der Wörter längst vergessen. Dennoch konnten sie die lückenhaften Wörter ebenso gut ergänzen wie nach einer Stunde. Schacter schließt daraus: Die Wörter hatten sich in ein unterbewusstes Gedächtnis eingegraben.

Dazu passt ein drittes Experiment, das die Psychologen Larry Jacoby und Mark Dallas von der Washington University durchgeführt haben. Sie stellten fest, dass Menschen Begriffe dann besonders gut behalten, wenn sie sie zugleich sehen und hören. Das gilt selbst dann, wenn sie das Wort nur flüchtig lesen. Hören sie hingegen das Wort nur, ohne es zu lesen, sinkt die Erinnerungsleistung. Dieses Ergebnis spricht für Präsentationen mit PowerPoint oder einem anderen Präsentationsprogramm. Voraussetzung ist allerdings, dass auf den Charts nur einzelne, schnell erfassbare Begriffe stehen. Wer seine PowerPoint-Folien mit Text vollschreibt, kann den Effekt nicht erzielen, denn dann lenkt der lange Text vom Zuhören ab.

Ein beliebter Mythos, dass man mit unbewusst wahrgenommenen Wörtern Handlungen auslösen kann, stimmt allerdings nicht. Kinobesucher kaufen nicht mehr Popcorn, wenn sie unterbewusst mit dem Wort „Popcorn" konfrontiert werden. Vielleicht aber ändert sich ihre Einstellung gegenüber Popcorn. Psychologen haben Versuchsteilnehmern abwertende Begriffe gezeigt, und zwar zu schnell, um bewusst wahrgenommen zu werden. Später zeigten diese Teilnehmer eine deutlich negativere Grundhaltung gegenüber erfundenen Personen, von denen ihnen berichtet wurde, als solche Menschen, die nicht mit den abwertenden Begriffen konfrontiert waren. Umgekehrt funktioniert das natürlich auch. Wollen Sie dieses Phänomen im Umgang mit Geschäftspartnern, in Ihrer Werbung oder im Marketing anwenden, sollten Sie sich über die ethische Seite der Manipulation im Klaren sein.

Was wir bei Wörtern fühlen

Wörter erwecken also Empfindungen. Psycholinguisten unterscheiden drei Gegensätze, die bei der Konnotation von Wörtern auftreten: gut gegen böse, schwach gegen stark und aktiv gegen passiv. Der führende Psycholinguist Steven Pinker von der Harvard University in Massachusetts (USA) nennt ein Beispiel: „Held" sei gut, stark und aktiv. „Feigling" sei böse, schwach und passiv. „Verräter" sei böse, schwach und aktiv. Die Wissenschaftler gehen davon aus, dass die inhaltliche Bedeutung eines Wortes an einer anderen Stelle im Gehirn ablegt ist als seine Konnotation. Die Bedeutung wird, wie erläutert, aus dem mentalen Lexikon abgerufen, das im Wernicke-Areal der linken Hemisphäre des Cortex angesiedelt ist. Die emotional aufgeladene, wertende Konnotation (Nebenbedeutung) verteilt sich über weite Bereiche des Neocortex und des limbischen Systems vornehmlich der rechten Hirnhemisphäre. Das limbische System ist ein evolutionsgeschichtlich älterer Teil unseres Gehirns, das der Verarbeitung von Gefühlen dient. Der Zugriff auf diese Areale geschieht unwillkürlich. Wir können ihn mit unserem Willen nicht steuern. Unsere Zuhörer sind also dazu verurteilt, sich jene Vorstellung zu machen, die wir mit unseren Worten wachrufen.

Je stärker die Wörter tabuisiert sind, desto größer sind übrigens die wachgerufenen Emotionen. Lesern mit ausgeprägtem Schamgefühl bitte ich, den folgenden Absatz zu überlesen, in dem ich ein Experiment Steven Pinkers aus seinem Buch *The Stuff of Thought* zitiere.

Bitte versuchen Sie, die Farbe der folgenden Wörter zu benennen:

Fotze Scheiße **Ficken** **Titten** Pisse Arschloch

Der Psychologe Don MacKay, so Pinker, habe in einem Experiment herausgefunden, dass Leser *unwillkürlich* zurückschrecken, sobald sie ein solches Tabu-Wort erkennen – also noch bevor sie sich seiner Bedeutung bewusst werden. Das Gehirn verarbeitet Tabu-Wörter offenbar zuerst in der Amygdala, dem Mandelkern, wie Experimente mit bildgebenden Verfahren zeigen. Die Amygdala ist Teil des limbischen Systems. Sie befindet sich im mittleren Teil des Temporallappens und ist für bestimmte, vor allem negative Emotionen zuständig, besonders für die Angst. Vermutlich warnte sie unsere Steinzeit-Vorfahren in diesem Falle, dass Leute, die sie beschimpften, ihnen nicht wohlgesonnen waren – eine durchaus nicht abwegige Schlussfolgerung.

Pinker folgert: „Das Ergebnis dieses Tests ist, dass ein Redner oder Autor eben diese Tabu-Wörter benutzen kann, um eine emotionale Reaktion seines Publikums zu erzeugen – auch gegen dessen Willen." Allerdings sollten Sie als Redner wissen, ob es sich wirklich um genau *diese* Reaktion handelt, die Sie hervorrufen wollen.

Vorsicht bei Zweideutigkeiten!

Des Phänomens des Primings sollten sich Werbespruch-Zwirbler und Überschriften-Schreiber bewusst sein: Seien Sie behutsam mit zweideutigen Formulierungen! Wenn Sie Glück haben, aktivieren Sie im Gehirn Ihrer Leser eine gewünschte Assoziation, wenn Sie Pech haben, kontaminiert das Zweideutige des Wortes die ursprüngliche Bedeutung. Ein Beispiel: In der Münchner U-Bahn wirbt eine Personalvermittlung mit dem Werbespruch „Lust auf Stellungswechsel?" Das ist vermutlich bewusst zweideutig gemeint. Aber für wie seriös halten Sie eine Personalvermittlung, bei der Sie unwillkürlich an Sex denken müssen?

Manchmal bewirkt das Priming sogar, dass beim Zuhörer das Gegenteil von dem ankommt, was man ausdrücken möchte. Dies gilt zum Beispiel für sogenannte Disclaimer. Wissenschaftler bezeichnen mit diesem Begriff Redewendungen, die wir einer

Aussage vorausschicken, um sie abzumildern. Zum Beispiel: „Ich möchte jetzt nicht besserwisserisch klingen, aber ..." Auf solche Floskeln sollten Sie lieber verzichten, denn sie bewirken genau das Gegenteil, wie ein Forscherteam um die Psychologin Amani El-Alayli an der Eastern Washington University (USA) herausgefunden hat. In einem Experiment wurde Probanden zum Beispiel eine fiktive neue WG-Bewohnerin vorgestellt, die mit fadenscheinigen Argumenten das größere Zimmer für sich beanspruchte. Die WG-Studentin wurde als wesentlich egoistischer wahrgenommen, wenn sie ihren Worten ein „Ich will ja nicht egoistisch klingen ..." voranstellte. Offenbar stellte sich das Gehirn der Versuchsteilnehmer nach dem Disclaimer auf eine besonders egoistische Aussage ein. Zum Trost: Die Forscher beobachteten keinen Effekt, wenn nach dem Disclaimer *wirklich* eine bescheidene Aussage folgte.

Welche weiteren Erkenntnisse lassen sich aus dem Wissen um das Priming für unseren Alltag gewinnen? Meines Erachtens gibt es drei Schlussfolgerungen.

Erstens: Redner, die es ihren Lesern besonders leicht machen möchten, sollten ihnen die Mühe ersparen, ständig im Supermarkt der Wörter hin und her laufen zu müssen, um die Bedeutung gerade gelesener Wörter zu entschlüsseln. Sie sollten ihre Zuhörer einstimmen auf das Thema und sich im einmal gewählten Wortumfeld bewegen. Freilich: Auf die Dauer werden solche Texte langweilig. Der Leser ahnt immer schon im Voraus, was gleich kommen wird. Es gibt kaum neue Impulse. Deshalb eignet sich diese Regel vor allem für kurze, informative Redebeiträge, für technische Präsentationen und für Texte, bei denen es darauf ankommt, sie mühelos zu verstehen. Dazu gehören einfache Erklärungen und Anleitungen. Verzichten die Redner auf Worteskapaden, bleibt dem Gehirn der Zuhörer ausreichend Kapazität, sich auf den *Inhalt* zu konzentrieren.

Der Prozess des Primings läuft in unserem Gehirn unwillkürlich ab. Wir können ihn nicht steuern. Rufen wir ein Wort auf, kommen uns gleich die Wörter in den Sinn, die sich im Allgemeinen darum herumgruppieren. So tauchen Formulierungen auf, die Sie selbst im Schlaf ergänzen könnten. Sie klingen abgedroschen und langweilig. Wenn von einem Unternehmervertreter wieder einmal der Mangel an Fachkräften beklagt wird, wie lautet dann die Formel? Füllen Sie die Lücke aus: „Wir suchen … nach Fachkräften." Die meisten werden „händeringend" eingesetzt haben. In Reiseprospekten sind Felsformationen stets …? Na klar, „bizarr". Sie wollen darüber sprechen, dass wir alle das gleiche Schicksal teilen? Vermutlich sitzen wir alle …? „In einem Boot!" Wir müssen endlich … Maßnahmen ergreifen! „Konkrete" natürlich! Als ob es unkonkrete Maßnahmen gäbe! Der Beifall am Ende der Vorstellung war …? Nicht enden wollend. Priming ist übrigens eng mit dem Parsing verknüpft, das wir in „Erkenntnis 8" ansprechen werden.

Sie sehen schon: Zu viel Priming macht eine Rede langweilig, weil erwartbar. Deshalb lautet die Schlussfolgerung Nummer zwei: Redner, die ihre Zuhörer anregen wollen, sollten in Maßen (!) mit ungewöhnlichen Wörtern arbeiten. An diese Regel haben sich große Schriftsteller stets gehalten. Ein ungewohntes und unerwartetes Wort in einem Text zwingt den Leser zu neuer Aufmerksamkeit. So wird der Leser neu angeregt und überrascht. Zum Beispiel, wenn ein Autor mäßigen Beifall als „enden wollend" bezeichnet. Der Schriftsteller W. G. Sebald liefert in seinem Roman *Austerlitz* eine lange Aufzählung mit vielen ungewöhnlichen Bezeichnungen für Gegenstände: „Welches Geheimnis bargen die drei verschieden großen Messingmörser, die etwas von einem Orakelspruch hatten, die kristallenen Schalen, Keramikvasen und irdenen Krüge, das blecherne Reklameschild, das die Aufschrift *Theresienstädter Wasser* trug, das Seemuschelkästchen, die Miniaturdrehorgel, die kugelförmigen Briefbeschwerer, in deren Glassphären wunderbare Meeresblüten schwebten, das Schiffsmodell, eine Art Korvette unter geblähten Segeln, der Trachtenkittel aus einem leichten, hellleinenen Som-

merstoff, die Hirschhornknöpfe, die überdimensionale Uniform-
jacke mit den goldenen Schulterstücken, die Angelrute, die
Jagdtasche, der japanische Fächer, die rund um einen Lampen-
schirm mit feinen Pinselstrichen gemalte endlose Landschaft an
einem sei es durch Böhmen, sei es durch Brasilien ziehenden
Strom?"

Das neue, verblüffende Wort wird im Gehirn des Lesers ein
neues Wortfeld aktivieren. Dadurch entstehen plötzlich neue
neuronale Verknüpfungen zwischen Wortfeldern, zwischen Themen, zwischen Problemen. Kurzum: Bewusst eingesetzt regt ein
unerwartetes Wort die Fantasie an und erlaubt neue Assoziationen. Mit ungewöhnlichen Wörtern zu arbeiten, kann ein Ka-
tapult für neue Ideen sein.

Aber Vorsicht: Zu oft angewandt strengt diese Methode die
Zuhörer an. Sie könnten die Geduld mit Ihrer Rede oder Ihrer
Präsentation verlieren. Das hat vor allem damit zu tun, dass wir
bei selten benutzten Wörtern um bis zu einem Drittel länger
brauchen, bis wir sie verarbeitet haben. Spricht der Redner dann
noch zu schnell, hinken die Zuhörer stets hinterher.

Wie oft ist zu oft? Das hängt stark von der Rede- und Präsen-
tationsgattung ab und davon, worauf sich Zuhörer in einer bestimmten Situation einzustellen bereit sind. In einer Laudatio
sieht diese Bereitschaft anders aus als bei einem Strategievortrag,
bei einer Verkaufspräsentation anders als bei einem Vortrag vor
BWL-Studenten.

Die dritte Schlussfolgerung gilt für all jene, die eine komplexe Botschaft in eine kurze Formulierung packen müssen. Dazu
gehören Marketingexperten, Werber und Politiker. Sie sollten
prüfen, welche Wortfelder im Gehirn der Zuhörer und Leser mit
jenen Wörtern aufgerufen wird, die sie verwenden. Guten Vor-
tragsrednern gelingt es, mithilfe des Primings viel mehr zu sagen,
als sie Worte benutzen.

Wir haben es also in der Hand, durch die Wahl der Wörter
Assoziationen und Emotionen beim Publikum auszulösen. Da-

bei sollten Sie allerdings wissen, was Sie tun, und Ihre Worte wägen. Es kann nämlich im einen oder anderen Fall ziemlich schiefgehen. So erging es Toyota mit seinem Automodell MR-2 auf dem französischen Markt. Dort lasen die Franzosen nämlich „M-Är-Döhh" – und das klingt wie „merde" (nämlich: „Sch…", ein unflätiges Schimpfwort). Nicht besser erging es übrigens Mitsubishi in Spanien mit seinem Pajero. Das Wort bedeutet übersetzt „Strohhändler", was an sich schon kein verkaufsträchtiger Name für ein Auto wäre. Die zweite Bedeutung, die dank des Primings allerlei von Mitsubishi unerwünschte Assoziationen hervorgerufen haben dürfte, ist noch ungeeigneter: Pajero heißt auch „Wichser".

Was Sie daraus lernen können, in Kürze:

- Wollen Sie es Ihren Zuhörern möglichst einfach machen, verwenden Sie vor allem Wörter aus einem Wortfeld. Das gilt vor allem für informative Botschaften.

- Wollen Sie die Aufmerksamkeit Ihrer Zuhörer wecken oder bei ihnen neue Assoziationen auslösen und die Fantasie anregen, so arbeiten Sie mit unerwarteten Wörtern. Das gilt besonders für emotionale Botschaften.

- Achten Sie darauf, dass mehrdeutige Wörter nicht zu unerwünschten Assoziationen führen.

- Geschickt eingesetzt können Sie mithilfe des Primings mehr sagen, als die Wörter vermuten lassen.

- Durch tabuisierte Wörter können wir heftige, unwillkürliche Reaktionen des Publikums auslösen – wenn wir das wollen.

Erkenntnis 4: Vertraute Wörter benutzen

Ein vergleichsweise einfaches neurolinguistisches Experiment mit dem EEG beschäftigt sich mit der Verarbeitung von Wörtern und Pseudowörtern im Gehirn. Ein Pseudowort ist eine Silbenfolge, die wie ein Wort einer bestimmten Sprache klingt, aber als Wort nicht existiert, also keine Bedeutung hat. Zum Beispiel wäre ein Pseudowort im Deutschen „Bieserbemmer". Lesen die Probanden ein Wort und ein Pseudowort, so gleichen sich in der Regel die Aufzeichnungen über die elektrischen Aktivitäten im Gehirn in den ersten 400 Millisekunden. „Bierbrauer" und „Bieserbemmer" unterscheiden sich nicht. Bei einem bekannten Wort geht die Hirnaktivität danach zurück. Die Bedeutung wurde im mentalen Lexikon, also jenem Ort, wo die Bedeutungen gespeichert sind, gefunden. In unserem Beispiel wird Ihnen jetzt klar, was ein „Bierbrauer" ist und was er tut. Zugleich wird das Wortfeld „Bier" aktiviert und so die Bahn freigemacht für weitere Wörter, die sich mit „Bier" und „brauen" beschäftigten, zum Beispiel „Hopfen und Malz".

Bei einem Pseudowort beginnt sich unser Gehirn nach 400 Millisekunden zu fragen: „Nanu, was bedeutet denn ‚Bieserbemmer'?" Hektisch durchwühlt es alle Einträge im mentalen Lexikon. Die Folge: höhere elektrische Aktivität. Irgendwann folgt dann die Enttäuschung: „Dieses Wort kenne ich nicht", meldet das mentale Lexikon. Wissenschaftler sprechen vom N400-Effekt.

Die deutsche Sprache kennt nach Schätzungen von Experten etwa 300 000 bis 400 000 Wörter. Manche vermuten, es könne sich auch um eine halbe Million handeln. Ganz genau kann man dies nicht feststellen, da sich im Deutschen durch Komposita eine fast unendlich große Zahl von Wörtern bilden lässt – den

berühmten „Donauschifffahrtskapitänsschirmmützenständer"
zum Beispiel. Ein gebildeter Deutscher kennt, wie erwähnt, etwa
60 000 Wörter, die meisten Menschen weniger. Kurzum: Bei
weit über 200 000 Wörtern lösen wir im Gehirn unserer Leser
und Zuhörer den N400-Effekt aus – selbst dann, wenn es dieses
Wort wirklich gibt. In vielen Fällen dürfte es dabei um wenig
gebräuchliche Fremdwörter und Fachbegriffe gehen, bei denen
das mentale Lexikon nach hektischer elektrischer Aktivität am
Ende enttäuscht meldet: „Eintrag – keiner". Dabei kann es sich
um ein Fremdwort handeln („Hyetograf", „Raytracing") oder
um ein seltenes deutsches Wort („Scheelsucht", „Scharbock").[7]

Was wissen Sie über Polyurethan?

Die Wahrnehmung und Verarbeitung eines Wortes geschieht
innerhalb eines Zeitraumes zwischen 100 und 500 Millisekunden.[8] Je vertrauter ein Wort ist und je mehr wir darauf eingestimmt sind (siehe „Erkenntnis 3"), desto schneller erkennt und
verarbeitet unser Gehirn den Begriff. Dies gilt für das Hören wie
für das Lesen.

Ebenso spielt eine Rolle, wann ein Hörer zuletzt auf das Wort
gestoßen ist und welchen Bildungsstand er besitzt. Ein hoher
Bildungsstand hat zur Folge, dass Hörer häufiger auf komplizierte Wörter stoßen oder dass ihnen Teile bislang unbekannter
Wörter aus einem anderen Zusammenhang bekannt sind, zum
Beispiel fremdstämmige Vorsilben wie „meta-". Was übrigens
kein Freibrief ist, vermeintlich gebildeten Menschen sehr viele
schwierige und unbekannte Wörter zu präsentieren. Auch bei
geübten Zuhörern und Lesern zeigen die Untersuchungen eine
verzögerte Worterkennung bei Fremd- und seltenen Fachwör-
tern. Zwar werden Wörter durch Wiederholung vertrauter und
schließlich rascher erkannt, sie bereiten aber dennoch Schwierigkeiten, wenn ihre Lautung der deutschen Sprache fremd ist.
Dies gilt vor allem, wenn sie viele oder ungewohnte Silben haben.

So stieß ich kürzlich bei der Beratung einer Chemiefachzeitschrift auf das Wort „Polyurethan". Dabei handelt es sich um einen Kunststoff, der zum Beispiel für die Dämpfung von Laufschuhen benutzt wird. Ich hatte auch beim zehnten Mal noch Schwierigkeiten, das Wort zu erkennen und es korrekt auszusprechen. Ich müsste wohl mein halbes Leben mit der Erforschung dieses Kunststoffs verbringen, bevor das Wort keine Hürde mehr für mich darstellt. Eine Untersuchung im EEG würde vermutlich bei allen Lesern außer Chemikern bei „Polyurethan" eine verzögerte Worterkennung zeigen.

Wie anstrengend es ist, ständig mit schwierigen und wenig bekannten Wörtern umzugehen, darüber können Simultandolmetscher berichten: Sie müssen schließlich hören, verarbeiten und die Übersetzung präsentieren. Nach 15 bis 20 Minuten sind sie von den Anforderungen erschöpft.

Sprechen Sie Mentalisch?

Die mentalen Vorgänge beim Simultandolmetschen zu verstehen, ist übrigens für jeden Redner lehrreich. Denn in gewisser Weise sind wir alle so etwas wie Simultandolmetscher. Wir übersetzen das Deutsch, das wir hören, ins Mentalische. Mentalisch ist ein Begriff, den der Psycholinguist Steven Pinker geprägt hat. Er bezeichnet damit die „Sprache der Gedanken". Mit anderen Worten: Wir können auch ohne Sprache denken – anders, als der Philosoph Ludwig Wittgenstein mit seinem berühmten Satz „Die Grenzen meiner Sprache sind die Grenzen meiner Welt" vermutet hat. Der Harvard-Professor Pinker grenzt sich zugleich von einer weitverbreiteten Vorstellung ab: Die Sprache präge das Denken. Wir könnten deshalb nur innerhalb der Grenzen unserer Sprache denken.

Diese These wurde führend von dem Hobby-Linguisten Benjamin Lee Whorf (1897–1941) vertreten. Whorf versuchte sie an einem Beispiel aus seinem Berufsalltag als Agent der Hartford Feuerversicherung zu illustrieren, wo er Schadensfälle untersuchte. Ein Arbeiter hatte eine Zigarette in ein Fass für Flüssigbenzin geworfen, auf dem „leer" stand. Das Fass war in Wirklichkeit voll mit Benzindampf gewesen. Es kam, wen wundert's, zur Explosion. Der Arbeiter, argumentierte Whorf, habe „leer" als „ohne irgendetwas drin" verstanden. Der Autor der Aufschrift hingegen als „nicht das drin, was normalerweise drin ist – nämlich Flüssigbenzin". Weil der Arbeiter nur in seinem Verständnis von Sprache habe denken können ... whuff! Allein, das Beispiel mag nicht so recht überzeugen. Zum einen war die Aufschrift schlichtweg falsch. Ein Fass mit Gas ist kein leeres Fass. Zum Zweiten: Benzindampf ist unsichtbar. Der unglückliche Arbeiter musste das Fass für leer halten. Er wurde also weniger durch die falsche Aufschrift als durch seinen Augenschein getäuscht.

Eine andere, oft kolportierte Geschichte lautet: Die Eskimos kennen 50 Wörter für Schnee (manchmal sind es auch 200). Das bedeute, so die These, dass Eskimos den Schnee anders wahrnehmen als wir, die wir viel weniger Wörter für das kalte, weiße Zeug haben. Der amerikanische Linguist Geoffry Pullum, inzwischen Professor an der Universität Edinburgh, hat mit diesem Mythos in einem Aufsatz unter den Titel „Der große Eskimo-Vokabel-Betrug" aufgeräumt. In Wirklichkeit haben die Eskimos nicht mehr Bezeichnungen für Schnee wie wir auch, wenn wir uns – zum Beispiel als Ski-Fahrer – mit ihm beschäftigen müssen: Neuschn+ee, Pulverschnee, Harsch, Schneematsch und so weiter. Nicht die Tatsache, dass Eskimos besonders viele Wörter für Schnee haben, bestimmt ihr Denken über Schnee, sondern dass sie sich tagaus, tagein mit Schnee zu beschäftigen haben.[9]

Was heißt das für Sie als Redner? George Orwell hat in seinem Roman *1984* die Mächtigen einer Diktatur durch eine „Neusprache" das Denken der Menschen steuern lassen. Weil es zum Beispiel für Freiheit kein Wort gab, sollten die Menschen „Freiheit" auch nicht denken können. Das geht aber nicht. Was naheliegend ist: Wie sollte die Freiheit in die Welt gekommen sein, wenn es nicht Menschen gab, die darüber nachdenken konnten, bevor das Wort das bedeutete, was es heute bedeutet.

Auch Sie werden mit Rhetorik allein das Denken Ihrer Zuhörer zwar beeinflussen, aber nicht *steuern* können. Die Menschen lassen sich so leicht nicht täuschen und übers Ohr hauen. Ein Beispiel: In einem Stuttgarter Freizeitzentrum hat sich die Marketingabteilung etwas ganz Besonderes ausgedacht. Die ziemlich üppigen Parkgebühren werden dort „Erlebnispauschale" genannt. Das Denken der Besucher hat diese Umbenennung nicht verändert: Gepfefferte Parkgebühren bleiben eben gepfefferte Parkgebühren.

Zurück zum Simultandolmetschen: Wir alle sind also Simultandolmetscher ins Mentalische. Studien belegen, dass bei Simultandolmetschern das Aussprechen des Übersetzten nur noch geringe kognitive Ressourcen benötigt – es geschieht bei ihnen, ohne nachzudenken. Es ist gleichsam automatisiert. Der Dolmetscher konzentriert sich während des Sprechens schon wieder auf den nächsten Satz des Redners. Die Folge: Dolmetscher wissen oft nicht, was das Übersetzte eigentlich im Zusammenhang bedeutet. Ihnen fehlt der Gesamtüberblick.

In Interviews, bei Diskussionen, in Talkshows und auf Konferenzen, sogar in sehr vielen Unterhaltungen wird Menschen die Kunst des Simultandolmetschens abverlangt. Sie müssen den Argumenten ihres Gegenübers lauschen, sie ins Mentalische übersetzen, das heißt, sie kognitiv verarbeiten, während sie selbst schon zu sprechen anfangen. Je besser sie das vorher geübt haben, desto größer ist die Chance, dass ihre Antwort überlegt und überzeugend ist. Mehr noch: Je einfacher und klarer ihre Sprache ist, desto leichter fällt es ihnen, etwas Sinnvolles zu sagen. Denn die einfachen und klaren Wörter stehen uns schneller zur Verfügung als die komplizierten und seltenen. Sich intelligent *und* kompliziert auszudrücken bedarf erheblicher Aufmerksamkeit. Beides zusammen gelänge uns, wenn wir unsere Gedanken zu

Hause mühsam auf Papier gebracht haben. Sich spontan kompliziert ausdrücken kann unser Gehirn nur, wenn wir auf vorgefertigte Phrasen zurückgreifen. Das ist der Grund, warum viele Manager und Politiker zur Phrasendrescherei neigen.

Was Sie daraus lernen können, in Kürze:

- Selten vorkommende Wörter brauchen länger, um vom Gehirn erkannt zu werden. Bei wenig vertrauten Fremdwörtern und Fachbegriffen muss das Gehirn erst das gesamte mentale Lexikon durchforsten.

- Vertraute, häufig vorkommende Wörter erleichtern das Verstehen.

- Manche Wörter aktivieren ein positives Wortfeld und positive Gefühle, andere ein negatives Wortfeld und negative Gefühle. Beachten Sie dies bei Ihrer Wortwahl.

- Zweideutige Wörter aktivieren stets beide Wortfelder. Sie sollten mit Vorsicht verwendet werden.

- Nur einfache und gebräuchliche Wörter ermöglichen es uns, gleichzeitig in schnellen Unterhaltungen und Diskussionen Intelligentes zu sagen.

- Sie können das Denken der Menschen nicht durch Sprache lenken.

Erkenntnis 5: Anglizismen ausmerzen

Als in der Stuttgarter Stadtmitte ein neues Geschäftshaus, der Kronprinzbau, eröffnet wurde, hängten die Verantwortlichen ein großes Plakat über die Tür. „You're welcome!" stand darauf. Das war sicherlich nett gemeint. Vermutlich wollten die Manager des Gebäudes mit diesen Worten ihre Kunden willkommen heißen, obgleich aller Erwartung nach deren große Mehrheit Deutsch spricht. Einem englischen Muttersprachler muss dieses Plakat allerdings seltsam vorgekommen sein. „You're welcome" heißt nämlich übersetzt: „Gern geschehen!" Der Engländer benutzt es als Antwort auf den Dank für einen Gefallen, den ihm jemand getan hat. Der Stuttgarter Fall ist ein schönes Beispiel dafür, wie das scheinbar Weltgewandte zum ungewollt Komischen degenerieren kann.

Fast alle Menschen, mit denen ich im Rahmen meiner Seminare zu tun habe, geben an, von Anglizismen genervt zu sein. Die Klage über die Invasion englischer Wörter gehört zu den beliebtesten, wenn wieder einmal der Verfall der deutschen Sprache beschworen wird. So schreibt der Journalist und Sprachkritiker Wolf Schneider in seinem aufgeregten Buch *Speak German*: „Warum haben sich die Deutschen der amerikanischen Invasion so viel bereitwilliger geöffnet als Franzosen, Spanier, Italiener? Natürlich, weil wir unter dem Desaster der Nazijahre litten. Aber auch, weil es noch nie deutscher Stil war, auf die Muttersprache stolz zu sein, wie es für die Franzosen selbstverständlich ist. Und nicht zuletzt, weil Manager, Modemacher, Werbetexter, weil viele Wissenschaftler, Politiker und Journalisten im exotischen Wortschwall aus New York und Kalifornien die Chance sehen, Weltläufigkeit zu demonstrieren und die simpelsten Aussagen mit einschüchterndem Englisch zu verbrämen."

Fulminant gebrüllt, aber leider nur zum Teil richtig. Zum

Ersten: Den Deutschen des ausgehenden 18. und des 19. Jahrhunderts war der Stolz auf die deutsche Sprache durchaus nicht fremd – während die Italiener des Südens und des Nordens sich zu Beginn des 19. Jahrhunderts aufgrund unterschiedlicher Dialekte überhaupt nicht verstanden. Das heutige Standarditalienisch entstand erst mit der Bildung des Nationalstaats.

Zum Zweiten: Die Deutschen stehen mit ihrer Klage über den amerikanischen Einfluss auf ihre Sprache nicht allein. In Frankreich verlangt ein Gesetz, englische Werbesprüche stets auch ins Französische zu übersetzen – ein solches Gesetz gäbe es nicht, wenn man es nicht für notwendig erachtete. Es führt dazu, dass sich zum Beispiel auf Plakaten an Pariser Litfaßsäulen hinter den internationalen, also englischen Werbeslogans ein kleiner Stern befindet. Ganz unten auf dem Plakat kann der des Englischen unkundige Franzose in seiner Muttersprache nachlesen, was die Firma ihm mitteilen will.

Auch die Japaner beklagen, dass ihre Sprache von englischstämmigen Begriffen überflutet wird und der mexikanische Präsident hat vor einiger Zeit eine Kommission zur Reinhaltung des Spanischen vor Anglizismen ins Leben gerufen. Der Begriff Reinhaltung mutet in Mexiko besonders absurd an, da das mexikanische Spanisch von einem starken Einfluss der Indio-Sprachen geprägt ist. Eine Fußnote noch, die das Theater um die Anglizismen weiter relativiert: Einige Sprachschützer in Amerika klagen inzwischen darüber, dass ihre Sprache durch zahlreiche spanische Importe beschädigt werde. Und die Briten grämen sich, dass ihre Muttersprache im internationalen Verkehr verhunzt werde. In der Tat verstehen sich auf internationalen Konferenzen diejenigen am besten, die Englisch radebrechen. Muttersprachler mit ihrer perfekten Sprachbeherrschung, ihren idiomatischen Wendungen und ihren Phrasen (im linguistischen Sinne) reden hingegen über die Köpfe vieler Zuhörer hinweg.

Ängste vor einer Invasion des Fremden in die Muttersprache sind nicht einmal neu. Im Jahre 1617 gründeten Schriftsteller,

Adlige und Wissenschaftler in Weimar am Rande des Begräbnisses der Herzogin Dorothea Maria von Sachsen-Weimar die „Fruchtbringende Gesellschaft". Ihr Zweck war es, nach „dem bluttriefenden Kriegsjammer" des 30-jährigen Krieges „unsere edle Muttersprache, welche durch fremdes Wortgepränge wässrig und versalzen worden, hinwieder in ihre uralte gewöhnliche und angeborne deutsche Reinigkeit, Zierde und Aufnahme einzuführen, einträchtig fortzusetzen und von dem fremd drückenden Sprachenjoch zu befreien". Das „fremd drückende Sprachenjoch" war damals natürlich nicht das Englische, sondern das Französische. Die Bemühungen hatten sogar einigen Erfolg. Eines der Mitglieder der Gesellschaft, der Barockdichter Philipp von Zesen (1619–1689), machte sich sogleich daran, neue Wörter für die als fremd empfundenen welschen zu erfinden. So übersetzte er den Moment mit „Augenblick"; der Parvenü wurde zum „Emporkömmling", die Zirkulation zum „Kreislauf", die Bibliothek zur „Bücherei" und der Nekrolog zum „Nachruf". Die gerade genannten Übersetzungsvorschläge setzten sich durch, wobei allerdings die fremden Wörter nicht verschwanden. Sie blieben bestehen und machten die deutsche Sprache reicher an Ausdrücken. Der britische Germanist Eric A. Blackall bilanziert: „Man kann sich des Gefühls nicht erwehren, dass ohne diese Epoche der Unzufriedenheit sich die deutsche Sprache niemals zu dem entwickelt haben würde, was sie tatsächlich wurde", nämlich eine „Literatursprache von unermesslichem Reichtum und höchster Feinheit."

Die meisten Übersetzungen Zesens kommen uns heute jedoch ulkig vor. Einen Patrioten nennen wir nicht „Leuthold", das Fenster nicht „Tageleuchter", die Ironie nicht „Schalksernst", eine Pistole nicht „Meuchelpuffer" und eine Mumie nicht „Dörrleiche". Wobei Letzteres durchaus ein schönes Wort wäre, parallel zu „Dörrobst". Einige Jahrzehnte später, Ende des 18. Jahrhunderts, machte sich der Schriftsteller und Sprachforscher Johann Heinrich Campe ebenfalls ans Werk, fremde Wörter zu übersetzen. Über 11 000 Übersetzungen fielen ihm ein, aber nur rund 300 haben sich im allgemeinen Sprachgebrauch durchgesetzt. Campe machte aus Parterre „Erdgeschoss", aus Universität „Hochschule", aus Debatte „Streitgespräch", aus Takt „Feingefühl". Dass aus dem Soldaten ein „Menschenschlachter" werden sollte, war treffend, aber einigen dann wohl zu deutlich. In fast allen Fällen, in denen Campes Neuschöpfungen Eingang ins Deutsch gefunden haben, besteht die alte Form fort und wird parallel verwandt. Manchmal hat sich im Laufe der Jahrzehnte eine Bedeutungsdifferenzierung ergeben. „Esslust" ist etwas anderes als „Appetit", „altertümlich" bedeutet nicht immer das Gleiche wie „antik". (Man kann sehr wohl sagen, dass jemand eine „altertümliche Frisur" hat, wohl kaum aber eine „antike Frisur".)

Warum die Sprachgemeinschaft den einen Vorschlag angenommen, den anderen verworfen hat, dafür gibt die Wissenschaft keine Erklärung. Der Sprachkritiker und Publizist Dieter E. Zimmer schreibt dazu: „Lehnübersetzungen fremder Wörter sind möglich, setzen sich aber meist nicht durch. Welche sich durchsetzen, ist nicht vorhersehbar – jedenfalls sollten sie nicht länger, umständlicher oder witzloser sein als die Originale."

Unbestritten bleibt, dass viele Menschen die englischen Ausdrücke und Werbesprüche nicht oder nicht korrekt verstehen. In einer Umfrage der Europäischen Union gab rund die Hälfte der Deutschen an, dass sie Kenntnisse in Englisch besitzen. Nur zwei von zehn Deutschen sprechen darüber hinaus gut genug Englisch, um problemlos eine Unterhaltung zu führen.

Mit anderen Worten: 50 Prozent der Deutschen verstehen nicht ausreichend Englisch. Zudem haben wir es mit einer Selbsteinschätzung zu tun. Es könnte sein, dass der ein oder andere in einer Umfrage seine Fremdsprachenkenntnisse als besser einschätzt, als sie tatsächlich sind. Das dürfte ähnlich sein, wie wenn man Männer fragt, ob sie gut einparken können. Dem Hamburger Hans-Bredow-Institut zufolge seien nur 31,5 Prozent der Deutschen über 18 Jahren in der Lage, eine englischsprachige Nachrichtensendung oder einen Zeitungsartikel „zumindest ungefähr" zu verstehen.

Die Kölner Agentur Endmark hat im Jahre 2003 eine Untersuchung durchgeführt, die in der Werbebranche einiges Aufsehen erregte. Es ging darum, was und wie viel ganz normale Menschen von den fremdsprachigen Slogans großer Firmen verstehen. Drei Jahre später wurde die Untersuchung mit anderen Sprüchen, aber ähnlichen Ergebnissen wiederholt. Die Drogeriekette Douglas änderte nach der ersten Untersuchung ihren sogenannten Claim (das ist eine knappe Aussage, mit der eine Firma dem Kunden sich und ihre Leistungen beschreibt). Er hatte ursprünglich „Come in and find out" geheißen. Korrekt übersetzt bedeutet das: „Komm herein und entdecke". Viele Kunden hatten aber zum Beispiel „Komm herein und finde wieder heraus" verstanden. Heute wirbt Douglas mit „Douglas macht das Leben schöner". Mitsubishis „Drive Alive" (also in etwa „Lebendiges Fahren") kam bei den Kunden als „Die Fahrt überleben" an. 58 Prozent der Testpersonen übersetzten die Werbebotschaft von Adidas „Impossible is nothing" (was wohl „Nichts ist unmöglich" heißen soll) falsch, zum Beispiel mit „ein imposantes Nichts". Diese Interpretation dürfte den Marketingstrategen von Adidas nicht gefallen.

Nun könnte man meinen: Macht doch nichts! Die Leute sollen die Claims ja nicht übersetzen, sondern nur das Gefühl mitnehmen, dass es sich um ein flottes, ein cooles Unternehmen handelt. In der Tat konnten nur 23 Prozent der Testpersonen den Slogan von Burger King „Have it your Way" korrekt übersetzen. Er bedeutet: „Mach's auf deine Art". Stattdessen vermuteten sie, recht naheliegend, Bedeutungen wie: „Nimm ihn mit auf deinen Weg". Aber über die Hälfte der Befragten fand den Spruch gut. Es gibt jedoch Hinweise darauf, dass die Claims nicht so dynamisch wirken, wie sie sollen. Sie stammen aus einer Untersuchung der Dortmunder Statistikerin Isabel Kick.

Sie hat sie für ihre Diplomarbeit am Lehrstuhl ihres Statistik-Professors Walter Krämer gemacht, eines zugegeben vehementen Anglizismuskritikers. Dazu maß Isabel Kick den Hautwiderstand der Probanden beim Abspielen englischsprachiger und deutschsprachiger Werbebotschaften mit einem Gerät, das ähnlich wie ein Lügendetektor funktioniert. So ermittelte sie das Maß der emotionalen Reaktion. Es zeigte sich, dass deutschsprachige Werbebotschaften wie „Geiz ist geil" oder „Wohnst du noch oder lebst du schon?" signifikant deutlichere Gefühlsreaktionen hervorriefen als englischsprachige. Ob diese Regungen positiver oder negativer Natur sind, lässt sich mit der Methode allerdings nicht feststellen.

Unser Hirn mag keine Anglizismen

Die Hirnforschung könnte den Anglizismusgegner zu Hilfe kommen. Und zwar in zweierlei Hinsicht: Zum einen bereiten uns fremdsprachige Einsprengsel beim Lesen und Sprechen erhebliche Schwierigkeiten, zum anderen ist es für unser Gehirn mühsam, die Vermischung zweier Sprachen in einem Text zu verarbeiten.

Zwei Sprachen, ein Text – das kommt Ihnen komisch vor? Dann schauen Sie sich einmal einen durchschnittlichen Artikel in der Informationsverarbeitung (der IT) oder aus dem Marketing an. Hier ein berühmtes Extrem-Beispiel aus einem Interview, das das Magazin der *Frankfurter Allgemeinen Zeitung* 1996 mit der deutschen (!) Modeschöpferin Jil Sander geführt hat. Es ist zum Klassiker geworden. Sander erklärte dem Magazin: „Ich habe vielleicht etwas Weltverbesserndes. Mein Leben ist eine giving-story. Ich habe verstanden, daß man contemporary sein muß, das future-Denken haben muß. Meine Idee war, die hand-tailored-Geschichte mit neuen Technologien zu verbinden. Und für den Erfolg war mein coordinated concept entscheidend, die Idee, daß man viele Teile einer collection miteinander combinen kann. Aber die audience hat das alles von Anfang an auch supported. Der problembewußte Mensch von heute kann diese Sachen, diese refined Qualitäten mit spirit eben auch appreciaten. Allerdings geht unser voice auch auf bestimmte Zielgruppen. Wer Ladyisches will, searcht nicht bei Jil Sander. Man muß Sinn haben für das effortless, das magic meines Stils.“

Wenn Sie versuchen, diesen Text zu lesen, stoßen Sie unweigerlich auf Probleme. Dies ist selbst dann der Fall, wenn Sie ausgesprochen gut Englisch sprechen und verstehen. Untersuchungen zeigen, dass selbst Menschen mit Deutsch *und* Englisch als Muttersprache auf die gleichen Schwierigkeiten stoßen, die Texte korrekt vorzulesen. Dies beweist, dass die Schwierigkeiten nicht auf einen Mangel an Sprach- oder Vokabelkenntnissen zurückzuführen sind. Auch englischen Muttersprachlern gelingt es nicht, ein korrektes englisches „th“ mitten in einem deutschen Satz hinzubekommen. Der Grund für die Probleme ist darin zu suchen, dass sich unser Sprechapparat auf die unterschiedlichen Lautsysteme einstellen muss. Um gutes Englisch zu produzieren, muss der Kehlkopf ein klein wenig anders ausgerichtet werden als für gut klingendes Deutsch.

Wer eine Fremdsprache nicht bis zur Pubertät intensiv gelernt hat, dem gelingt es nicht mehr, sie ohne Akzent zu sprechen – selbst wenn Wortschatz und Grammatik ausgezeichnet sind. Deshalb spricht der Gouverneur von Kalifornien, Arnold Schwarzenegger, Englisch mit einem steirischen Akzent. Der amerikanische Linguist Steven Pinker verweist auf den ehemaligen US-Außenminister Henry Kissinger. Der wanderte erst nach der Pubertät mit seinen Eltern aus Fürth in die Vereinigten Staaten aus und spricht deshalb zwar ein sehr gutes Englisch, aber mit deutlichem deutschem Akzent. Kissingers nur ein Jahr jüngerer Bruder Walter hingegen klingt sehr amerikanisch.

Ein wenige Monate altes Baby könnte theoretisch noch sämtliche etwa 140 Laute aller Sprachen dieser Welt verstehen und produzieren. Doch schon nach sieben Monaten geht diese Fähigkeit verloren. Das ist der Grund, warum deutsche Erwachsene die sechs Tonhöhen des Vietnamesischen oder die Klicklaute der afrikanischen Khoisan-Sprachen nicht mehr bewältigen können. Und zugleich der Grund, warum Japaner zwischen dem „r" und dem „l" nicht unterscheiden – die beiden Laute gibt es im Japanischen nicht. „l" und „r" unterscheiden zu können, würde Japanern sogar Probleme bereiten, ihre eigene Sprache zu verstehen.

Da wir einen komplizierten Text mit vielen, wenig bekannten Wörtern in der Regel zum besseren Verständnis leise vor uns hin lesen, reagiert unser Stimmapparat so, als ob er sogleich tätig werden müsste. Hat er es mit zwei unterschiedlichen Sprachen zu tun, springt er stets zwischen zwei Lautsystemen hin und her. Eine mühselige Sache, die uns beim Lesen aufhält und beim Sprechen zum Stottern führt.

Der zweite Grund hat mit der Verortung der Sprachen im Gehirn zu tun. Neurobiologen, die sich mit dem Sprachenerwerb beschäftigen, haben sich schon lange die Frage gestellt, ob eine Zweitsprache im Gehirn an der gleichen Stelle zu finden ist wie die zuerst gelernte Sprache. Einiges spricht dafür, dass dies meistens nicht so ist. Erste Hinweise geben Fälle von Hirnschlag-Patienten, bei denen die Sprachzentren betroffen sind (Aphasiker). So verloren einige Aphasiker zwar ihre Zweitsprache dauerhaft, ihre Muttersprache erholte sich aber. Seltener sind die umgekehrten Fälle. Offenbar sind die neuronalen Strukturen für die früh erlernte Muttersprache stabiler als für Sprachen, die später hinzukommen. Fakt aber scheint zu sein, dass beide Sprachen voneinander unabhängig geschädigt sein können.

Ein interessanter Fall sind, am Rande bemerkt, Gastarbeiter, bei denen große Bereiche der linksseitigen Sprachzentren durch einen Hirnschlag in Mitleidenschaft gezogen wurden. Ihr sehr einfaches, auf bestimmte Redewendungen beschränktes Gastarbeiter-Deutsch blieb in einigen Fällen dennoch unbeeinträchtigt. Hirnforscher vermuten, dass es sich bei diesem Gastarbeiter-

Deutsch mehr um Floskeln als um eigentliche Sprache handeln könnte – ähnlich wie Gebete oder kindliche Abzählreime. Diese sind rechtsseitig gespeichert und haben mit den linkshemisphärischen Sprachzentren Broca-Areal und Wernicke-Areal nichts zu tun. Auch Alzheimer-Patienten, die nicht mehr sinnvoll sprechen können, memorieren oft noch Gebete und Kinderlieder.

Neue bildgebende Verfahren stützten die Vermutung, dass Mutter- und Fremdsprache im Gehirn weitgehend unabhängig voneinander angelegt sind. Für eine Studie im funktionellen Magnetresonanztomografen mussten die Teilnehmer in ihrer Muttersprache und einer Zweitsprache erzählen, was sie am Vortag erlebt hatten. Es zeigte sich, dass nur bei einer sehr früh erlernten Fremdsprache die gleichen Hirnareale aktiv wurden. Bei einer später erlernten Fremdsprache – und das gilt wohl für die meisten von uns – wurden unterschiedliche Bereiche angeregt. Das Spannende daran: Der Bereich für die Fremdsprache ist größer als der für die Muttersprache. Die Fremdsprache benötigt demnach mehr Platz im Gehirn. Woran könnte das liegen? Vermutungen gehen dahin, dass es für das Gehirn anstrengender ist, die fremden Laute und Sprachmuster zu erkennen.

Ein Beispiel aus dem Alltag unterstreicht diese Ansicht: Wenn ich einen Film im englischen Original nicht richtig verstehe, stelle ich unwillkürlich den Ton lauter. Dahinter steckt vermutlich die (meistens vergebliche) Hoffnung, dass ich die einzelnen Wörter besser heraushören kann, wenn sie lauter sind. In der Tat besser verstehen könnte ich sie, wenn sie deutlicher artikuliert würden. Dafür gibt es aber keinen Knopf am Fernseher.

Was können wir daraus in Bezug auf Anglizismen lernen? Es ist für das Gehirn des mitteleuropäischen Normalbürgers mit nur einer Muttersprache mühevoll, zwei Sprachen auf einmal zu verstehen. Leichter fällt es uns, in deutschen Texten vorwiegend mit Deutsch konfrontiert zu werden – und das Englische den englischsprachigen Texten zu überlassen.

Was Sie daraus lernen können, in Kürze:

- Die meisten Deutschen können mit Anglizismen wenig anfangen.

- Viele verstehen englische Ausdrücke und Werbesprüche falsch.

- Unser Gehirn hat Mühe, zwei Sprachen auf einmal zu verarbeiten. Deutsche Texte und Vorträge sollten deshalb hauptsächlich die deutsche Sprache verwenden und nicht Deutsch und Englisch vermischen.

Erkenntnis 6: Konkret formulieren

Stellen Sie sich bitte einmal Küchengeräte vor! An was denken Sie? Sie denken mit Sicherheit nicht „Küchengeräte". Sie werden vermutlich einen Mixer vor Augen haben. Küchengeräte kann man sich nämlich nicht vorstellen. „Küchengeräte" ist ein abstrakter Begriff, der kaum neuronale Aktivität hervorruft und in unserem mentalen Lexikon nur schwach vernetzt ist. Wenn wir aufgefordert werden, an etwas zu denken, dann kommt uns kein Abstraktum in den Sinn, sondern etwas Konkretes. Oder denken Sie spontan an „innovative IT-Lösungen"?

Erinnern Sie sich an den Supermarkt der Wörter in Ihrem Kopf? Ein abstrakter Begriff ist wie das Schild über den einzelnen Regalen. Hier stehen die „Milchprodukte", dort drüben „Reinigungsmittel", da hinten sind die „Backwaren". Allerdings stimmt das Bild nicht ganz: In unserem Gehirn sind diese Schilder an einem anderen Ort aufgestellt als die Waren. Das ist so, als drückte man Ihnen am Eingang des Supermarktes einen Lageplan mit den Überbegriffen in die Hand. Wenn Sie etwas Konkretes suchen, einen Liter Milch zum Beispiel, einen Laib Brot, die Scheuermilch oder den Fensterreiniger, dann müssen Sie sich auf den Weg machen und dorthin laufen. Genauso ist es mit den Wörtern in unserem Gehirn. Hirnforscher können mithilfe der bildgebenden Verfahren nachweisen, dass abstrakte Begriffe an einem anderen Ort im mentalen Lexikon gespeichert sind als konkrete. Nach einer Studie von Wiener Neurowissenschaftlern interagieren bei der Verarbeitung von konkreten Begriffen eine Vielzahl von Gehirnregionen miteinander. Dazu zählen neben den sprachlichen Arealen die visuellen und motorischen Regionen. Hingegen sind an der Verarbeitung abstrakter Begriffe nur wenige sprachspezifische Gehirnregionen beteiligt.

Das heißt, die Neuronen feuern weniger, wenn sie auf einen abstrakten Begriff stoßen. So bleibt es bei dem Wort „Obst" in Ihrem Gehirn vermutlich eher ruhig. Natürlich greifen Sie auf einen Eintrag ins mentale Lexikon zurück, um zu erkunden, was mit „Obst" gemeint ist. Richtig spannend ist der Begriff für Ihr Gehirn aber nicht. Ihre grauen Zellen dürften von „Obst" eher gelangweilt sein. Anders, wenn Sie von konkreten Früchten hören oder lesen. Birnen, Bananen, Erdbeeren, Mangos. Diese Wörter lösen neuronale Aktivitäten nicht nur im relativ begrenzten Wernicke-Areal der linken Gehirnhälfte aus. Sie beziehen die rechte Gehirnhälfte, wo Ihr bildliches Vorstellungsvermögen angesiedelt ist, mit ein. Vor Ihrem geistigen Auge erscheint eine Birne, Banane, Erdbeere, Mango.

Verben unterteilt unser Gehirn ebenfalls in bildhafte (zum Beispiel: springen, tanzen, hüpfen, lachen) und weniger bildhafte (zum Beispiel: nennen, interagieren, durchführen).

Wie sehr Wortgruppen in unserem Gehirn angelegt sind, wird deutlich bei Patienten, die eine Schädigung in der linken Gehirnhälfte aufweisen, zum Beispiel durch einen Hirnschlag. Manche dieser Menschen lernen nach einiger Zeit wieder sprechen – mit einer auffallenden Störung: Ihnen fallen zum Beispiel die Namen von Werkzeugen nicht ein. Sie können aber darlegen, was man mit diesen Werkzeugen tun kann. Das bedeutet: Die konkrete bildliche Vorstellung ist vorhanden, aber der Eintrag für das verallgemeinernde Wort im mentalen Lexikon wurde durch den Schlaganfall gelöscht. Studien mit Menschen, deren Sprachzentren auf diese Art gestört sind zeigen noch etwas Weiteres: Offensichtlich ist unser mentales Lexikon hoch differenziert. Es gibt Fälle, in denen nur eng umgrenzte Wortfelder ausfallen. So können sich Patienten nicht an die Begriffe für Pflanzen erinnern, während alle anderen Sprachfunktionen weitgehend intakt sind. Anderen fallen die Wörter der Bewegung nicht ein. Es gibt Patienten mit Schäden am Temporallappen, die Tiere auf Bildern, die man ihnen zeigt, nicht benennen können. Unbelebte Objekte, zum Beispiel einen Hammer, vermögen sie hingegen zu bezeichnen. Andere Patienten, deren Schäden eher im Frontallappen liegen, haben keine Probleme mit Substantiven, wohl aber mit Verben. Offensichtlich speichert unser Gehirn Wörter nach vielfältigen Kriterien ab – nicht nur nach Bedeutung, sondern auch nach Klang und Wortart. Dies zeigt sich zum Beispiel daran, dass Versuchsteilnehmer, denen man ein Wort wie „Haus" vorspielt, Wörter, die sich darauf reimen, etwa „Maus", schneller aufrufen können.

Ein weiterer Hinweis darauf, dass links die abstrakten Begriffe verarbeitet werden, die konkreten Wörter aber *auch* rechts, nämlich indem sie das Vorstellungsvermögen anregen, ergibt ein einfaches Experiment. Wird einer Versuchsperson ein abstrakter Begriff nur ins rechte Ohr geflüstert, versteht sie ihn schneller, als wenn man ihn ihr ins linke Ohr spricht. Bei konkreten Begriffen ist es umgekehrt. Da das rechte Ohr mit der linken Hirnhälfte verbunden ist und das linke Ohr mit der rechten Hirnhälfte, bedeutet dies: Links sind die Abstrakta zu Hause, rechts die prallen, konkreten Wörter.

In einem Experiment haben Forscher Versuchsteilnehmern die konkreten englischen Wörter für „greifen" vorgesprochen. Sie maßen dabei die Gehirnaktivitäten. Dabei stellten sie Aktivitäten nicht nur in den die Sprache verarbeitenden Bereichen fest. Auch der sogenannte motorische Cortex wurde angeregt. Dabei handelt es sich um jenes Areal, in dem Bewegungen geplant werden. Die Impulse waren allerdings nicht stark genug, um die Bewegung tatsächlich auszulösen. Mit anderen Worten: Wenn die Versuchsteilnehmer das Wort „greifen" hörten, dann griffen sie in ihrer Vorstellung nach etwas. Der Versuch gibt damit dem Begriff des Gedankenexperiments eine ganz neue Bedeutung. Er ist zugleich ein überzeugendes Argument dafür, starke Verben zu benutzen.

Den konkreten Wörtern gelingt es wesentlich besser, Assoziationen hervorzurufen. Wenn Versuchsteilnehmer mit dem

Oberbegriff „Ernährung" konfrontiert werden, braucht ihr Gehirn einige Zeit, um die passenden Assoziationen zu finden. Meistens sind es nur wenige. Bei konkreten Wörtern, sagen wir zum Beispiel „Brot", hagelt es hingegen verwandte Begriffe – die meisten davon sind ebenfalls konkret. Brainstorming funktioniert aus diesem Grund viel besser mit konkreten als mit abstrakten Ausgangsbegriffen. Versuchen Sie also bitte nicht, Ihre Mitarbeiter beim Brainstorming mit dem Wort „Innovation" zu vielen frischen Ideen zu verführen.

Wie sehr die räumliche Vorstellung, also die rechte Gehirnhälfte, mit der Sprache vernetzt ist, zeigt das nachstehende Experiment. Bitte schauen Sie sich die folgenden beiden Gebilde an. Eine der Figuren heißt „Booba", die andere „Kiki". Welche heißt wie?

Der indisch-amerikanische Neurologe Vilayanur Ramachandran von der University of California in San Diego hat diesen Versuch mit Englischsprechenden genauso gemacht wie mit Tamilen, die des Englischen unkundig waren. 98 Prozent der Befragten gaben der rundlichen Figur den Namen „Booba"; die spitze Figur nannten sie „Kiki".

Patienten, die eine Schädigung des Gyrus angularis aufweisen, bringen Laute und Figuren nicht zusammen. Die Fähigkeit, man spricht von „intermodularer Abstraktion", scheint also in diesem Areal des Gehirns beheimatet zu sein. Der Gyrus angularis ist auch für das Lesen zuständig. Ramachandran schreibt dazu: „Meines Erachtens hat sich diese Fähigkeit ursprünglich entwickelt, um uns bestimmte Tätigkeiten zu erleichtern: in Baumkronen zu überleben, mit den Händen einen sicheren Halt zu finden, uns von Ast zu Ast zu schwingen. Dazu ist es erforderlich, den Winkel von Arm und Fingern so auszurichten, dass die propriozeptive Karte (die von den Signalen der Rezeptoren in den Muskeln und Gelenken gespeist wird) der horizontalen Ausrichtung der Photonen entspricht. Aus diesem Grunde ist der Gyrus angularis immer größer und größer geworden. Doch sobald die Fähigkeit zur intermodularen Abstraktion entwickelt worden war, wurde diese Struktur ihrerseits von anderen Abstraktionsarten vereinnahmt." Und so lernten wir Menschen Symbole zu verstehen – und schließlich Lesen und Schreiben.

Das Booba-Kiki-Phänomen ist wichtig, wenn es darum geht, die richtige Schrift für das Corporate Design eines Unternehmens zu finden oder ein Logo zu gestalten. Grafiker wählen nicht umsonst für den Prospekt einer Wellness-Farm eine Schrift mit Bögen und Schwingungen, und für ein Technik-Unternehmen eine kantige Schrifttype. Das geschwungene, weiche M von McDonald's wirkt wesentlich einladender als es eine eckige Variante täte. Leider hören viele Geschäftsführer nicht auf den Rat ihrer Grafiker oder entwickeln für kleine Firmen das Corporate Design am Computer selbst – mit Resultaten, die nicht selten die Erkenntnisse der Hirnforschung ignorieren. Ähnliches kann ich bei meiner Arbeit als Berater bei der inhaltlichen und optischen Neugestaltung von Zeitungen und Zeitschriften (Relaunch) feststellen. Bei einer Technik-Zeitschrift mit Booba-Anmutung oder einem Heimat-Magazin in Kiki-Optik hat der Leser das Gefühl: „Das passt nicht zusammen!"

Streichen Sie „Innovationen"

Welche Konsequenzen sollten Sie aus den Erkenntnissen über konkrete und abstrakte Wörter ziehen? Haben Sie schon einmal durchgezählt, wie oft in den Pressemitteilungen, Marketingtexten und Produktbeschreibungen Ihrer Firma das Wort „Innovation" vorkommt? Ich bin einmal auf eine Pressemitteilung von einer Seite Länge gestoßen, in der ich 17-mal „innovativ", „Innovation" oder Ableitungen davon fand. Die Mühe der Autoren war vergebens: Ich hatte auch nach dem Lesen des Textes nicht den Eindruck, dass es sich um etwas besonders Innovatives handeln würde. Im Grund wusste ich noch nicht einmal, um was es sich überhaupt handelte. Der Grund dafür ist einfach: „Innovativ" ist kein konkretes Wort. Es löst in meinem Gehirn kein neuronales Feuerwerk aus.

Eines kommt hinzu: Das Etikett wird inflationär gebraucht. Kaum eine Dienstleistung, kaum ein Produkt wird heute nicht als „innovativ" verkauft. Wörter, die sehr häufig vorkommen, sind aber für unser Gehirn keine Überraschung mehr. Es merkt nicht auf, sondern verarbeitet den Begriff schnell und problemlos. Im Allgemeinen ist das gut: Wir verstehen rascher, von was die Rede ist. Stößt aber unser Gehirn auf einen leeren Eintrag im mentalen Lexikon („Innovativ? Irgendwas mit modern oder so. Keine Ahnung, vergiss es!"), rutscht der Text einfach durch und wir können uns hinterher nicht einmal mehr erinnern, um was es eigentlich ging. Eine klare Konsequenz der Hirnforschung lautet also: Streichen Sie das Wort „innovativ" aus dem Wortschatz Ihres Unternehmens!

Natürlich ist es mit der Streichung von „innovativ" nicht getan (obgleich das schon ein großer Schritt wäre). Herausforderungen und Lösungen, Prozesse, Prozessschritte und Projekte, Systeme und Commitments, Bereiche, Visionen, Missionen, Technologieführerschaft und Paradigmenwechsel, Strukturen und Synergieeffekte – die Liste ließe sich noch lange fortsetzen.

Hier ein Beispiel aus der wirklichen Welt für ein Geschwafel, das unser Gehirn kaltlässt. Es stammt von einem Anbieter von „On-Demand E-Commerce"-Lösungen. Er wirbt für seine Dienstleistungen mit folgenden Worten: „Die einzige Konstante in der globalen Welt ist der ständige Wandel in Technologie und Geschäftsanforderungen. Das Patchwork verschiedenster gewachsener Systeme hat zu einer bis dato ungekannten Komplexität geführt. Mehr denn je entscheiden deshalb strukturierte Prozesse und strategische Planung über Wettbewerbsfähigkeit und Erfolg im Markt. Je flexibler das System, umso standardisierter muss das Vorgehen und die gemeinsame Umsetzung erfolgen." Versuchsteilnehmer können sich bereits nach wenigen Minuten nicht mehr an den Inhalt solcher geschwafelten Sätze erinnern. Sie finden keinen Anker im Gehirn, weil sie keine Bilder hervorrufen. Die Begriffe aus dem Managerkauderwelsch regen unser Gehirn nicht an, sie versacken im mentalen Lexikon der linken Hirnhälfte. Sie langweilen. Gründe genug, auf sie zu verzichten.

Manchmal höre ich das Argument: Unsere Texte sollen gar nichts bedeuten, sie sollen nur anderen Insidern signalisieren: „Wir gehören dazu! Wir sprechen eure Sprache!" Und den Kunden sollen sie sagen: „Wir kennen uns aus! Wir sind Experten!" Der Schriftsteller Michael Köhlmeier schildert in seinem Roman *Abendland*, wie sein Großvater diese Marketingmasche in seinem Wiener Schokoladengeschäft nutzt: „Die Angestellten im Geschäft waren angewiesen, die Kundschaft in ‚Fachgespräche' zu verwickeln. Dabei sollten sie, möglichst selbstverständlich und nebenbei, Sortennamen wie ‚Criollo' und ‚Trinitario' einflechten und auch Ausdrücke aus der Verarbeitung, wie ‚Conchieren', damit der Kunde den Eindruck gewinne, hier habe er es mit Fachleuten zu tun, und zwar mit Fachleuten, die ihn für einen Kenner hielten, dem man nie und nimmer eine schlechte Schokolade, also eine billige, verkaufen würde."

In dieser milden Form mag der Trick in der Tat funktionieren. Auf diese Weise geht ein Arzt vor, der die harmlosen Krankheiten seiner Patienten mit lateinischen Namen belegt, um vor ihnen kompetenter und unangreifbarer zu wirken. Aber offen gestanden habe ich diesen Ärzten nie getraut. Genauso wenig wie den Handy- und Computerverkäufern, die mich wie einen Ignoranten (der ich allerdings in einigen dieser Fälle auch bin) behandeln, wenn ich ihre Fachsprache nicht verstehe. Es gibt leider keine Studien darüber, welchen Schaden die deutsche Wirtschaft erleidet, weil Kunden nicht verstehen, was ihnen die Unternehmen mitteilen wollen – und darum nicht einsehen wollen, dass das Angebot der Firmen für sie, die Kunden, vorteilhaft ist. Es gibt nur einen Hinweis auf die Dimension der Kosten von mangelnder Verständlichkeit: Experten schätzen allein den Schaden durch schwer verständliche Betriebsanleitungen auf jährlich rund eine Milliarde Euro.

Natürlich gibt es im Geschäftsleben hin und wieder Anlässe, aus denen Sie sich möglichst unauffällig aus der Affäre ziehen wollen. Dazu gehört übrigens nicht, wenn Sie harte Entscheidungen verkünden müssen. Die meisten Menschen wissen klare Worte in einem solchen Fall zu schätzen – sie verlängern nicht den Schmerz und wecken keine vergebliche Hoffnung. Führungskräfte-Trainer raten ihren Seminarteilnehmern zum Beispiel, in einem Entlassungsgespräch dem Mitarbeiter die Wahrheit innerhalb der ersten Minuten zu sagen, und zwar ohne rhetorische Verrenkungen. Natürlich geht es nicht darum, brutal oder verletzend zu formulieren, sondern klar und unzweideutig.

Wenn Ihnen aber einmal wirklich daran gelegen ist, rhetorisch unauffällig zu bleiben, bauen Sie Ihre Rede auf abstraktive Substantive. Experimente zeigen, dass die Zuhörer dann den Inhalt des Gesagten sehr schnell wieder vergessen – vorausgesetzt Sie übertreiben es nicht, und bleiben als „der Schwafler" in Erinnerung.

Die mangelnde Bildkraft abstrakter Begriffe ist nützlich, wenn sich Ihre Zuhörer *keine* Vorstellung machen *sollen*. Ein harmloser Fall aus meinem Alltag. Ich mag zum Beispiel keine Butter. Wenn ich von „Molkereiprodukten als Brotaufstrich" lese, lässt mich das kalt. Bei „Butter" läuft mir ein Schauer des Ekels den Rücken hinunter. Der Kommunikationschef eines Chemieunternehmens wird folglich nicht von „Giftausstoß", sondern vielleicht eher von „toxischen Emissionen" reden. Und der Banker spricht besser nicht davon, dass seine Kunden „das meiste ihres Geldes verlieren" könnten, sondern vielleicht vom „Risiko einer erheblichen Wertminderung".

Aber bitte mit Gefühl

Britische und deutsche Forscher konnten beweisen, dass Menschen sich besser an emotionsgeladene Wörter erinnern als an Wörter, die als neutral angesehen werden. Versuchsteilnehmern wurde dazu eine Liste aus neutralen und aus emotionalen Wörtern vorgelegt. Zu letzteren gehörten Massaker, Mord und Leichenschauhaus (was auf Englisch knapper „morgue" heißt).

Ein Team um den Ulmer Neurobiologen Manfred Spitzer ging noch einen Schritt weiter. Die Wissenschaftler zeigten Versuchspersonen zunächst Bilder, die positive, negative oder neutrale Emotionen hervorrufen. Dabei konnten sie nachweisen, dass diejenigen Wörter am besten in Erinnerung blieben, die in einem positiven emotionalen Kontext eingespeichert wurden. Spitzer führt dazu aus: „Während das erfolgreiche Einspeichern von Wörtern in positivem emotionalen Kontext eine Aktivität im Bereich des Hippocampus und Parahippocampus zeigte, fand sich eine Aktivierung der Amygdala während des Einspeicherns in negativem emotionalen Kontext." Im Hippocampus speichern wir unsere Erinnerungen zwischen. Die Amygdala ist für Gefühle wie Angst zuständig.

Diese Ergebnisse liefern einen Beleg dafür, wie wichtig eine gute Grundstimmung für Ihre Botschaften ist. Sie zeigen zugleich, dass Sie eine solche gute Grundstimmung durch Worte hervorrufen können. Ihre zentrale Aussage sollten Sie stets in Worten formulieren, die emotional positiv belegt sind.

Erstaunlich am Rande: An Begriffe, die direkt vor den positiv belegten Wörtern standen, erinnerten sich die Teilnehmer des oben erwähnten britisch-deutschen Versuchs besonders schlecht. Mit anderen Worten: Die ein oder andere weniger erfreuliche Mitteilung sollten Sie in Ihrer Präsentation *unmittelbar vor der guten Nachricht* bringen.

Was Sie daraus lernen können, in Kürze:

- Konkrete Wörter sind für unser Gehirn anregender als abstrakte.

- Sie sollten in Ihrer Rede und in Ihren Texten auf Oberbegriffe verzichten und lieber die Dinge beim Namen nennen.

- Wörter wie Innovation, Struktur, System, Herausforderungen und Lösung gehören auf eine schwarze Liste. Sie langweilen die Zuhörer und Leser.

- Wenn Sie bewusst erreichen wollen, dass Ihre Rede ohne Eindruck bleibt, verwenden Sie gezielt abstrakte Substantive.

- An emotionsgeladene Wörter und Darstellungen erinnern sich Menschen besser als an neutrale Begriffe.

- Menschen erinnern sich weniger gut an schlechte Nachrichten, wenn sie unmittelbar vor positiv emotionsgeladenen Botschaften mitgeteilt werden.

Erkenntnis 7: Auf Metaphern vertrauen

Die amerikanische Psychologin Lera Boroditsky von der Stanford University in Kalifornien legte Versuchsteilnehmern folgenden Satz vor: „Wednesday's meeting has been forwarded two days" (Das Treffen am Mittwoch wurde zwei Tage vorverlegt). Ein solcher Satz kann im wirklichen Leben viel Verwirrung anrichten, da man ihn auf zwei Arten verstehen kann. Ein Teil der Zuhörer könnte das „vor" in Richtung auf die Gegenwart interpretieren, also zum jetzigen Zeitpunkt hin. Dann träfe man sich am Montag. Ein anderer Teil könnte „vor" als „voran", „vorwärts" auslegen. Dann säße man erst am Freitag zusammen. Die Ambiguität, wie die Linguisten sagen, ist im Englischen noch größer als im Deutschen.

In diesem Beispiel fällt auf, dass sich der Sprecher in beiden Fällen die Zeit als eine Strecke vorstellt, auf der Meetings und ihre Teilnehmer hin und her geschoben werden. Implizit nutzen wir also eine Metapher. Metaphern sind Sprachbilder, die Erfahrung aus der Wirklichkeit auf abstrakte Zusammenhänge übertragen. Die beiden amerikanischen Psycholinguisten George Lakoff und Mark Johnson behaupten, dass unser gesamtes Reden von Metaphern geprägt ist. Sie haben diesen Gedanken 1980 in einem viel beachteten Buch unter dem Titel *Leben in Metaphern* (*Metaphors We Live By*) dargelegt, auf das ich mich im Folgenden stark beziehe.

Lera Boroditsky nun hat in folgendem Experiment gezeigt, dass bei den meisten Menschen die Metaphern der Alltagssprache unterbewusst stets verstanden werden, selbst wenn man an der Oberfläche der Sprache kaum noch einen konkreten Bezug zu erkennen vermag. Die Teilnehmer ihres Versuches tendierten dann zur Freitag-Interpretation, wenn sie zuvor gebeten worden waren, im Geiste einen Stuhl von sich wegzuschieben. Hatte sich der Teilnehmer zuvor vorgestellt, einen Stuhl zu sich heranzuziehen, bevorzugte er die Montag-Interpretation.

Wie sehr wir an Metaphern gewöhnt sind, lässt sich an unspektakulären Sätzen des Alltags zeigen. „Wer auch immer denkt, *strukturiert* den *Kosmos* seines Bedeutungs*universums* durch Metaphern; er denkt *über* etwas nach, *schiebt* andere Gedanken *beiseite*, gibt seinen Ideen eine *Form* oder *hängt* sie an einem *Punkt auf* oder verwendet eine *Perspektive*. Manchmal sehen wir *klar* und *blicken durch*, dann aber *tappen* wir wieder *im Nebel*. Ideen *sprudeln* und *versiegen*", schreibt der Göttinger Sozialwissenschaftler Michael Buchholz im deutschen Vorwort zu dem Buch von Lakoff und Johnson.

Wenn wir uns genauer umschauen, stoßen wir auf Tausende weiterer Metaphern, derer wir uns in der Regel gar nicht mehr bewusst sind. Es handelt sich dabei selten um jene originellen Sprachbilder der Dichter und Schriftsteller, die uns aufhorchen lassen. So wie bei Rainer Maria Rilkes *Duineser Elegien*:

„Wer aber *sind* sie, sag mir, die Fahrenden, diese ein wenig
Flüchtigern noch als wir selbst, die dringend von früh an
wringt ein *wem, wem* zu Liebe
niemals zufriedener Wille? Sondern er wringt sie,
biegt sie, schlingt sie und schwingt sie,
wirft sie und fängt sie zurück; wie aus geölter,
glatterer Luft kommen sie nieder
auf dem verzehrten, von ihrem ewigen
Aufsprung dünneren Teppich, diesem verlorenen
Teppich im Weltall."

Den meisten von uns geht leider diese Sprachgewalt ab. Wir halten es mit einfacheren Vorstellungen. Zum Beispiel glauben wir, dass Schlafen „unten" bedeutet und Wachsein „oben". Deshalb sagen wir: Ich stehe *auf*. Ich *sinke* in den Schlaf. Er *fällt* ins

Koma. Oder wir unterstellen, dass Liebe eine Reise ist. Wir sagen: Unsere Beziehung *führt ins Nirgendwo*. Wir sind am *Scheideweg angekommen*. Wir sind wohl auf dem *falschen Gleis*. Manchmal ist für uns die Liebe auch Krieg: Er machte zahlreiche *Eroberungen*. Sie *kämpfen* um ihre Beziehung. Sie ist hinter ihm her. Er *flüchtete* vor einer Bindung. Oder wir gehen davon aus, dass Theorien und Gedanken Gebäude sind: Eine Theorie muss *untermauert* werden. Ist das *Fundament* schwach, *fällt* sie in sich zusammen. Manchmal ist die Argumentation dann *auf Sand gebaut*, vor allem wenn sie sich nicht ausreichend auf Fakten *stützt*.

Metaphern helfen Menschen, komplizierte und abstrakte Vorgänge zu verstehen. Sie sind einst entstanden, weil die Sprecher ihre Gedanken durch Beispiele und Anknüpfungen an die reale Welt illustrieren wollten. „Der metaphorische Hinweis erlaubte dem Zuhörer, die Bedeutung des Gesagten besser zu begreifen, als wenn diese Verbindung gefehlt hätte. Auf diese Weise hatte die Formulierung einen Überlebensvorteil im darwinistischen Wettkampf der Ausdrücke", schreibt der Harvard-Professor und Psycholinguist Steven Pinker in seinem Buch *The Stuff of Thought*.

Andere Forscher gehen noch einen Schritt weiter: Vielleicht konnten die ersten Menschen überhaupt nur über konkrete Dinge sprechen. Ihr Sprachvermögen war begrenzt auf das, was sie sehen, begreifen, erfassen konnten. Auf die Kräfte, die in ihrer Umwelt wirkten, oder auf jene, die die Menschen selbst in Gang setzen konnten. Was aber sollten jene Urmenschen machen, denen dann doch einmal ein abstrakter Gedanke kam, den sie gerne weitergegeben hätten. Es gibt Evolutionstheoretiker, die vermuten: Sie nutzten das, was sie schon sagen konnten, und übertrugen es auf die imaginäre Welt ihrer abstrakten Gedanken. Sie gebrauchten also Metaphern. Und hofften so, im Geist der Zuhörer ähnliche Assoziationen wie ihre eigenen hervorzurufen, um auf diese Weise ihre Gedanken zu übermitteln.

Hirnforscher haben Hinweise gefunden, die diese Theorie stützen. Wenn Menschen über Zeit nachdenken, so feuern die Neuronen in jenem Bereich des Gehirns, der für räumliche Wahrnehmung zuständig ist. Dazu noch einmal Steven Pinker: „Die menschliche Intelligenz könnte das Produkt von Metaphern und Kombinationsgabe sein. Metaphern erlauben dem Geist, mithilfe einiger weniger Grundlagen (Masse, Ort, Kraft, Ziel) abstraktere Ideen zu verstehen. Kombinationsgabe ermöglicht es ihm, aus einer begrenzten Anzahl einfacher Ideen eine unbegrenzte Zahl komplizierter Ideen zu machen."

Nicht alle Wissenschaftler gehen so weit. Die Richtigkeit der Argumentation lässt sich zumindest heute nicht mehr nachweisen, denn im Laufe der Evolution hat sich unser Geist auf das abstrakte Denken eingestellt. Wir können abstrakt denken (die Mathematiker beweisen es uns). Die meisten Menschen verstehen nämlich viele der aufgeführten Metaphern, ohne über die Übertragungen aus der realen Umwelt nachzudenken. So können Hirnpatienten, deren räumliches Vorstellungsvermögen geschädigt ist, dennoch Aussagen über die Zeit richtig verstehen. Offenbar haben die Menschen gelernt, direkt die abstrakten Gedanken zu verarbeiten, ohne den Umweg über die konkrete Vorstellung gehen zu müssen. Allerdings fällt uns das abstrakte Denken (wie in der Mathematik üblich) nicht leicht. Jeder, der kein Mathematiker ist, kann das leidvoll bestätigen. Vielleicht sollten wir sogar bei den Mathematikern ein Fragezeichen machen. Albert Einstein hat erzählt, dass er sich seine abstrakten Formeln bildlich vorgestellt habe. Teile seiner Theorie seien ihm sogar als Traumbilder erschienen.

Von der Bergpredigt lernen

Wir begreifen schwierige Zusammenhänge am besten, wenn sie uns in Form von Metaphern präsentiert werden. Sie können das selbst überprüfen. Vergleichen Sie einfach die folgenden Versionen:

Erste Fassung: „Der Mensch ist integraler Bestandteil seiner natürlichen Umwelt. Entzieht er sich seinen Aufgaben gegenüber dem globalen System und den Erfordernissen seines humanitär bestimmen Seins, wird seine Existenz obsolet. […] Ein übermäßiges Sichvergewissern seiner materiellen Grundlagen ist überflüssig, da der Menschen den theistischen Strukturen ausgeliefert ist."

Zweite Fassung: „Ihr seid das Salz der Erde. Wenn das Salz seinen Geschmack verliert, womit kann man es wieder salzig machen? Es taugt zu nichts mehr; es wird weggeworfen und von den Leuten zertreten. […] Seht euch die Vögel des Himmels an: Sie säen nicht, sie ernten nicht und sammeln keine Vorräte in Scheunen; euer himmlischer Vater ernährt sie. Seid ihr nicht viel mehr wert als sie?"

Die zweite, metaphernreiche Sprache der Bergpredigt (die beiden zitierten Stellen finden Sie bei Mt 5, 13 und Mt 6, 26) ist selbstverständlich eingängiger und lässt uns aufmerken. Die zweite Version ist übrigens ganze zehn Anschläge länger als die erste und sagt zudem noch mehr aus. Das beweist, dass eine zupackende Sprache nicht unbedingt mehr Platz oder Zeit in Anspruch nimmt. Vergleichen Sie einmal die Pressemitteilungen, Marketingtexte, Artikel in der Mitarbeiterzeitung und die Kundenbriefe Ihres Unternehmens mit den beiden Versionen? Welcher ähneln sie?

Noch ein Beispiel: Der Medienkritiker Timothy Rutten wird in einem Interview auf sueddeutsche.de zitiert mit dem nur halb übersetzten Satz über Zeitungsverleger, die unter dem Profitdruck von Investoren und dem Druck notwendiger Investitionen ins Internet stehen: „Diese Push- und Pull-Situation hat sie offenbar völlig überfordert." Push- und Pull-Situation! Das ist leider kein Bild, sondern ein abstrakter Begriff. Mit Metaphern klänge die Aussage wesentlich stärker: „Die einen zerren sie in die eine Richtung, damit sie mehr Geld scheffeln. Die anderen zerren sie in die andere Richtung, damit sie das Geld ins Internet stecken. Dieses Hin und Her hat die Verleger überfordert." Erstaunlich, wie viel bildhafte Kraft in einem einzigen Ausdruck stecken kann, nicht wahr?

Bildgebende Verfahren zeigen, dass Metaphern bei Versuchsteilnehmern dann besondere Aufmerksamkeit erregen, wenn sie neu und frisch sind. In diesem Fall feuern die Neuronen heftig, weil sie damit beschäftigt sind, sich das Bild vors geistige Auge zu rufen. Wenn Sie also Ihren Mitarbeitern sagen: „Vor uns liegt noch ein weiter Weg", werden diese nur müde gähnen. Diese Formulierung haben sie schon oft gehört. Es handelt sich um eine kraftlose Metapher. Sie löst keine Bilder mehr im Kopf aus, weil unser Gehirn sofort die abstrakte Aussage dahinter abruft. Wenn Sie aber sagen: „Vor uns liegt eine Straße voller Schlaglöcher – so weit wie von Berlin nach Moskau" – erreichen Sie die Fantasie Ihrer Zuhörer. Es lohnt sich also, Ihre Texte an der „Bergpredigt" zu schulen.

Was Sie daraus lernen können, in Kürze:

- Wenn wir über abstrakte Dinge sprechen, wählen wir oft Metaphern.
- Metaphern helfen uns, Abstraktes zu verstehen.
- Nur frische, neue Metaphern regen die Fantasie der Zuhörer an und rufen in ihrem Gehirn ein Bild hervor.
- Manager können ihre Sprache an den metaphernreichen Formulierungen der *Bibel* schulen.

Erkenntnis 8: Übersichtliche Sätze bauen

Aus beruflichen Gründen bin ich oft mit der Bahn unterwegs. Am Bahnsteig höre ich dann Durchsagen folgender Art: „Der Intercity-Express ‚Bad Oldesloe' von Berlin-Hauptbahnhof nach München-Hauptbahnhof, über Berlin-Südkreuz, Lutherstadt Wittenberg, Leipzig-Hauptbahnhof, Jena-Paradies, Lichtenfels, Bamberg, Erlangen, Nürnberg-Hauptbahnhof, Augsburg-Hauptbahnhof, fahrplanmäßige Abfahrt 7.53 Uhr, fahrplanmäßige Ankunft 14.12 Uhr, wird heute …" Spätestens bei der „Lutherstadt Wittenberg" hat mich die Ungeduld gepackt: Was ist mit diesem ICE? Wird er 20 Minuten später eintreffen? Umgekehrt gereiht sein? An einem anderen Gleis einfahren? In meinem Geiste spiele ich die verschiedenen, mir vertrauten Varianten durch, auf welche Weise die Durchsage beendet werden könnte. Schließlich will ich wissen, auf was ich mich einzustellen habe. (Im Zweifel trifft alles zusammen zu!)

Was hier am Bahnsteig in meinem Kopf geschieht, macht unser Gehirn ständig. Es stellt am Anfang eines Satzes Vermutungen darüber an, wie er weitergehen könnte. Die Linguisten nennen diesen Vorgang Parsing. Unser Gehirn kann aus zwei Gründen so vorgehen: Erstens, weil Sprache eine vorgegebene Struktur hat. Die Sprachwissenschaftler sprechen von ihrer Syntax. Wir können die Wörter nicht einfach willkürlich zusammensetzen. „Auf Bahnsteig eins fährt in Kürze der Intercity nach Bamberg ein" kann nicht ersetzt werden durch: „Bamberg Intercity Kürze in ein nach eins Bahnsteig fährt auf der". Zweitens, weil wir um diese Struktur wissen. Wir lernen, dass auf bestimmte Wortarten nur bestimmte andere Wortarten folgen können. Unser Gehirn speichert die denkbaren Abzweigungen eines Satzes zwischen und wartet ab, welche Variante wirklich folgt. Dabei nehmen wir kleine Abweichungen von der erlaubten Form sofort wahr, beim Lesen stärker als beim Hören. Bei einem Satz wie „Wir werden morgen ein wenig im spazieren gehen" erkennen wir sofort, dass etwas fehlt. Der Satz ist grammatisch nicht korrekt, weil auf „im" entweder sofort ein Substantiv folgen muss oder zunächst ein Adjektiv, dann aber irgendwann ein Substantiv.

Da wir eine gewisse Erwartung daran haben, was für gewöhnlich an der Stelle nach „im" in einem Satz dieser Art anschließt, wird ihn unser Gehirn provisorisch durch „im Wald" oder „im Park" ergänzen. Wird ein Sprecher an einer beliebigen Stelle in einem Satz unterbrochen, so könnten im Durchschnitt zehn verschiedene Wörter folgen, die den Satz grammatisch und inhaltlich korrekt weiterführten, schreibt der (schon öfter zitierte) Psycholinguist Steven Pinker. Es handelt sich um einen Mittelwert. Manchmal existiert nur eine einzige Möglichkeit, manchmal Dutzende.

Bereits nach 120 Millisekunden registrieren Hirnforscher bei Versuchspersonen bei einer Untersuchung mit dem EEG im linken Frontallappen eine verstärkte Aktivität, wenn ein Satz syntaktisch fehlerhaft ist. Erinnern Sie sich an den N400-Effekt? Falsche Wörter, also semantische Fehler, bemerken wir erst nach etwa 400 Millisekunden. Es sieht also so aus, als ob unser Gehirn eine Formulierung erst auf korrekte Grammatik prüft, bevor es ihren Sinn erkundet. Bei den syntaktisch falschen Sätzen beobachten wir einen zweiten Anstieg ebenfalls bei 400 Millisekunden. Vermutlich versucht das Gehirn, dem unkorrekten Satz doch noch einen Sinn zu verleihen, indem es die Bedeutung des Wortes erneut prüft, über das es gestolpert ist. Es könnte schließlich sein, dass sich daraus eine Erklärung für die falsche Grammatik ergibt oder sich ein Missverständnis aufklärt. Nach 600 Millisekunden können die Forscher einen elektrischen Ausschlag im linken Parietallappen messen. Unser Gehirn analysiert den Satz ein weiteres Mal, weil es prüfen will, ob es sich getäuscht hat.

In der gesprochenen Rede haben wir es oft mit unvollständigen Sätzen zu tun. Wir sind zum Beispiel mit Aussagen wie dieser des ehemaligen bayerischen Ministerpräsidenten Edmund Stoiber über den Transrapid konfrontiert:

„Wenn Sie vom Hauptbahnhof in München mit zehn Minuten ohne dass Sie am Flughafen noch einchecken müssen dann starten Sie im Grunde genommen am Flughafen am ... am Hauptbahnhof in München starten Sie Ihren Flug zehn Minuten – schauen Sie sich mal die großen Flughäfen an wenn Sie in Heathrow in London oder sonst wo Charles de Gaulle in äh Frankreich oder in äh in ... in Rom wenn Sie sich mal die Entfernungen ansehen, wenn Sie Frankfurt sich ansehen dann werden Sie feststellen dass zehn Minuten Sie jederzeit locker in Frankfurt brauchen um Ihr Gate zu finden – wenn Sie vom Flug – äh vom Hauptbahnhof starten Sie steigen in den Hauptbahnhof ein Sie fahren mit dem Transrapid in zehn Minuten an den Flughafen in an den Flughafen Franz Josef Strauß dann starten Sie praktisch hier am Hauptbahnhof in München – das bedeutet natürlich dass der Hauptbahnhof im Grunde genommen näher an Bayern an die bayerischen Städte heranwächst weil das ja klar ist weil aus dem Hauptbahnhof viele Linien aus Bayern zusammenlaufen."

Zugegeben, nicht immer ist es ganz so schlimm, aber die wenigsten Menschen sprechen grammatisch und syntaktisch stets korrekt. Ich habe als Journalist zahlreiche Interviews geführt. Schaute ich mir nachher die Abschriften der Tonbänder an, war ich oft erstaunt, wie sich selbst Gespräche holprig lasen, die ich als flüssig in Erinnerung hatte. Beim Verständnis gesprochener Äußerungen hilft uns die Fähigkeit unseres Gehirns, innerhalb von 600 bis 900 Millisekunden die syntaktische Struktur eines Satzes zu identifizieren und ihn gegebenenfalls zu Ende zu denken – selbst wenn der Redner ihn unvollendet lässt. Da dies vom Zuhörer einige Mühen erfordert, sollten Redner dennoch vermeiden, diese Fähigkeit überzustrapazieren.

Die erwartete Ordnung

Gemäß der deutschen Grammatik sind die meisten Sätze nach dem Muster Subjekt – Prädikat (Verb) – Objekt aufgebaut. Die Linguisten kürzen diese Satzstellung mit SVO ab. Wenn wir also am Anfang eines Satzes ein Substantiv vorfinden, gehen wir davon aus, dass es sich um das Subjekt handeln muss. Ein Beispiel: Ein Satz beginnt mit den Worten: „Das Buch *Klardeutsch* von Markus Reiter …" (Ich erlaube mir die Unbescheidenheit zu Beispielzwecken.) Wir vermuten: Es handelt sich bei dem Buch um das Subjekt und lesen weiter: „Das Buch *Klardeutsch* von Markus Reiter hat …". Das passt zu unseren Erwartungen. Wir spekulieren, wie es weitergehen könnte: „… hat 220 Seiten" oder „… hat zahlreiche Abbildungen." (Okay, das stimmt nicht.) Ins Trudeln geraten wir, wenn sich der Satz so fortsetzt: „… hat der Verlag Hanser …". Die grammatische Form stimmt nicht mehr mit unseren Erwartungen überein. Unser Gehirn muss das bisher Gehörte oder Gelesene neu analysieren. Erst wenn wir den Satz vollständig gelesen oder gehört haben, wird klar, was passiert ist: „Das Buch *Klardeutsch* von Markus Reiter hat der Verlag Hanser im Oktober herausgebracht." Der Sprecher oder Autor hat das Objekt an den Anfang gestellt und uns auf diese Weise an der Nase herumgeführt. Die Grammatik des Deutschen erlaubt die Umstellung. Im Gegensatz zum Englischen können wir die Teile relativ großzügig innerhalb eines Satzes platzieren. Die Sprache von Nachrichtenagenturen macht von der Möglichkeit, das Objekt an den Anfang zu stellen, oft Gebrauch – um den Preis, dass wir damit den Erwartungen der Leser zuwiderhandeln. Machen Sie es dem Leser oder Zuhörer lieber leicht: Bleiben Sie bei der üblichen Satzstellung Subjekt – Prädikat – Objekt.

In der gesprochenen Sprache können Sie das zu erwartende Missverständnis zur Not durch eine entsprechende Prosodie ausgleichen, bevor es auftaucht. Bei Texten fehlt Ihnen diese Möglichkeit.

Wie leider oft gibt es keine Regel ohne Ausnahme: Sie erleichtern dem Leser das Verständnis durch Umstellung immer dann, wenn sich das vorangestellte Objekt auf das bezieht, was im vorhergehenden Satz erwähnt wurde. Dann nämlich hat er einen Anknüpfungspunkt und kann seine Erwartung daran ausrichten. In unserem Beispiel: „In den letzten Monaten sind zahlreiche Bücher zum Thema Sprache erschienen. Das Buch *Klardeutsch* hat der Verlag Hanser im Oktober herausgebracht."

Die schreckliche deutsche Sprache

„Ein durchschnittlicher Satz in einer deutschen Zeitung ist eine erhabene, eindrucksvolle Kuriosität; er nimmt ein Viertel einer Spalte ein; er enthält sämtliche zehn Wortarten – nicht in ordentlicher Reihenfolge, sondern durcheinander; er besteht hauptsächlich aus zusammengesetzten Wörtern, die der Verfasser an Ort und Stelle gebildet hat, sodass sie in keinem Wörterbuch zu finden sind – sechs oder sieben Wörter zu einem zusammengepackt, und zwar ohne Gelenk und Naht, das heißt: ohne Bindestriche; er behandelt 14 oder 15 verschiedene Themen, von denen jedes in seine eigene Parenthese eingeschlossen ist, und jeweils drei oder vier dieser Parenthesen werden hier und dort durch eine zusätzliche Parenthese abermals eingeschlossen, sodass Pferche innerhalb von Pferchen entstehen; schließlich werden alle diese Parenthesen und Überparenthesen in einer Hauptparenthese zusammengefasst, die in der ersten Zeile des majestätischen Satzes anfängt und in der Mitte seiner letzten Zeile aufhört – *und danach kommt das Verb*, und man erfährt zum ersten Mal, wovon die ganze Zeit die Rede war; und nach dem Verb hängt der Verfasser noch ‚haben sind gewesen gehabt haben geworden sein' oder etwas dergleichen an – rein zur

Verzierung, soweit ich das ergründen konnte –, und das Monument ist fertig."

Diese Beobachtung machte Mark Twain, der amerikanische Humorist, in seinem 1880 erschienenen Buch *Bummel durch Europa*. Prinzipiell erlaubt jede Sprache, unendlich lange Sätze zu bauen. Der amerikanische Schriftsteller William Faulkner schaffte in seinem Roman *Absalom, Absalom!* 1 300 Wörter. Der längste Satz der deutschen Sprache zählt laut dem *Guinness-Buch der Rekorde* über 12 000 Wörter. Er würde die folgenden rund sieben Seiten beanspruchen. Ich könnte diesen Satz aber leicht dadurch verlängern, dass ich ihn einleitete mit: „Der längste Satz der deutschen Sprache lautet: …" Sie könnten diese Version erneut erweitern durch: „Markus Reiter behauptet, der längste Satz der deutschen Sprache laute: …" und so weiter.

In einem hat Mark Twain allerdings recht: Deutsche Autoren leben ihre Vorliebe für geschachtelte Sätze stärker aus. Seine ironischen Anmerkungen sind deshalb noch immer aktuell. Zwei Beispiele belegen das, eines aus der Sprachwissenschaft, ein anderes aus dem Feuilleton einer deutschen Provinz-Tageszeitung.

Erstes Beispiel: „Wenn aber die Satzstücke, die dem Sinn nach zusammengehören, durch eine Kette anderer Sätze getrennt werden und wenn im Text von mehreren Subjekten und Handlungen die Rede ist, muss sich derjenige, der sich mit dem Text beschäftigt, selbständig im System der Beziehungen zurechtfinden und diejenigen herausfinden, die den Sinn nach zu einem System gehören, aber im Satz weiter voneinander entfernt stehen können."

Zweites Beispiel: „Die zarte, in den Bewegungen wie im theatralischen Gestus ganz dem unschuldigen, durch enttäuschte Liebe zunächst geistig verwirrten, dann zu Tode gekommenen ätherisch-schönen Geschöpf aus der Waldhütte ihrer Mutter (Irene Steinbeißer) verschriebene Natalia Kalinitschenko bezauberte das Publikum im Laufe des durch eine halbstündige Pause unterbrochenen Abends in zunehmendem Maße."

Natürlich kann unser Gehirn solche Sätze nicht verarbeiten. Die optimale Satzlänge liegt Untersuchungen zufolge zwischen 13 und 17 Wörtern. (Ausführliches dazu finden Sie im Teil über das Schreiben und Lesen.) Allerdings führt diese Faustregel gelegentlich in die Irre. Zum Verständnis eines Satzes ist sein klarer und übersichtlicher Aufbau wichtiger als die Anzahl der Wörter. Versuchen Sie es einmal mit diesem Beispielsatz aus einem linguistischen Fachbuch: „Dass, dass, dass er wiedergewählt wurde, erstaunt, erfreut, verblüfft." Neun Wörter, folglich müsste der Satz optimal verständlich sein. Er ist es natürlich nicht, zum einen weil unser Gehirn über die drei „dass" zu Satzbeginn stolpert. Zum Zweiten kann unser syntaktisches Verständnis im linken Frontallappen die drei Verben nicht einordnen, da sie alle drei die gleiche grammatische Form haben. Wir bekommen erst Klarheit, wenn wir die Formulierung um einige erläuternde Wörter ergänzen und den Satz anders aufbauen: „Es verblüfft [mich], dass sich manche über das Erstaunen bei seiner Wiederwahl freuen."

Besonders schwierig zu verstehen sind – das hat Mark Twain völlig richtig beobachtet – Sätze wie dieser, weil sie einen neuen Gedanken mitten in den syntaktischen Ablauf eines anderen Satzes schieben. In der Grammatik heißen solche Konstruktionen Parenthese. Stellen Sie sich vor, was in Ihrem Gehirn in diesem Falle vor sich geht. Sie lesen oder hören den Satz bis an die Stelle, an der die Parenthese auftritt: „Besonders schwierig zu verstehen sind …". Nun wird Ihnen aber kurzzeitig vorenthalten, was besonders schwierig zu verstehen ist. Ein neuer Gedanke tritt auf. Sie müssen den bisher verarbeiteten Satzanfang im Arbeitsgedächtnis ablegen und widmen sich dem neuen Gedanken: „Das hat Mark Twain völlig richtig beobachtet." Sie speichern diese Aussage ab und rufen aus Ihrem Arbeitsgedächtnis den vorherigen Satzanfang auf: „… zu verstehen sind Sätze wie dieser, weil …". Ihr Gehirn stößt auf allerlei Mühsal: Es muss erstens den ziemlich langen Nebensatz verstehen, der mit „weil" eingeleitet wird. Es muss zweitens erkennen, dass nach „dieser" kein Substantiv folgt, sondern dass sich „dieser" auf „Sätze" bezieht – Sie also ein „Satz" dahinter ergänzen müssen. Wenn Sie das alles geleistet haben, müssen Sie sich den im Arbeitsgedächtnis abgelegten Satz aus der Parenthese („Mark Twain") in Erinnerung rufen und erkennen, in welcher logischen Beziehung die beiden Sätze zueinander stehen. Man kann leicht erkennen, dass ein solcher Vorgang viel Energie in Anspruch nimmt. Diese Energie kann Ihr Gehirn *nicht* mehr für die Analyse des *Inhaltes* einsetzen. Sie werden allerdings auch bemerkt haben, dass ich mir manchmal in diesem Buch den Spaß nicht nehmen lasse.

Die magische Zahl Sieben

Was unser Gehirn also wirklich braucht, sind klar und logisch aufgebaute Sätze, die unseren syntaktischen Erwartungen entsprechen. Dabei spielt eine Zahl eine wichtige Rolle: die Sieben! Bereits 1956 veröffentliche der amerikanische Psychologe George A. Miller in der Zeitschrift *The Psychological Review* einen Aufsatz mit dem Titel „Die magische Zahl Sieben, plus oder minus zwei". Darin weist er nach, dass sich Menschen im Durchschnitt nur sieben Informationseinheiten auf einmal merken und sie verarbeiten können („plus oder minus zwei" macht deutlich, dass es davon Abweichungen gibt). In Versuchen können sich die meisten Teilnehmer nie mehr als sieben nicht miteinander verbundene Gegenstände merken, die man ihnen kurz zeigt. Versuchen Sie doch einmal, sich mehr als sieben nicht zusammenhängende Ziffern einzuprägen. Das geht nur, wenn Sie die Zahlen zu neuen Einheiten zusammenziehen. So wissen Sie zum Beispiel die Vorwahl von Stuttgart 0711 und behandeln sie als eine Informationseinheit, statt sich stets an 0 und 7 und 1 und 1 zu erinnern.

Millers Befund wurde inzwischen vielfach bestätigt. Die Hirnforscher gehen davon aus, dass unser Arbeitsgedächtnis auf sieben Informationseinheiten begrenzt ist. Ist zum Beispiel ein Satz länger als sieben Informationseinheiten, haben wir am Ende des Satzes vergessen, wie er angefangen hat. Wir bewältigen diese Sätze trotzdem, aber nur, wenn wir sie geschrieben vor uns liegen haben. Dann lesen und packen wir die Informationen in neue, größer Einheiten, die in unserem Arbeitsgedächtnis gespeichert werden. Dies ist aber mühevoll. Auf Dauer sind die wenigsten Leser bereit, sich dieser Mühe zu unterziehen. Das Phänomen der magischen Zahl Sieben ist der Grund, warum wir viele Sätze von Thomas Mann oder Heinrich von Kleist trotz ihrer Länge gut verstehen. Es handelt sich zwar grammatisch um Sätze, inhaltlich aber lassen sie sich in kleinere Einheiten unterteilen.

Drei Sekunden Ruhm

Eine weitere Erkenntnis der Hirnforschung spielt bei der Länge von Sätzen und ihrer Gliederung in Aussageeinheiten eine Rolle. In Experimenten haben Wissenschaftler nachgewiesen, dass wir Menschen über ein Aufmerksamkeitsfenster von etwa drei Sekunden verfügen. Was innerhalb dieser drei Sekunden geschieht, halten wir kurz fest. Wir schenken dieser Erkenntnis sozusagen drei Sekunden Ruhm in unserem kognitiven Verarbeitungssystem. Danach sucht sich unser Gehirn einen neuen Reiz. Es prüft, ob sich etwas in der Wirklichkeit verändert hat, das es wert wäre, wahrgenommen zu werden. Das Gehirn entscheidet, ob wir unsere Aufmerksamkeit in eine andere Richtung lenken sollen. Die meisten erfolgreichen Parolen passen gut in das Drei-Sekunden-Aufmerksamkeitsfenster: „Friede den Hütten, Krieg den Palästen". „Freiheit statt Sozialismus". „Geiz ist geil".

Der Münchner Neurowissenschaftler Ernst Pöppel, Direktor des Permenides-Center for the Study of Thinking, empfiehlt, seine Rede in Aussageeinheiten von etwa drei Sekunden zu gliedern. Viele Menschen machen dies in spontaner Rede ganz selbstverständlich, und zwar unabhängig von der Sprache, in der sie sprechen. Bei Vorträgen, die vorgelesen werden, wird die Regel hingegen nur allzu oft missachtet. Werbeanzeigen und Plakate, die die Drei-Sekunden-Regel ignorieren, werden wirkungslos. So sind die Plakate der Volksbanken und Raiffeisenbanken meist völlig überfrachtet mit Textinformationen. Hinzu kommen symbolische Bildmotive, irgendwelche Täler, die von Brücken überspannt werden, gemäß dem Werbeslogan „Wir machen den Weg frei". Die Symbolik der Motive wird erst auf den zweiten Blick verstanden. Da sind drei Sekunden lange vorbei und ist die Aufmerksamkeit der Betrachter von anderen Dingen beansprucht.

Was Sie daraus lernen können, in Kürze:

- Bevorzugen Sie kurze Sätze. Die optimale Verständlichkeit liegt zwischen 13 und 17 Wörtern.

- Kürze ist nicht alles! Bauen Sie Ihre Sätze übersichtlich! Verzichten Sie auf Parenthesen und Schachtelkonstruktionen.

- Unser Gehirn kann sich nicht mehr als sieben Informationseinheiten merken. Packen Sie deshalb maximal sieben sinntragende Einheiten in einen Satz.

- Bedenken Sie das Drei-Sekunden-Aufmerksamkeitsfenster des menschlichen Gehirns. Fassen Sie Ihre Aussagen in drei Sekunden lange Einheiten zusammen.

- Überfrachten Sie Ihre Werbeplakate und Anzeigen nicht mit Informationen, die zu erfassen länger als drei Sekunden benötigt.

Erkenntnis 9: Bilder erzeugen

Machen Sie mit mir jetzt einen kleinen Selbstversuch und lesen Sie bitte zunächst folgende Texte:

„Sein Blick ist vom Vorübergehn der Stäbe
so müd geworden, dass er nichts mehr hält.
Ihm ist, als ob es tausend Stäbe gäbe
und hinter tausend Stäben keine Welt.

Der weiche Gang geschmeidig starker Schritte,
der sich im allerkleinsten Kreise dreht,
ist wie ein Tanz von Kraft um eine Mitte,
in der betäubt ein großer Wille steht.

Nur manchmal schiebt der Vorhang der Pupille
sich lautlos auf –. Dann geht ein Bild hinein,
geht durch der Glieder angespannte Stille –
und hört im Herzen auf zu sein."

(Rainer Maria Rilke: „Der Panther")

Nun jenes: „Da sah der getreue Johannes, dass es nicht mehr zu ändern war, und suchte mit schwerem Herzen und vielem Seufzen aus dem großen Bund den Schlüssel heraus. Als er die Tür geöffnet hatte, trat er zuerst hinein und dachte, er wolle das Bildnis bedecken, dass es der König vor ihm nicht sähe. Aber was half das? Der König stellte sich auf die Fußspitzen und sah ihm über die Schulter. Und als er das Bildnis der Jungfrau erblickte, das so herrlich war und von Gold und Edelsteinen glänzte, da fiel er ohnmächtig zur Erde nieder" (aus *Grimms Märchen*: „Der getreue Johannes").

Und nun dies: „Arbeitsfreude: von kulturell vermittelten Vorstellungen über den Sinnbezug der Arbeit geformter Begriff.

Dient Arbeit der Sicherung der materiellen Existenz, resultiert Arbeitsfreude aus der materiellen Entlohnung; dient Arbeit der individuellen und sozialen Entfaltung, hat Arbeitsfreude eine umfassendere Bedeutung" (aus *Gablers Wirtschaftslexikon*).

Zum Schluss dies: „Kohlenstoff (von altgerm. *kolo* = „Kohle"), Symbol **C** (von lat. *carbo* „Holzkohle", latinisiert *carbonium*) ist ein chemisches Element der 4. Hauptgruppe. Es kommt in der Natur sowohl in reiner (gediegener) Form als auch chemisch gebunden vor. Aufgrund seiner besonderen Elektronenkonfiguration (halbgefüllte L-Schale) besitzt es die Fähigkeit zur Bildung von komplexen Molekülen und weist von allen chemischen Elementen die größte Vielfalt an chemischen Verbindungen auf. Kohlenstoffverbindungen bilden die molekulare Grundlage allen irdischen Lebens" (aus Wikipedia: „Kohlenstoff").

Was spielte sich beim Lesen der jeweiligen Abschnitte in Ihrem Kopf ab? Vermutlich wird Rilkes Gedicht eine Fülle von Bildern hervorgerufen haben. Ihnen stand vor Augen, wie der geschmeidige Panther in seinem Käfig im Kreise wandert. Sie spürten die gefesselte Kraft des Tieres. In der zweiten Passage sahen Sie einen großen Schlüsselbund vor sich; einen König mit Krone auf dem Kopf, der sich auf die Zehenspitzen stellt; das Gemälde einer Jungfrau (Wie sehen Jungfrauen in Ihrer Vorstellung aus?), die mit Gold und Edelsteinen behängt ist. Und beim dritten Text? Sicherlich wissen Sie mit dem Begriff Arbeitsfreude etwas anzufangen, vielleicht haben Sie sich sogar mit etwas Mühe Arbeitsfreude vorgestellt. Haben Sie an lachende, gut gekleidete junge Menschen gedacht, wie sie auf den Fotos der Unternehmensbroschüren stets zu sehen sind? Schließlich beim vierten Abschnitt? Hier dürfte Ihre Vorstellungskraft ausgesetzt haben. Sie fühlten sich vielleicht an Ihren Chemieunterricht erinnert – aber der Lexikoneintrag ruft bei den meisten Menschen keinen Eintrag in ihrem Bildgedächtnis ab.

Der Hirnforscher Ernst Pöppel unterscheidet entsprechend zwei Arten des Lesens. Das eine ist die begriffsorientierte, das andere die bildorientierte. Die begriffsorientierte spricht nur die Sprachareale in der linken Gehirnhälfte an. Sie kümmert sich stark um Syntax und Struktur und basiert hauptsächlich auf den abstrakten Begriffen, die in unserem mentalen Lexikon abgespeichert sind. Enzyklopädie-Einträge, Fachartikel, wissenschaftliche Bücher lesen wir vorwiegend begriffsorientiert. Pöppel erläutert dazu: „Das Ergebnis des Lesens wird in einen rationalen Zusammenhang gestellt, und das Lesen trägt bei zur Erweiterung des expliziten Wissens, das sprachlich verfügbar ist."

Die bildorientierte Art des Lesens bezieht hingegen die rechte Hemisphäre mit ein. Geschichten, Romane und Gedichte lesen wir auf diese Weise. Dazu sagt Ernst Pöppel: „Es entstehen mit der ersten Zeile Bilder in uns, und es entfaltet sich über den Vorgang des Lesens eine Geschichte [...] sodass das bildorientierte Lesen sehr viel individueller ist." Inhalte, die uns durch bildorientierte Sprache nähergebracht werden, bleiben fester im Gedächtnis verankert. Wir greifen dabei auf Prototypen zurück, die wir alle abgespeichert haben. Wenn wir an den König denken, der in Grimms Märchen dem getreuen Johannes über die Schulter blickt, sehen fast alle Menschen unseres Kulturkreises einen kleinen, molligen Mann mit einer Krone auf dem Kopf. Genau so haben Könige im Märchen auszusehen. Diese Vorstellung von einem König kommt uns selbst dann als Erstes in den Sinn, wenn wir von König Harald V. von Norwegen hören, der weder klein noch dick ist und keine Krone auf dem Haupt trägt.

Denken geschieht in Bildern

Informationen, die wir in einer bildorientierten Sprache vermittelt bekommen, können wir uns nicht nur besser merken. Sie hilft uns auch, das beschriebene Problem besser zu verstehen, und sie führt dazu, dass wir Fragen zum Inhalt korrekter beantworten. Eine bildorientierte Sprache wirkt wie ein dreidimensionales Modell einer Stadt. Sie sehen die Häuserschluchten, Sie sehen die Gebäude aufragen, Sie sehen die Ampeln und Fußgängerüberwege vor sich. In Experimenten können Wissenschaftler nachweisen, dass viele Menschen sich mit dreidimensionalen Modellen besser in einer Stadt zurechtfinden als mit einem zweidimensionalen, abstrakten Stadtplan. Der renommierte Hirnforscher Antonio R. Damasio behauptet sogar, Denken vollziehe sich weitgehend in Bildern; Vorstellungsbilder machten den Hauptinhalt unserer Gedanken aus. „Die meisten Wörter, die wir beim inneren Sprechen verwenden, bevor wir einen Satz sagen oder schreiben, existieren in unserem Bewusstsein als akustische und visuelle Bilder. Würden sie nicht zu Vorstellungsbildern – und wenn auch nur von flüchtigster Art –, dann wären sie nichts, was wir wissen könnten", schreibt er in seinem Buch *Descartes' Irrtum*. Denken wäre dann so etwas wie ein Stummfilm im Kopf, zu dem wir die Worte finden müssen. Wer also wirkungsvoll sprechen oder schreiben will, muss Bilder im Kopf seines Publikums erzeugen.

„Erfolgreiche Consultingprojekte im *Business Continuity*- und *Disaster Recovery*-Bereich benötigen Management Attention. Dank der Kombination von Onsite-Aktivitäten (workshopbasiert) und Offsite-Aktivitäten kann die vom Management zu leistende zeitliche Projektmitarbeit auf ein Minimum reduziert werden." Sind Sie über diesen Satz gestolpert? So versucht eine Unternehmensberatung Kunden zu gewinnen. Sicher ist, dass dieser Text nicht die „Attention" erhalten wird, um die er sich bemüht. Die Leser können sich nämlich nichts unter all dem vorstellen, was dort beschrieben wird.

„Stellen Sie sich vor, Ihr Server bricht zusammen und alle Daten sind verschwunden. Oder Ihre Fabrikhalle brennt ab. Auf solche Situationen sollte das Management eines Unternehmens vorbereitet sein. Wir beraten Sie, wie Sie vorsorgen können, damit in diesen Ausnahmesituationen Ihre Mitarbeiter weiterarbeiten können. Dabei vergeuden wir nicht Ihre Zeit. Zum einen setzen wir uns bei Ihnen in Ihren Räumen zusammen und erstellen gemeinsam Notfallpläne. Zum anderen erarbeiten wir bei uns Ideen, die wir Ihnen danach in einer Präsentation vorstellen." So könnte der Text lauten, wenn sich die Leser etwas darunter vorstellen sollen.

Beispiele und anschauliche Schilderungen von dem, was Sie tun und über was Sie reden, lassen in den Köpfen Ihres Publikums die Neuronen feuern.

Was Sie daraus lernen können, in Kürze:

- Es gibt bildorientierte und begriffsorientierte Sprache.

- Bildorientierte Sprache erleichtert uns das Denken. Wir können uns den Inhalt besser merken.

- Versuchen Sie, mit Ihren Worten Bilder im Kopf der Zuhörer entstehen zu lassen. Sie tun dies, indem Sie konkret schildern, um was es geht, und dazu Beispiele bringen.

Erkenntnis 10: Erinnerungen wachrufen

„Daher lebt der beste Teil unseres Gedächtnisses außerhalb von uns, in dem feuchten Hauch eines Regentages, dem Geruch eines ungelüfteten Raums oder eines eben entzündeten, aufflammenden Feuers, das heißt überall da, wo wir von uns aus selbst das wiederfinden, was unser Verstand als unverwendbar abgelehnt hatte, die letzte Reserve, die beste, die Vergangenheit, die, wenn alle unsere Tränen versiegt scheinen, uns noch immer neue entlocken wird." So schreibt der Romancier Marcel Proust in seinem Romanzyklus *Auf der Suche nach der verlorenen Zeit* über das Gedächtnis. Im ersten Teil dieses Werkes, betitelt „In Swanns Welt", findet sich eine berühmte Szene. Der Erzähler tunkt eine Madeleine, ein französisches Rührteig-Gebäck, in eine Tasse Tee und probiert. „Sobald ich den Geschmack jener Madeleine wiedererkannt hatte, die meine Tante mir, in Lindenblütentee eingetaucht, zu verabfolgen pflegte (obgleich ich noch immer nicht wusste und auch erst späterhin würde ergründen können, weshalb die Erinnerung mich so glücklich machte), trat das graue Haus mit seiner Straßenfront, an der ihr Zimmer sich befand, wie ein Stück Theaterdekoration zu dem kleinen Pavillon an der Gartenseite hinzu, der für meine Eltern nach hinten heraus angebaut worden war (also zu jenem verstümmelten Teilbild, das ich bislang allein vor mir gesehen hatte), und mit dem Hause die Stadt, der Platz, auf den man mich vor dem Mittagessen schickte, die Straßen, die ich von morgens bis abends und bei jeder Witterung durchmaß, die Wege, die wir gingen, wenn schönes Wetter war." Über ein Dutzend Seiten breitet Proust die Erinnerung aus, die durch diese eine Madeleine ausgelöst wurde. Dem Erzähler stehen emotionale Bilder seiner Kindheit vor Augen.

Unsere Erinnerung ist eine mächtige Kraft. Nicht nur Gebäckstücke, Rosenduft, Regentage und ungelüftete Räume können sie wachrufen, sondern auch Wörter. Und Texte, die an gemeinsam Erinnertes in der Vergangenheit anknüpfen. Mein ehemaliger Volontärskollege, der Journalist Florian Illies, schrieb im Jahre 2000 ein Buch mit dem Titel *Generation Golf*, das rasch zu einem Bestseller avancierte. Das Geheimnis des Bucherfolges war, dass Illies schreibend an das kollektive Gedächtnis einer in den 80er-Jahren aufgewachsenen Generation appellierte – an die gemeinsame Erinnerung von Menschen also, die scheinbar Ähnliches erlebt, die gleichen Fernsehserien gesehen, die gleichen Bücher gelesen, die gleiche Musik gehört hatten. Nicht von ungefähr befindet ein Leser in den Rezensionsspalten des Internet-Buchhändlers Amazon über das Buch: „Es ist einfach erstaunlich, wie viele persönliche Erinnerungen man bei der passenden Zielgruppe mit den richtigen Schlüsselwörtern wecken kann – der Autor des vorliegenden Buches beherrscht diese Kunst in Bezug auf die 80er-Jahre nahezu perfekt."

Die Erinnerung, die Illies weckt, bezieht sich möglicherweise auf nichts, was dem Einzelnen wirklich passiert ist – sondern auf das, was das Gedächtnis abgespeichert und im Laufe der Zeit umgeformt hat. Es handelt sich hierbei keineswegs um eine sophistische, sondern um eine fundamentale Unterscheidung. Unser Gedächtnis ist nämlich außerordentlich unzuverlässig und stark davon beeinflusst, was wir seit dem Zeitpunkt der Erinnerung dazugelernt haben. Der deutsch-amerikanische Psychologe Ulric Neisser, der an der Cornell University in Ithaka (US-Bundesstaat New York) lehrte, bat die Erstsemester seiner Vorlesung am 29. Januar 1986 aufzuschreiben, wo sie am Tag zuvor gewesen waren, was sie getan hatten, wann sie Nachrichten gehört haben. Am Vortag war nämlich die Raumfähre Challenger kurz nach dem Start in Brand geraten und auseinandergebrochen. Alle Besatzungsmitglieder kamen ums Leben. Über die Katastrophe wurde natürlich in den Medien umfangreich berichtet, sie grub sich so in das kollektive Gedächtnis Amerikas ein. In Deutschland wäre ein vergleichbares, alle berührendes, wenngleich glücklicheres Ereignis der Fall der Mauer. Am Ende des Studiums, drei Jahre später, bat Neisser die gleichen Studenten erneut um Auskunft. Einer von vier Studenten erzählte etwas völlig anderes als am Tag nach dem Unglück, nur einer von zehn gab die Ereignisse genau so wieder wie drei Jahre zuvor. Übrigens waren sich die Studenten, die völlig anderes berichteten, ihrer Erinnerung genauso sicher wie diejenigen, die richtiglagen. Manche wollten sogar gar nicht wahrhaben, dass sie damals anderes niedergeschrieben hatten. Ihnen musste Neisser die alten Aufzeichnungen vorlegen, damit sie ihm glaubten. Das Gedächtnis, so viel ist klar, ist ein unzuverlässiger Geselle. Ein Geselle, der sich leicht beeinflussen und manipulieren lässt, denn er vermischt Erlebtes mit Erdachtem.

Ein Experiment, von dem der Harvard-Professor und Gedächtnisforscher Daniel L. Schacter berichtet, macht das deutlich. Schacter legte Versuchspersonen den folgenden Satz vor:

„Der Fisch griff den Schwimmer an."

Später fragte er die Versuchsteilnehmer, ob sie sich an den Satz erinnerten. Denen, die sich nicht an ihn erinnern konnten, half er mit einem Stichwort auf die Sprünge. Das Erstaunliche: Beim Stichwort „Hai" fiel mehr Menschen der Satz wieder ein als beim Stichwort „Fisch" – obgleich der Ursprungssatz von einem „Fisch" spricht. „‚Hai' ist ein effektiverer Erinnerungshelfer als ‚Fisch', weil das Wort stärker an das anknüpft, was der Person beim Lesen des Satzes vor Augen stand", schreibt Schacter.

Die Flüchtigkeit der Erinnerung

Woran liegt die Flüchtigkeit der Erinnerung? Wo kommen Erinnerungen überhaupt her? Sicher ist, dass unser Gedächtnis nicht wie eine DVD funktioniert, auf der ein Film abgespeichert wurde. Wenn Sie eine DVD abspielen, so wird sie – sofern keine technischen Störungen vorliegen – immer den gleichen Film zeigen. Nehmen wir *Casablanca* mit Humphrey Bogart als Rick Blaine und Ingrid Bergman als Ilsa Lund. Erinnern Sie sich an den Film? Erinnern Sie sich, wie Ilsa im Café Americaine Sam bittet, das alte Lied „As Time Goes By" zu spielen? Sie erinnern sich sicherlich an ihre genauen Worte: „Play it again, Sam"? Wenn Sie sich *Casablanca* auf DVD ansehen, werden Sie feststellen, dass diese Worte in dem Film nie fallen. „Play it once, Sam, for old times' sake", bittet Ilsa in Wirklichkeit. Und als Sam so tut, als wisse er nicht, um was es geht: „Play it, Sam. Play ‚As Time Goes By'". In unserem kulturellen Gedächtnis aber heißt es für immer: „Play it again, Sam!"

Was sind Erinnerungen dann, wenn sie keine exakten Reproduktionen sind? Sie sind eine Rekonstruktion des Originals, eine Interpretation. Unser Gedächtnis hätte gar nicht genug Platz, um uns all das zu merken, was wir wahrnehmen. Das meiste sondern wir schon beim Übergang vom Arbeitsgedächtnis in das Langzeitgedächtnis aus. Den Rest speichern wir als Entladungsmuster – aber nur ungefähr. Wenn wir uns erinnern, feuern *ungefähr* die gleichen Neuronen in den Assoziationsfeldern des rechten Temporal- und Frontallappens wie beim ursprünglichen Ereignis. Wenn wir den richtigen Impuls geben, Schacter spricht von einem „Wiederauffindungssignal", können wir ein ähnliches Neuronenmuster aktivieren wie beim ursprünglichen Erlebnis. Ein solcher Impuls kann ein Wort oder eine Schilderung sein – so wie das Florian Illies offensichtlich mit seinem Buch gelungen ist. Die Entladungsmuster werden aber beeinflusst durch das, was wir in der Zwischenzeit erfahren haben. Und nicht zuletzt durch das Bestreben unseres Gehirns, unsere eigene Rolle in der Vergangenheit zu schönen.

Weil bei Erinnerungen die gleichen Neuronen auf ähnliche Weise feuern, sind sie niemals emotionslose Rekapitulationen des früheren Geschehens. Vielmehr erleben wir das Gewesene noch einmal. Deshalb kocht in Ihnen die Wut wieder hoch, wenn Sie daran denken, wie Sie Ihr Chef in der vorletzten Woche ungerecht behandelt hat. Deshalb spüren wir wieder das alte Kribbeln, wenn wir das Lied aus der Tanzstunde hören, zu dem wir zum ersten Mal Slowfox mit unserem damaligen Schwarm getanzt haben.

In Experimenten lassen sich Menschen innerhalb von Minuten zu Tränen rühren, wenn man sie bittet, ein trauriges Erlebnis in Erinnerung zu rufen. Schöne Erinnerungen lösen ein Hochgefühl aus. Je tiefer und emotionaler das Erlebnis war, desto stärker erleben wir sein Wiederaufrufen. Darunter leiden Trauma-Patienten, bei denen schon ein schwacher Impuls ausreichen kann, schreckliche Ereignisse, zum Beispiel einen Unfall, wieder wach werden zu lassen. Vor einigen Jahren habe ich ein Buch über das ICE-Unglück von Eschede geschrieben. Bei den Recherchen habe ich Menschen kennengelernt, die lange nach dem Vorfall noch Panik bekamen, wenn sie nur das Wort „Zug" oder „ICE" lasen.

Die Arten des Gedächtnisses

Wissenschaftler unterscheiden zwei Arten von Gedächtnis. Im impliziten Gedächtnis des Kleinhirns speichern wir, was bei uns automatisch – also unterhalb der Bewusstseinsebene – abläuft, zum Beispiel Gehen, Auto fahren oder Fahrrad fahren. Im expliziten Gedächtnis sind unsere bewussten Erinnerungen aufgehoben. Das explizite Gedächtnis wird weiter unterteilt. Zum einen in das semantische Gedächtnis im linken präfrontalen Cortex. Es enthält unser Wissen um die Welt, zum Beispiel dass

Deutschland in Europa liegt, wer Präsident der USA ist und dass der Bruder meines Vaters mein Onkel ist. Im episodischen Gedächtnis im rechten präfrontalen Cortex ist das abgelegt, was wir im Alltag eigentlich als Erinnerung bezeichnen: unser erster Schultag; unser erster Kuss; was damals passierte, als wir eine Präsentation vor unserem wichtigsten Kunden vergeigt haben, und wie lustig die Chefin beim letzten Betriebsfest war. Das episodische Gedächtnis ist mit dem limbischen System vernetzt, dem Sitz unserer Gefühle.

Das Vorgehen des Gedächtnisses kann man sich zunutze machen, um Wichtiges besser zu behalten. Als junger Lokalreporter war ich viel in der Rhön unterwegs. Ich konnte mir allerdings die Namen der Dörfer nie merken. Offenbar fanden sie keinen Eingang in mein semantisches Gedächtnis. Also fragte ich jedes Mal, wenn ich von der Redaktion einen neuen Auftrag erhielt, meinen Vater: „Poppenhausen? Wo liegt denn das?" Mein Vater musste dann Inhalte meines episodischen Gedächtnisses abrufen: „Poppenhausen ist doch der Ort, an dem du nach der Feuerwehr-Jahreshauptversammlung hängen geblieben bist, weil Blitzeis die Straßen unpassierbar gemacht hatte." Daran konnte ich mich erinnern – und wusste sofort, wo und wie ich mir Poppenhausen vorzustellen hatte.

Was machen wir nun aus diesem Wissen für unseren Alltag? In den wenigsten Fällen wissen wir, was im Gedächtnis unserer Zuhörer und Leser gespeichert ist – wir können ja nicht in ihr Gehirn hineingucken. Und selbst wenn wir es könnten, fänden wir dort nichts vor, was in irgendeiner Weise wie das Erinnerte aussieht. Was wir hingegen kennen oder zumindest erkunden können, ist das kollektive Gedächtnis. Wir wissen, was eine bestimmte Generation an gesellschaftlichen Umbrüchen erlebt hat, welche Bücher sie gelesen hat, was sie im Fernsehen gesehen hat, was sie an Musik gehört hat, was sie getrunken, gegessen, geraucht hat. Daran können wir appellieren. Wichtig ist, nicht das semantische Gedächtnis anzusprechen, sondern das episodische – und die damit verbundenen Emotionen für sich zu nutzen. Nutella, Afri-Cola und Ahoi-Brause sind nicht deshalb starke Marken, weil in unserem semantischen Gedächtnis Informationen zur Zusammensetzung ihrer Inhaltsstoffe abgelegt sind. Die drei Marken wirken, weil allein ihre Namen episodische Erinnerungen bei den meisten Mittdreißigern bis Mittfünfzigern wachrufen. Auf diesem Effekt beruht gefühlsstarke Kommunikation. Sie nutzt Wörter, die mit starken Erinnerungen belegt sind.

Ein berühmtes Beispiel in der Filmgeschichte ist *Citizen Kane*. In dem Spielfilm des Regisseurs Orson Welles aus dem Jahre 1941 stirbt der Zeitungszar Charles Forster Kane mit einem letzten Wort auf den Lippen: „Rosebud". Der Reporter Thompson soll herausfinden, was es mit diesem Wort auf sich hat. Seine Recherche bleibt erfolglos. Aber der Zuschauer erfährt ganz am Ende des Films: „Rosebud" war die Marke eines Schlittens. Ein einziges Wort, das für den sterbenden Zeitungsmagnaten das ganze Glück seiner Kindheit zusammenfasste. Dieses Wort war der Schlüssel zu einer mächtigen Erinnerung!

Ein Beispiel, stärker für die Praxis geeignet: Sie suchen ein passendes Bild, um Ihren Mitarbeitern, alle so um die Mitte 30, klarzumachen, dass Ihre Mannschaft in einer bestimmten Sache erbittert um vergleichsweise Geringfügiges kämpft. Dann ließe sich das so machen: „Erinnert ihr euch, wie wir uns damals bekriegt haben, ob Geha oder Pelikan die bessere Füllermarke ist?" Selbst wem das damals in Wirklichkeit ziemlich egal war, wird ein klares Bild vor Augen haben.

Als die Jugendzeitschrift *Yps* eingestellt wurde, schrieb ich in der *Frankfurter Allgemeinen Zeitung* einen kleinen Nachruf. Er erschien an eher versteckter Stelle im Feuilleton. Selten habe ich auf einen meiner Artikel emotionalere Reaktionen erhalten. Später erfuhr ich von einer Bekannten, deren Freund bekennender *Yps*-Anhänger ist, dass noch heute in entsprechenden Internet-Fan-Foren auf den Artikel verwiesen wird.

Versuchen Sie also zu erkunden, welche (positiven) kollektiven Erinnerungen im Gedächtnis Ihrer Zielgruppe begraben liegen. Suchen Sie dann gezielt nach den Schlüsselwörtern für diesen Erinnerungsschatz und öffnen Sie ihn sich für Ihr Anliegen.

Dabeisein ist Erinnerung

Die Gedächtnisforscher unterscheiden Erinnerungen noch auf eine weitere Art: nämlich die Beobachter-Erinnerung und die Teilnehmer-Erinnerung. Denken Sie bitte an die letzte Betriebsfeier. Und jetzt denken Sie bitte an Ihren ersten Kuss! Es spricht einiges dafür, dass Sie im ersten Fall die Betriebsfeier wie ein unbeteiligter Beobachter vor sich gesehen haben: Der Chef schäkert mit der Sekretärin. Ihr Kollege hat etwas zu viel getrunken und hält lautstark Volksreden. An Ihren ersten Kuss denken Sie vermutlich als Beteiligter. Sie sehen sich durch Ihre Augen. Daniel L. Schacter bat Versuchspersonen, sich an ein bestimmtes Erlebnis erst aus der Beobachter-, dann aus der Teilnehmerperspektive zu erinnern. Die Teilnehmerperspektive löste bei den Versuchspersonen wesentlich intensivere Gefühle aus. Wenn Sie also das Aufrufen von Erinnerungen als rhetorisches Mittel nutzen: Versetzen Sie Ihre Zuhörer oder Leser in die Teilnehmerperspektive! Fragen Sie nach *ihrer* Rolle im erinnerten Geschehen. So greifen Sie unmittelbar auf die Gefühle Ihrer Zielgruppe zu.

➥ Was Sie daraus lernen können, in Kürze:

■ Erinnerungen lassen sich durch Wiederauffindungs-signale wachrufen.

■ Erinnerungen sind keine exakten Replikationen des ursprünglich Erlebten, sondern Rekonstruktionen und Interpretationen.

■ Erinnerungen sind oft vom kollektiven Gedächtnis be-einflusst.

■ Wiederauffindungssignale können Wörter oder Ge-schichten sein. Appellieren Sie an Bekanntes aus dem kollektiven Gedächtnis Ihrer Zielgruppe.

■ Rufen Sie jene Erinnerungen wach, in denen sich Ihre Zielgruppe als Teilnehmer sieht.

Erkenntnis 11: Gefühle ansprechen

Eine der wichtigsten Personen der Hirnforschung ist ein armer Tropf namens Phineas P. Gage. Ihn ereilte am 13. September des Jahres 1848 ein Schicksalsschlag, der sein Leben zum Schlechten verändern und die Neurowissenschaften einen entscheidenden Schritt voranbringen sollte. Gage war damals 25 Jahre alt und als Vorarbeiter beim Bau der Eisenbahn durch den US-Bundesstaat Vermont beschäftigt. Der 1,70 Meter große, athletische Mann galt bei seinen Kollegen und Vorgesetzten als umgänglich, pflichtbewusst, tüchtig und freundlich. Als Vorarbeiter kümmerte er sich darum, Sprengungen vorzubereiten. So auch an jenem verhängnisvollen September-Tag, an dem es zu einem schrecklichen Unfall kam. Durch eine Unachtsamkeit geht die von Gage vorbereitete Sprengladung zu früh los und eine sechs Kilogramm schwere, 1,98 Meter lange und rund drei Zentimeter dicke Eisenstange schießt durch seinen Kopf. Die Stange dringt unterhalb des linken Wangenknochens ein, durchbohrt die Schädelbasis, durchquert den vorderen Teil des Gehirns und tritt durch die Schädeldecke wieder aus. Sie landet rund 30 Meter entfernt im Dreck, mit Blut und Hirngewebe verschmiert. Phineas Gage wird durch die Wucht zu Boden geworfen. Als er wieder zu sich kommt, ist er erstaunlich gefasst. Seine Kollegen bringen den jungen Vorarbeiter zu einem Arzt in den nächstgelegenen Ort. Er ist bei vollem Bewusstsein und kann dem Mediziner genau erzählen, was ihm geschehen ist. Der Arzt Dr. John Harlow reinigt seine Wunde, so gut es geht. Er kann zwar eine Infektion nicht verhindern, wie sie bei den hygienischen Verhältnissen bei der Wundversorgung der damaligen Zeit üblich ist. Aber Gage überlebt und kommt wieder zu Kräften. Er kann sprechen, lesen und schreiben. Sein Gedächtnis ist intakt, seine Intelligenz unbeeinträchtigt. „Ich habe ihn behandelt, Gott hat ihn geheilt", notiert Dr. Harlow erleichtert.

Allein, der Fall nimmt kein glückliches Ende. Phineas P. Gages Persönlichkeit ändert sich radikal. Aus dem freundlichen, tüchtigen jungen Mann wird ein Raufbold und Tunichtgut, der es auf keiner Stelle länger als ein paar Monate aushält, krakeelend durch die Kneipen zieht und Frauen mit den unflätigsten Schimpfwörtern bedenkt, was in Zeiten vor den heutigen prominenten Superstar-Fernsehjuroren als ein unerhörter Tabubruch galt. Im Frühjahr 1861 stirbt Gage nach kurzer Krankheit. Auf dem Friedhof von San Francisco wird der Unglückliche zusammen mit der Eisenstange beigesetzt, die einst seinen Kopf durchschlagen hatte.

Schon Ende des 19. Jahrhunderts regte sich bei einigen Neurologen der Verdacht, dass die Hirnverletzung von Phineas P. Gage Ursache für seine Persönlichkeitsveränderung gewesen sein könnte. Allerdings stand den damaligen Wissenschaftlern weder das Wissen noch das Handwerkszeug zur Verfügung, um zu erkennen, was genau dazu führte, dass aus einem besonnenen, tüchtigen Arbeiter ein launischer Querulant wurde. Erst den beiden Neurobiologen Hanna Damasio und Thomas Grabowski gelang es 1994, anhand von Gages Schädel sein Gehirn zu rekonstruieren – und dabei festzustellen, welche Teile genau durch die Verletzung beschädigt wurden. Es zeigte sich, dass die Eisenstange keine der Gehirnregionen in Mitleidenschaft gezogen hatte, die für Sprache, Gedächtnis oder Bewegung zuständig sind. Deshalb schien es zunächst, als sei Gage wie durch ein Wunder von dem Unglück unbeeinflusst geblieben. Hingegen waren mit ziemlicher Sicherheit erhebliche Bereiche des vorderen Stirnlappens (des präfrontalen Cortex) beschädigt. „In neueren Forschungsarbeiten haben wir nachgewiesen, dass eine bestimmte Region, die ventromediale präfrontale Region, eine wichtige Rolle in normalen Entscheidungsprozessen spielt, und in der Tat wurde ein Teil dieser Region bei Gage verletzt", resümiert Hanna Damasios Ehemann, der Neurologe Antonio R. Damasio, 1994 in seinem Bestseller *Descartes' Irrtum. Fühlen, Denken und das menschliche Gehirn.*

Wie Sie Emotionen sprachlich manipulieren können

Damit war klar: Denken und Fühlen gehören zusammen. Wir können keine vernünftigen Entscheidungen treffen, ohne dass unsere Emotionen daran beteiligt sind. Wir bewerten sie jederzeit im präfrontalen Cortex und handeln entsprechend. Diese Emotionen lassen sich sprachlich manipulieren.

Zwei Versuche machen dies deutlich: Im ersten Versuch erhielten die Probanden jeweils 50 Pfund zur Verfügung. Dann wurde ihnen für vier Sekunden ein Bild präsentiert, das zwei Optionen anbot. In der ersten konnten sie 20 der 50 Pfund sofort behalten. Die zweite Möglichkeit war ein Spiel, dessen Gewinnchancen 20 zu 50 betrugen. Die beiden Möglichkeiten sind also mittelfristig gleichwertig.

Wenn die Wissenschaftler den Teilnehmern erklärten: „Sie können entweder 20 Pfund sofort behalten oder an dem Spiel teilnehmen", entschieden sich 43 Prozent für das Spiel. Formulierten die Forscher hingegen: „Sie müssen entweder 30 Pfund abgeben oder Sie können an dem Spiel teilnehmen", entschieden sich 62 Prozent für das Spiel. Ein rhetorischer Trick, der auf der Erkenntnis fußt: Menschen geben ungern etwas ab. Sie bekommen aber gern etwas hinzu. Präsentieren Sie Ihren Zuhörern also immer, welchen Nutzen sie hinzugewinnen.

Der zweite, berühmte Versuch kommt zum gleichen Ergebnis, nämlich: Entscheidungen lassen sich durch die Art der Darstellung beeinflussen – unabhängig von den Fakten. Einigen Versuchspersonen wurde die Frage vorgelegt, ob sie sich zu einer schwierigen Operation entschließen würden. Die Aussichten: Neun von zehn Operierten würden in fünf Jahren noch am

Leben sein. Mit dieser Information entschloss sich ein großer Teil der Gefragten, die Operation durchführen zu lassen. Andere Versuchsteilnehmer wurden vor die gleiche Entscheidung gestellt. Ihnen wurde jedoch gesagt, dass zehn Prozent der Operierten innerhalb von fünf Jahren stürben. Die meisten Befragten wollten unter diesen Voraussetzungen lieber auf die Operation verzichten.

In beiden Fällen liegt die Sterberate bei zehn Prozent, die Überlebenschance bei 90 Prozent – nur die Präsentation unterscheidet sich. Es handelt sich dabei aber nicht um einen krassen Fall von Rechenschwäche. Ärzte entscheiden nämlich in dem Experiment genauso wie medizinische Laien. Vielmehr spielt der Gefühlsaspekt die entscheidende Rolle. Vermutlich hat diese Tatsache zwei Ursachen.

Erstens: Im ersten Fall ruft die Formulierung positive Gefühle in uns wach. Sie erinnern sich an das Kapitel über die Wörter, in dem es um Priming ging, das Aufrufen von Wortfeldern. Vermutlich aktiviert die erste Aussage Wortfelder und Vorstellungen in unserem Gehirn, die mit Leben, Gesundheit, Krankheiten überstehen in Verbindung stehen. Unser Gehirn meldet: Die Operation verspricht Erfolg. Die zweite Formulierung aktiviert Wortfelder und Vorstellungen rund um den Tod und das Sterben. Unser Gehirn meldet: Die Operation ist gefährlich. Das Priming dieser Wortfelder ist von unserem Willen nicht zu beeinflussen. Auch kopfgesteuerte Menschen können sich dem nicht entziehen.

Zweitens: Unser Gehirn strebt stets nach Vereinfachung. Je komplizierter ein Problem zu sein scheint, desto eher neigen wir dazu, nicht rational, sondern emotional zu entscheiden – und liegen dabei oftmals nicht schlecht. Wissenschaftler haben zum Beispiel in einem Experiment Probanden Autos nach technischen Kriterien beurteilen lassen. Sie sollten innerhalb eines kurzen Zeitintervalls das jeweils beste Auto herausfinden. Im ersten Versuch erhielten die Teilnehmer je drei Informationen über drei Autos. Die Probanden trafen dabei mit großer Wahrscheinlichkeit die richtige Entscheidung, im Sinne des technisch überlegenen Wagens. Im zweiten Versuch erhielten die Teilnehmer je zwölf verschiedene Informationen über die Autos. Ihr Gehirn war mit einer rationalen Bewertung überfordert – sie trafen die Entscheidung aus dem Bauch heraus. Bekannte Marken mit einem guten Image schnitten, unabhängig von ihren technischen Daten, deutlich besser ab.[10]

Wissenschaftler am Institut für Neurologie des University College London konnten zeigen, dass in Fällen der emotionalen Bewertung von Botschaften die Amygdala angeregt wird. Erstaunlich: Auch bei Menschen, die sich für die sprachlichen Tricks bei der Entscheidung weniger empfänglich erwiesen, zeigte sich die Amygdala aktiv. Allerdings meldeten sich bei diesen Versuchspersonen auch Hirnareale im orbitalen und medialen präfrontalen Cortex zu Wort. Dort werden emotionale Bewertungen mit anderen Informationen abgeglichen. Der Londoner Neurobiologe Benedetto De Martino zieht daraus den Schluss: „Menschen, die rational entscheiden, empfinden nicht weniger Emotionen. Sie regulieren sie nur besser."

Die Folgen dieser Forschungsergebnisse für Ihre Rhetorik: Emotionen erreichen *jeden* Zuhörer. Man kann sich ihnen nicht entziehen. Auch wenn Sie über sehr technische Inhalte reden, dürfen Sie die emotionale Komponente nicht außer Acht lassen.

Wenn Sie erreichen wollen, dass Ihre Zuhörer rational entscheiden, müssen Sie die Zahl Ihrer Informationen reduzieren! Viele Techniker und Vertriebsmanager glauben, je mehr Informationen sie in ihre Präsentationen (oder ihre Vertriebsunterlagen) packen, desto eher überzeugen sie ihre Zuhörer. Das ist ein Trugschluss. Gerade wenn Ihr Produkt besser ist, sollten Sie *wenige* Informationen präsentieren – diese aber besonders eindringlich. Nur wenn Sie einen großen Konzern mit einem vertrauenerweckenden Namen, aber einem schlechten Produkt vertreten, müssen Sie beim Benchmark auf so viele Informationen setzen, dass Ihre Kunden sie nicht verarbeiten können. Sie werden sich dann für den bekannten Namen entscheiden. Lange halten Sie das allerdings nicht durch denn auf Dauer durchschauen Ihre Kunden den Trick..

Killen Sie den dicken Mann?

Menschen mit einer Schädigung im präfrontalen Cortex entscheiden beim Dicken-Mann-Dilemma anders als die Mehrheit der Versuchspersonen. Bei diesem grundlegenden Gedankenexperiment der Moralpsychologie stehen die Probanden vor folgender Entscheidung: „Sie sind Leiter eines Stellwerkes und sehen einen Zug auf eine Gruppe von fünf Gleisarbeitern zurasen. Auf einem Nebengleis befindet sich nur ein einzelner Arbeiter. Sie können entscheiden, auf welchem Gleis der Zug weiterfährt. Stellen Sie die Weiche auf das Nebengleis um und opfern damit den einen Arbeiter und retten die fünf anderen?" Die meisten Menschen geben an, sie würden die Weiche umstellen.

Und nun der zweite Fall: Ein dicker Mann steht auf einer Brücke direkt über dem Bahndamm. Sie könnten den Mann hinunterstoßen. Sein wuchtiger Körper brächte als Bremsklotz den Zug zum Stillstand. Die fünf Gleisarbeiter wären gerettet. Was würden Sie tun? Die Mehrheit der Befragten hält es für unmoralisch, den dicken Mann zu opfern. Dabei ist in beiden Fällen die Bilanz an Menschenleben gleich: Einer stirbt, fünf überleben. So rechnen Menschen mit einer Läsion im vorderen Stirnlappen – und geben dem dicken Mann einen Schubs.

Viele Manager, vor allem wenn sie einen technischen Hintergrund haben, glauben, es reiche aus, die Vorteile einer Entscheidung, eines Produktes oder einer Dienstleistung möglichst sachlich darzustellen. Die beiden Gedankenexperimente zeigen aber, dass es auf die Darstellung mindestens ebenso ankommt wie auf das Ergebnis.

Ich habe bei mehreren Firmen deren Selbstdarstellungen gemeinsam mit den Mitarbeitern durchgearbeitet. In vielen Fällen kam in der Sprache der emotionale Aspekt zu kurz. So habe ich einmal ein Dienstleistungsunternehmen beraten, das Computer und Tastaturen reinigt. Der ursprüngliche Text war technisch korrekt und sachlich, er appellierte aber nicht an die Emotionen der Kunden. Wir haben den Text dann gemeinsam umformuliert. Er las sich daraufhin wie folgt: „Wussten Sie, dass viele PC-Arbeitsplätze wahre Biotope für Keime sind? Schweiß, Hautabsonderungen, Speisereste, statisch angezogener Staub bieten ihnen einen idealen Nährboden. Wissenschaftlich belegt wurde dies durch eine Studie des Molekularbiologen Charles Gerba (Arizona/USA). Er fand heraus, dass sich auf einer PC-Tastatur 400-mal mehr Bakterien befinden als auf einem WC-Sitz."

Dieser Absatz aktiviert zahlreiche Wortfelder, die mit unangenehmen Gefühlen besetzt sind. Keime! Schweiß! Hautabsonderungen! Und zum Schluss kommt ein eindrucksvoller Vergleich mit einem WC-Sitz. Liebend gern würden Sie einer Firma den Auftrag erteilen, alles wieder hygienisch sauber zu machen. Was den Leser anspricht, sind nicht die Fakten: Die wenigsten Menschen werden durch Sitzen auf dem WC krank. Vielleicht sind WC-Sitze in Wirklichkeit gar nicht so keimbelastet, wie wir glauben. Wir wissen auch nicht, ob es sich auf den Tastaturen um die gleichen Keime wie auf dem WC-Sitz handelt. Und ob diese wirklich Krankheiten auslösen. Entscheidend aber ist, dass der Text das *Gefühl* in uns weckt, ungereinigte Computer-Tastaturen seien eine ziemlich unappetitliche Angelegenheit (nebenbei bemerkt sind sie das auch!).

Emotionen sind besonders dann wichtig, wenn wir Menschen dazu bringen wollen, etwas zu tun. Wenn wir sie motivieren wollen. Motivation ist eine außerordentlich komplexe Sache. „Das gefühlsmäßige Abwägen einer Sache bestimmt unsere Bewegung zu dieser Sache hin oder von ihr weg", schreibt der amerikanische Neurowissenschaftler und Harvard-Professor John J. Ratey. Für die Motivation zuständig ist nicht nur die Hirnrinde, sondern wieder die Amygdala. Dieser Teil des Gehirns, der auch Mandelkern genannt wird, ist wie erwähnt für die emotionale Bewertung von Situationen zuständig. „Weil Motivation so eng mit physischem Verhalten verknüpft ist, sind die Hirnregionen, die es erzeugen und aufrechterhalten, eng mit den Regionen verbunden, die die motorischen Funktionen und Bewegungen regulieren", erklärt Ratey. Das geschieht über den Gyrus cinguli. Er erhält Informationen von außen – zum Beispiel eine Ansprache des Vorgesetzten, jetzt in die Hände zu spucken – und verarbeitet sie. Danach leitet er Impulse an die Basalganglien weiter. Hier handelt es sich um eine Gruppe großer Hirnkerne, die in der weißen Substanz des Vorderhirns unterhalb der Großhirnrinde eingebettet sind. Sie spielen eine wichtige Rolle dabei, willentliche Bewegungen auszulösen. Zum Beispiel, Sie begeistert klatschen und Ihrem Chef zujubeln zu lassen. Der Gyrus cinguli ist mit dem Stammhirn verbunden, das physiologische Erregungszustände steuert (Ihr Blutdruck erhöht sich, Ihre Wangen röten sich vor Begeisterung). Und er ist mit dem Gedächtnis (vor allem dem Hippocampus) vernetzt, wo es den Input mit der Erinnerung vergleicht: „Damals, als wir gemeinsam diesen Auftrag gewonnen haben, ging es uns glänzend." Im präfrontalen Cortex könnte die Rede Ihres Chefs aber auch einen Dämpfer bekommen: „Alles schon mal da gewesen! Was Neues hat der auch nicht zu sagen!" Ergebnis dieser Bewertung: Ihr Gehirn entscheidet, ob es sich lohnt, das Ziel zu verfolgen. Oder ob die Motivationsbemühungen Ihres Vorgesetzten im Sande verlaufen.

Diese Erkenntnis ist nicht neu. Bereits Aristoteles hat in seinem zweiten Buch der Rhetorik vermerkt, dass selbst ein Redner mit guten Argumenten scheitern könne, wenn er die Emotionen vernachlässige. Er glaubte, ein guter Redner müsse in der Lage sein, die Gefühle seiner Zuhörer zu steuern. Die Hirnforschung beweist, dass der Mensch in der Tat daraufhin angelegt ist, Entscheidungen stets auch emotional zu treffen. Um Missverständnissen vorzubeugen: Es geht nicht darum, auf Sachargumente zu verzichten. Auf Dauer werden Sie als Manager keinen Erfolg haben, wenn alle Ihre Reden und Präsentationen nur auf Emotionen zielen. Ebenso sehr wird es aber Ihren Erfolg mindern, wenn Sie auf Emotionen völlig verzichten.

Lachen ist wie Koksen

Eine der wichtigsten Emotionen, die Sie durch die Art Ihrer Präsentation anregen können, ist der Humor. In Umberto Ecos Weltbestseller *Der Name der Rose* begeht der blinde Klosterbibliothekar Jorge von Burgos mehrere Morde, um zu verhindern, dass Aristoteles' verschollene Schrift über die Komödie mit einem Lob des Lachens entdeckt wird – für so gefährlich hielt er die subversive Kraft des Humors.

In der Tat: Humor wirkt wie eine Droge. So berichtet das Internet-Wissenschaftsmagazin Wissenschaft.de, dass nach Erkenntnissen von Forschern der amerikanischen Stanford University Witze bei Versuchspersonen eine bestimmte Gehirnregion, den Nucleus accumbens, anregten. „Sie wird bei einem herzhaften Lachen mit dem Botenstoff Dopamin überschüttet, der emotionale Reaktionen steuert. Dadurch entstehen ein Belohnungsgefühl und auch die Euphorie, die sich nach einem guten Witz einstellt, schreiben die Wissenschaftler. Der Gehirnbereich ist jedoch kein Unbekannter: Er ist auch für das Hochgefühl nach Kokaingenuss verantwortlich – genauso wie für die Hochstimmung bei der Aussicht auf viel Geld oder das Kribbeln beim Anblick eines attraktiven Gesichts." Die gleichen Hirnregionen und Botenstoffe werden auch beim Sex aktiv.

Darüber hinaus behalten Versuchspersonen Botschaften, die ihnen in humorvoller Weise vorgetragen werden, deutlich besser. Die Erinnerungsleistung steigt, das Erinnerte wird zudem zusammen mit positiven Empfindungen abgespeichert. Botschaften, die mit negativen Empfindungen assoziiert sind, werden hingegen stärker verdrängt.

Humor und Lachen sind aber mehr als eine Droge, sie sind sozialer Kitt. Nur knapp ein Fünftel aller Lacher geht auf Witze oder eine Pointe zurück. Die meisten Menschen lachen, um ihren Mitmenschen eine Botschaft zu vermitteln. Lachen ist in erster Linie Kommunikation. Sie kennen das vielleicht aus eigenem Erleben: Bei einer Präsentation macht Ihr Kunde einen schlechten Witz und lacht selber lauthals darüber. Sie finden den Scherz zwar nicht lustig, fangen aber ebenfalls an zu lachen. Ihr Mitlachen ist ein Signal an den Kunden, um die soziale Kommunikation nicht abbrechen zu lassen. Einem Redner kann kaum etwas Peinlicheres passieren, als bei seiner eigenen vermeintlich witzigen Bemerkung loszulachen, während das Publikum ungerührt wie die Terrakotta-Armee von Xiang verharrt.

Forscher haben herausgefunden, dass der Vorlacher meist laut und vokal lacht. Die Menschen, die auf das Lachen reagieren, halten sich in der Lautstärke zurück. Carsten Niemitz, Professor für Humanbiologie an der Freien Universität Berlin, charakterisiert das sympathische Lachen: Ein Lacher, der als herzlich und spontan empfunden wird, setze sehr schnell ein, mit hoher Dynamik, das heißt, man öffnet und schließt die Augen, macht den Mund auf und wieder zu. Ein sympathisches Lachen dauere im Durchschnitt sechs Sekunden. Das höfliche, kontrollierte Lachen, das in einem Gespräch zwischendurch eingesetzt werde, komme hingegen nach kaum mehr als drei bis vier Sekunden zum Erliegen.

Gemeinsames Lachen ist ein wichtiges Instrument, um Gruppendynamik aufzubauen, vor allem wenn wildfremde Menschen zusammenkommen. Niemitz hat diese Funktion bei Gruppenreisen beobachtet. Zu Beginn der Reise lache die Gruppe signifikant häufiger als im späteren Verlauf. Das liegt in der Regel nicht daran, dass es später weniger lustig ist. Vielmehr dient das Lachen dazu, eine gemeinsame Wellenlänge innerhalb der Gruppe zu finden.

Das bedeutet für Sie ein Paradoxon: Bringen Sie die Zuhörer zu Beginn Ihres Vortrages zum Lachen. Dann können Sie später mit mehr Ernsthaftigkeit rechnen. Die Engländer und Amerikaner haben das längst erkannt. Es gibt kaum einen guten Vortrag eines angelsächsischen Redners, der *nicht* mit einer humorvollen Bemerkung beginnt.

Natürlich rate ich Ihnen nicht, in Ihren Reden und Präsentationen *irgendwelche* Witze zu erzählen. Das wirkt eher peinlich. Die Betonung liegt dabei auf *irgendwelche*. Um positive Gefühle hervorzurufen und sie gemeinsam mit den Botschaften abzuspeichern, müssen beide in einem engen Zusammenhang zueinander stehen. Deshalb sollten Sie humorvolle Anekdoten und heitere Erlebnisse sammeln, die Ihre zentrale Aussage stützen.

Lachen über sich selbst

Als besonders angenehm empfinden es übrigens Menschen, wenn Sie sich in diesen Geschichten nicht über andere Menschen lustig machen, sondern über sich selbst. Mit anderen Worten: wenn es Ihnen gelingt, selbstironisch zu sein. Selbstironie ist aber gar nicht so einfach, wie der Autor Adrian Wilde sehr anschaulich berichtet: „Kürzlich hatte ich es mit einem sehr berühmten Star der Unterhaltungsbranche zu tun. Er feierte einen runden Geburtstag, schon einen etwas höheren, und das war der Grund, warum ich ein Interview mit ihm führen sollte. Der Mann ist äußerst beliebt bei den Menschen und er hat in seinem Leben schon sehr viel erlebt, grandiose Erfolge, glanzvolle Höhepunkte. Eine solche Konstellation führt beinahe unweigerlich dazu, dass sich ein Künstler im Erzählen von Anekdoten verliert. Weil mich dieses von Anekdoten geschwängerte Gespräch zu langweilen begann, versuchte ich es mit einer Zwischenfrage:

Was seiner Meinung nach seine wichtigste Charaktereigenschaft
sei? Leider wusste er auch auf diese Frage wie aus der Pistole
geschossen eine Antwort: dass er auch immer wieder ganz wun-
derbar über sich selbst lachen könne. Woraufhin ich erwiderte,
oh, das sei ja interessant, ob er mal ein Beispiel aus jüngerer Zeit
parat hätte. Da stockte er dann ein Weilchen. Dachte scharf
nach. Dachte noch schärfer nach. Und antwortete: Kürzlich
habe mal ein Fan bei ihm angerufen und gefragt, sagen Sie mal,
singen Sie auch dieses schöne Volkslied mit dem Wald? Nichts
weiter. Nur dieses: ‚mit dem Wald‘. Und weil er gerade gar keine Lust zum Telefonieren gehabt hätte, habe er einfach geantwortet: Ja, klar singe ich das schöne Volkslied mit dem Wald.
Da habe der Anrufer gesagt: Oh, super! Und aufgelegt. Der
berühmte Star der Unterhaltungsbranche wollte sich an dieser
Stelle schier ausschütten über den feinen Humor seiner Geschichte. Nur leider hatte er gerade gar nicht bemerkt, dass er in
dieser Begebenheit eben nicht über sich selbst, sondern über
einen anderen gelacht hatte." Hätte der Volksmusikstar hingegen
seine „Trittsicherheit" gelobt und dann erzählt, wie er einmal
von der Bühne gefallen ist, hätte er in der Tat bewiesen, dass er
über *sich* lachen kann.

Nutzen Sie also die Waffen des Humors und der Selbstironie,
um Ihrer Rhetorik eine emotionale Kraft zu verleihen.

In der Tat ist es erstaunlich, wie ein Redner nicht nur den
Gemütszustand seines Publikums beeinflussen kann, sondern
auch dessen physiologische Verfassung. Wenn er eine positive
Vorstellung im präfrontalen Cortex eines Zuhörers auslöst,
pumpt dessen Herz schneller, die Haut rötet sich, die Gesichts-
muskeln formen ein Lächeln, andere Muskeln entspannen sich.
Vom präfrontalen Cortex werden Signale an die Amygdala und
den Gyrus angularis geschickt, die wiederum die Hormon- und
Peptidsysteme aktivieren und Glücksstoffe ins Blut ausschütten.
Neurotransmitter schicken die frohe Botschaft an die Basalganglien, die für Teile der Bewegungen zuständig sind. Die

ganzen Prozesse laufen parallel und rasend schnell ab und sie sich hochkomplex. In diesem freudigen Donnerwetter der Neurotransmitter sind wir besonders geneigt, externe Botschaften aufzunehmen und positiv zu verarbeiten.

Hinzu kommt: Im Magnetresonanztomografen zeigten sich beim Lachen über eine witzige Bemerkung auch Aktivitäten im rechten Stirnlappen. Wird der Witz mit seiner eigenen Logik erkannt, stimuliert dieser das motorische Areal. Dort ist der Bewegungsablauf des Lachens gespeichert. Da Sprache vornehmlich linkshemisphärisch wirkt, können Sie mithilfe des Humors also die Wirkung Ihrer Worte im Gehirn steigern.

Was das alles für Ihre Rhetorik bedeutet? Hämmern Sie Ihrem Publikum mitten ins fröhliche Hochgefühl Ihre zentrale Aussage ein. Experimente zeigen, dass Versuchspersonen das Glücksgefühl erneut durchleben, wenn sie später in einem anderen Zusammenhang wieder auf diese Aussagen stoßen.

👉 Was Sie daraus lernen können, in Kürze:

- Sprechen Sie die Gefühle Ihrer Zuhörer an, indem Sie emotionsstarke Assoziationen hervorrufen.

- Verzichten Sie dabei aber nicht auf gute Argumente – Emotionen ohne Argumente werden die meisten Menschen über kurz oder lang durchschauen.

- Humor ist Ihre starke Waffe, Selbstironie Ihre stärkste.

- Stimmen Sie Ihr Publikum fröhlich, bevor Sie Ihre zentrale Botschaft verkünden.

Erkenntnis 12: Geschichten erzählen

Zu Beginn meiner Seminare erzähle ich den Teilnehmern oft eine Geschichte. Es handelt sich um eine Erfindung von Henri Nannen, dem verstorbenen Herausgeber des Magazins *Stern*. Nannen selbst erzählte sie seinen Redakteuren, um ihnen klarzumachen, was eine gute Story in seiner Zeitschrift ausmache. Frei zusammengefasst lautet sie ungefähr so: Onkel Herbert und Tante Helga gehen am Donnerstag zum Kiosk und kaufen sich dort die neueste Ausgabe des *Stern*. Zu Hause angekommen zieht Onkel Herbert die Straßenschuhe aus, schlüpft in seine Puschen und begibt sich ins Wohnzimmer. Dort legt er sich auf die Chaiselongue und blättert im *Stern*. Tante Helga begibt sich derweil in die Küche, bindet sich eine Schürze um und macht sich an den Abwasch. Nachdem Onkel Herbert die erste Story gelesen hat, ruft er in die Küche: „Helga, stell dir vor: Wenn das mit der Klimakatastrophe so weitergeht, wird Frankfurt in 40 Jahren an der Nordsee liegen!" Dieser eine Satz, die Quintessenz des Artikels, ist der Küchenzuruf. Die Regel lautet: Jede Rede, jeder Artikel, jeder Text muss einen *Küchenzuruf* haben. Autoren und Redner müssen stets in der Lage sein, was immer sie sagen wollen, in ein oder zwei Sätze zusammenzufassen.

Wenn ich Monate oder Jahre später Teilnehmer der Seminare wiedertreffe, erzählen sie mir oft, dass ihnen besonders der Küchenzuruf in Erinnerung geblieben ist. Warum ist das so? Und warum geschieht das nicht, wenn ich stattdessen in nüchternen Worten mitteile, dass jeder Text und jede Rede eine zentrale Botschaft benötigt. Nun, warum haben mehr Menschen etwas über den gotischen Kathedralenbau durch die Lektüre von Ken Follets Roman *Die Säulen der Erde* gelernt als durch das Studium eines architekturhistorischen Fachbuches? Warum lesen wir überhaupt Romane? Warum haben sich Menschen seit Urzeiten

Geschichten über ihre Götter und Helden erzählt? Weil Menschen Geschichten lieben. Und weil Geschichten unser Denken und unsere Entscheidungen beeinflussen.

Die beiden US-Psychologen Nancy Pennington und Reid Hastie haben die Entscheidungen von Schöffen und Richtern in Strafprozessen untersucht. Sie kamen zu dem Ergebnis, dass die Juroren die ihnen präsentierten Indizien zu Geschichten verbanden, auf deren Grundlage sie urteilten. Das geschah auch dann, wenn ihnen die Indizien in willkürlicher Reihenfolge präsentiert wurden. Die Juroren neigten bei ihren Entscheidungen im Übrigen jener Seite zu, die ihnen eine überzeugende Geschichte lieferte, statt nur auf die Kraft der Indizien zu vertrauen. Offensichtlich, so die Psychologen, helfen Geschichten dabei, den nackten Fakten einen Sinn zu verleihen.

Geschichten erlauben es uns, uns in fremde Situationen zu versetzen. Wir erleben, leiden und fühlen mit, was uns erzählt wird. Haben Sie schon einmal ein Kind beobachtet, dem eine Gutenachtgeschichte vorgelesen wird? Bei spannenden Geschichten erleben die Kinder die Handlung geradezu körperlich mit. Dies geht so weit, dass sie bei aufregenden Stellen physiologische Reaktionen zeigen, also zum Beispiel eine Gänsehaut bekommen oder erschrecken. Geschichten habe auch für Erwachsene eine hohe Suggestionskraft. Manche fühlen wir so stark mit, dass wir zum Schluss nicht mehr zwischen Wahrheit und Erfindung unterscheiden können.

Erfundene Erlebnisse

Versuchspersonen, denen erfundene, aber plausible Geschichten aus ihrer Kindheit erzählt wurden, konnten nach einiger Zeit nicht mehr unterscheiden, ob sie das Erzählte wirklich erlebt hatten oder nicht. Offenbar sind Geschichten in der Lage, sich in unserem episodischen Gedächtnis einzunisten – ganz so wie echte autobiografische Erlebnisse. Die Überzeugung, dass es sich bei den Erfindungen um eigene Erlebnisse handelt, steigt übrigens, je öfter die Versuchspersonen die Geschichte hören.

Dieser Effekt hat damit zu tun, dass unser Gedächtnis vielfach Schwierigkeiten hat, seinen Erinnerungen eine Quelle zuzuordnen. Schwarze Rhetorik und schwarze PR arbeiten genau damit. Nehmen wir an, ein windiger Typ erzählt Ihnen eine Geschichte, der zufolge eine bestimmte Firma mit unsauberen Methoden arbeitet. Sie sind überrascht, weil Sie das gerade von diesem Unternehmen nie gedacht hätten. Da Sie die Quelle der Information, den windigen Typ, nicht für ganz koscher halten, tun Sie den Bericht zunächst als ein böses Gerücht ab. Wenn einige Monate später in einer Unterhaltung die Rede auf jene Firma kommt, sind Sie dennoch geneigt, die kompromittierende Geschichte weiterzuerzählen – weil Sie sie nicht mehr einer bestimmten Quelle zuordnen können. Die Wahrscheinlichkeit aber, dass Sie sich an die Geschichte selbst erinnern, ist groß, da neue, uns überraschende Informationen besonders gut im Gedächtnis haften bleiben.

Der Neurobiologe Larry Cahill, Professor an der University of California in Irvine, konnte mit seinem Team in einer Studie zeigen, dass emotional ansprechende Geschichten dafür sorgen, dass Menschen sich besser an Fakten erinnern können. Versuchspersonen wurde eine emotional neutrale und eine emotional aufgeladene kurze Geschichte vorgelesen. Die neutrale Geschichte lautete wie folgt (zitiert nach Spitzer 2007):

„Ein Junge fährt mit seiner Mutter durch die Stadt, um den Vater zu besuchen, der im Krankenhaus arbeitet. Dort zeigt man dem Jungen eine Reihe medizinischer Behandlungsverfahren."

Die emotionale Geschichte las sich folgendermaßen (ebd.):

„Ein Junge fährt mit seiner Mutter durch die Stadt und wird bei einem Autounfall schwer verletzt. Er wird rasch in die Klinik gebracht, wo eine Reihe medizinischer Behandlungsverfahren durchgeführt werden."

Die Teilnehmer erhielten danach Informationen über einige Behandlungsmethoden. Nach einer Woche wurden die Probanden erneut befragt. Das Ergebnis: An die Fakten, die im Zusammenhang mit einer emotionalen Geschichte präsentiert wurden, konnten sie sich wesentlich besser erinnern. Cahill vermutet dafür zwei Ursachen: Zum einen führe die emotionale Geschichte zur Ausschüttung bestimmter Stresshormone (Adrenalin und Noradrenalin), die die Behaltensleistung verbessern. Zum Zweiten aktiviert diese Geschichte unsere inzwischen altbekannte Amygdala, den Teil des limbischen Systems, der ebenfalls mit der Stressverarbeitung beschäftigt ist. Selbst eine milde Form von Stress (so richtig atemraubend ist die Geschichte ja eigentlich nicht) gräbt offenbar Erfahrungen stärker in unser Gedächtnis ein.

Widerstehen Sie der Versuchung, stets durch angsteinflößende Geschichten die Wirkung Ihrer Aussage zu erhöhen. In der Tat lernen wir Lektionen, die wir mit Angst verbinden, besser. Angst ist eine gesunde Reaktion unserer Psyche. Sie führt zu zwei Optionen: kämpfen oder fliehen. Überlegen Sie sich dennoch genau, ob Ihre Zuhörer Ihre Botschaft mit Angstgefühlen in Verbindung bringen sollen.

Spiegelneuronen – wie wir Geschichten miterleben

Warum erleben wir Geschichten in unserem Gehirn mit? Verantwortlich dafür sind die sogenannten Spiegelneuronen. Entdeckt wurden sie in einem Versuchslabor in Parma. Eigentlich wollten die italienischen Neurophysiologen Vittorio Gallese und Giacomo Rizzolatti im Jahre 1991 nur testen, wie das Gehirn eines Makaken arbeitet, wenn das Tier nach einer Nuss greift. Mit Elektroden zapften sie einzelne Hirnzellen an und untersuchten ihre Reaktion. Eines Tages saß Rizzolatti in seinem Labor und griff selbst nach einer Nuss, während ihn der Affe beobachtete. Zu seiner Überraschung stellte er fest, dass dabei im Gehirn des Affen Neuronen feuerten – und zwar so, als ob das Tier selbst nach der Nuss gegriffen hätte. Offenbar gibt es ein neuronales Netzwerk im Gehirn, das uns Handlungen miterleben lässt, die wir nur beobachten. Dies sind die Spiegelneuronen. Spätere Forschungen deuten darauf hin, dass diese sogar bei Handlungen aktiv werden, von denen wir nur hören oder von denen wir lesen. Einige Studien lassen darauf schließen, dass sich im Gehirn das Zentrum für die Spiegelneuronen und das für die Sprachproduktion zuständige Broca-Areal überschneiden.

Der Mechanismus könnte, so vermuten Wissenschaftler, folgenden Sinn haben: Spiegelneuronen dienen dazu, dass wir das Verhalten anderer Menschen verstehen und vorausahnen können, wie sie handeln werden. Im Gehirn der Meerkatzen in Rizzolattis Experiment feuerten die Spiegelneuronen nicht nur, wenn das Tier sah, wie jemand anderes tatsächlich nach einer Nuss griff. Sie wurden bereits aktiv, wenn es nur den Anfang der Bewegung wahrnahm. Der Affe konnte sich also vorstellen, wie der Griff nach der Nuss bei einem anderen Wesen aussieht und welche Folgen er hat. Die Fähigkeit, sich in andere hineinzuversetzen, verschafft zweifellos einen evolutionären Vorteil beim Überleben. Sie erleichtert zudem den sozialen Umgang in Gruppen.

Die Sprache ist gleichsam eine Fortsetzung dieser Fähigkeit. „Die Sprache versetzt uns in die Lage, Spiegelbilder unserer Vorstellungen im anderen wachzurufen und dadurch gegenseitiges Verstehen zu erzeugen. Dies bedeutet, dass die Sprache über ein erhebliches intuitives und suggestives Potenzial verfügt", schreibt der Neurobiologe Joachim Bauer, Professor für Psychiatrie an der Universität Freiburg. „Die Beziehung der Sprache zu Handlungsvorstellungen zeigt sich auch daran, dass sie Handlungsersatz sein kann. Sprache transportiert verstecktes Handlungspotenzial, dessen dynamische Kraft häufig spürbar wird."

Nehmen wir an, ich erzähle Ihnen, wie ich letzte Woche Toskanische Tomaten-Brotsuppe zubereitet habe (Pappa al Pomodoro, eine meiner Lieblingssuppen – das Rezept finden Sie im Internet). Sie könnten diese Suppe nachkochen (es ist ganz einfach). Sie können sich aber auch nur vorstellen, wie Sie diese Suppe nachkochen. Am Schluss werden Sie ein schmackhaftes Gericht vor Augen haben. Ich habe für meinen Bericht zwei Möglichkeiten: Zum einen kann ich Ihnen das Rezept in dürren Worten liefern. Dank Ihrer Fantasie werden Sie in der Lage sein, sich die einzelnen Arbeitsschritte vorzustellen. Zum anderen kann ich aber die Zubereitung in eine flotte Geschichte verpacken, die ich Ihnen mit Verve erzähle (man ist versucht zu sagen: serviere). Diese Geschichte werden Sie sich besser merken können – und es wird Ihnen in drei, vier Tagen eher gelingen, die Suppe nachzukochen.

Die Kraft einer guten Geschichte beweist der vermutlich größte Marketingerfolg auf dem Getränkemarkt seit Coca-Cola: die Bionade. Auf seiner Internet-Seite präsentiert sich das Unternehmen zum Zeitpunkt der Arbeit an diesem Buch leider in staubtrockenen Worten. „Der Erfinder von BIONADE und Inhaber des weltweiten BIONADE-Patents ist Diplom-Braumeister Dieter Leipold. Sein innovatives biotechnologisches Knowhow hat die Entwicklung und Herstellung von BIONADE möglich gemacht", heißt es dort. Diese blutleere Darstellung verschweigt, was den Erfolg des Getränks wirklich ausmacht – nämlich seine Geschichte: Eine kleine Brauerei in der Rhön steht kurz vor der Pleite. Ein alter Braumeister probiert in der Küche tagein, tagaus Rezepte für ein neues Erfrischungsgetränk aus. Rückschlag folgt auf Rückschlag. Verzweiflung macht sich breit. Als das Getränk endlich entwickelt ist, glaubt keiner an seinen Erfolg. Doch mit Mut und Ideen setzt sich die Bionade auf dem Markt durch und macht schließlich sogar den Softdrink-Riesen Coca-Cola neidisch.

Eine genaue Recherche ergibt vermutlich, dass dies keine 100-prozentig korrekte Wiedergabe der Firmenentwicklung ist. Aber es ist die Geschichte, wie ich sie selbst zum ersten Mal gehört habe. Seitdem hatte ich das *Gefühl*, jedes Mal, wenn ich eine Bionade trinke, einem Konzern wie Coca-Cola eins ausgewischt zu haben. Inzwischen gehört Bionade zum Oetker-Konzern. Nicht irgendeine Floskel vom „innovativen biotechnologischen Know-how" ist mir in Erinnerung geblieben, sondern die Schöpfungsgeschichte, vielleicht auch Legende, der Bionade.

Als Reporter der Zeitschrift *Reader's Digest* habe ich gelernt, wie bedeutsam Geschichten sind. In unserer Redaktion galt der Grundsatz, dass wir dem Leser nichts berichten, sondern es ihm erzählen. Wenn ich zum Beispiel einen Artikel darüber schreiben sollte, wie hilfreich Krafttraining bei Rückenbeschwerden ist, musste ich jemanden finden, bei dem es so war. „Ich hatte jahrelang Rückenschmerzen", musste diese (reale!) Person mir dann mitteilen. „Eines Tages sagte mir mein Arzt: ,Sie sollten Krafttraining in einem Fitnessstudio betreiben.' Zunächst war ich zögerlich, weil ich dachte: ,Ich soll in ein Fitnessstudio gehen, wo all diese Muskelprotze trainieren?' Aber dann wurden die Beschwerden immer schlimmer und ich entschloss mich doch. Seit ich dort trainiere, geht es mir viel besser." Erst die Geschichte eines Menschen, so die Philosophie von *Reader's Digest*, macht die Behauptung glaubwürdig.

Organisationspsychologen haben herausgefunden, dass Geschichten in Unternehmen dazu dienen, Werthaltungen und Wissen zu vermitteln. In gut funktionierenden Firmen erzählen sich die Mitarbeiter mehr und öfter Geschichten als in schlecht funktionierenden. Die Organisationspsychologin Karin Thier schreibt dazu: „Geschichten sind also eine Art Landkarte des sozialen Lebens in Unternehmen. Dabei vermitteln sie auf eine einfache und nachvollziehbare Weise, wie zwischenmenschliche Dinge innerhalb einer Organisation gehandhabt werden."

Geschichten, die in der Rhetorik besonders gut funktionieren, haben einige wichtige Eigenschaften. Erstens handelt es sich um Heldengeschichten. Zweitens müssen diese Helden einen Widerstand überwinden und drittens hat der Held zum Schluss

Erfolg. Wenn Sie sich einmal die großen Geschichten der Welt genauer ansehen, werden Sie feststellen, dass sehr viele von ihnen nach diesem Muster funktionieren. Das fängt bei den Mythen der Völker an. Der amerikanische Mythenforscher Joseph Campbell hat sie untersucht und damit ein archetypisches Muster entdeckt: die zwölf Stationen der Heldenreise. Sie lässt sich sehr gut an Homers *Odyssee* nachvollziehen und reicht vom Ruf des Abenteuers bis zum Herrn über zwei Welten. Sie werden dieses Muster in der Nibelungen-Sage ebenso wiederfinden wie in Hollywoodfilmen (*Star Wars* zum Beispiel), bei Harry Potter, in den Märchen der Gebrüder Grimm und den nationalen Geschichtsinterpretationen.

Sie müssen die genauen Stationen für Ihre alltägliche Rhetorik nicht im Detail kennen, sollten sich aber über das generelle Muster im Klaren sein: eben den Helden, der den inneren und äußeren Widerständen trotzt und am Ende Erfolg hat. Sogar Niederlagen lassen sich in diesem System als Erfolg umdeuten. Die Serben unterlagen 1389 bei der Schlacht auf dem Amselfeld den osmanischen Eroberern. Dennoch wertet das serbische Geschichtsverständnis diese Schlacht bis heute als moralischen Sieg.

Schauen Sie sich die beiden erwähnten Geschichten über Bionade und den Erfolg eines Fitnessstudiobesuchs einmal unter diesem Aspekt an: Am Anfang steht die Herausforderung an einen Helden, nämlich eine Brauerei vor der Pleite oder ein Mensch, der unter Rückenschmerzen leidet. Der Held trifft auf Widerstände. Entweder äußere, also zum einen Menschen, die die Idee, Limonade zu brauen, für idiotisch halten, zum anderen technische Schwierigkeiten. Oder innere, zum Beispiel die Unlust, sich in einem Fitnessstudio zu quälen. Die Helden überwinden diese Widerstände und stehen zum Schluss als Sieger da – als erfolgreicher Softdrink-Hersteller oder als von Rückenschmerzen Geheilte.

Sie sehen: Überall stecken Heldengeschichten, die sie erzäh-

len können. Stöbern Sie einmal in Ihrem Unternehmen und
seiner Geschichte. Sprechen Sie mit Ihren Mitarbeitern. Sie werden unzähliges Material finden, aus dem Sie lehrreiche Geschichten für Ihre Reden und Präsentationen bauen können. Sie können zum Beispiel erzählen, wie Ihre Firma ein Problem gelöst
hat, das zunächst unlösbar erschien. Oder wie Sie selbst sich
überzeugten, dass die Dienstleistung oder das Produkt, das Sie
verkaufen, gut ist. Wichtig ist dabei, dass die Erfolge nicht stö-
rungsfrei – das heißt ohne Widerstände – errungen wurden.
Viele sogenannte Case Studies funktionieren nach diesem Prinzip: „Problem taucht auf – meine Firma kommt mit tollem
Produkt – Produkt wird gekauft – alle Probleme sind gelöst." In
Wirklichkeit ist es nie so, und Ihre Kunden wissen das. Heldengeschichten werden erst glaubwürdig, wenn der Held im Widerstand gegen missliche Umstände gestählt wurde.

Stören Sie sich dabei nicht an dem Wort „Held". Im Deut-
schen ist dieser Begriff stark ideologisch aufgeladen. Orientieren
Sie sich lieber am amerikanischen „hero" – an einem Menschen,
der Widerstände überwindet und Außergewöhnliches leistet.
Vor allem aber gilt: Berichten Sie nicht, sondern erzählen Sie.
Lassen Sie Ihre Zuhörer miterleben, wie etwas gelungen ist – oder
wie Sie aus einer Niederlage gelernt haben. Die amerikanischen
Drehbuchautoren lernen als Erstes die Regel: „Show, don't tell!"
Man könnte sie übersetzen mit: Mach es anschaulich, beschrei-
be es nicht nur!

Ein geradezu schulbuchmäßiges Beispiel für diese Methode
lieferte Barack Obama in seiner Rede, die er am Abend seines
Wahlsieges am 4. November 2008 vor begeisterten Anhängern
in Chicago hielt. Obama wollte deutlich machen, welch gewal-
tiger Wandel sich in den letzten 100 Jahren in den Vereinigten
Staaten vollzogen hat mit Blick auf die Rassenfrage – nämlich
von der Sklaverei über die Bürgerrechtsbewegung bis zur Wahl
eines farbigen US-Präsidenten. Der gerade gewählte Präsident
verzichtete jedoch auf dröge Geschichtslektionen, etwa „1863

wurde die Sklaverei in den Südstaaten abgeschafft. Dann kamen der Erste und der Zweite Weltkrieg, es folgten die Bürgerrechtsbewegung und die Ermordung von Martin Luther King am 4. April 1968" und so weiter und so weiter. Vielmehr verpackte Obama die Zeitläufte in eine sehr persönliche Geschichte. Das hört sich dann so an:

„In diesen Wahlen geschah vieles zum ersten Mal und viele Geschichten passierten, die man sich noch in den kommenden Generationen erzählen wird. Eine davon kommt mir heute Nacht in den Sinn, von einer Frau, die ihre Stimme heute in Atlanta abgegeben hat. Sie unterscheidet sich kaum von den Millionen Menschen, die heute in der Schlange standen, um sich bei dieser Wahl Gehör zu verschaffen. Bis auf eine Ausnahme: Ann Nixon Cooper ist 106 Jahre alt.

Sie wurde kaum eine Generation nach dem Ende der Sklaverei geboren, zu einer Zeit, in der keine Autos auf den Straßen fuhren und keine Flugzeuge am Himmel waren. Als jemand wie sie aus zwei Gründen nicht wählen durfte: Weil sie eine Frau war und wegen ihrer Hautfarbe.

Und heute Nacht denke ich an all das, was sie in ihrem Jahrhundert in Amerika erlebt hat – die Verzweiflung und die Hoffnungen, die Kämpfe und den Fortschritt. Die Zeiten, in denen uns gesagt wurde, dass wir es nicht schaffen, und die Menschen, die an den amerikanischen Traum geglaubt haben: Yes, we can.

Als die Stimmen der Frauen zum Schweigen und ihre Hoffnungen beiseitegeschoben wurden, hat sie durchgestanden, um zu erleben, wie Frauen aufstanden, das Wort ergriffen und schließlich wählen gingen. Yes, we can.

Als sich Hoffnungslosigkeit und die Depression über das Land legten, hat sie eine Nation erlebt, die ihre eigene Angst überwunden hat, mit dem New Deal, neue Jobs und einer neuen gemeinsamen Bestimmung. Yes, we can.

Als Bomben auf unsere Stützpunkte fielen und die Welt von der Tyrannei bedroht war, wurde sie zur Zeugin einer Generation, die zu neuer Größe aufstieg und die Demokratie rettete. Yes, we can.

Sie war da in den Bussen von Montgomery, im Angesicht der Wasserwerfer von Birmingham, an der Brücke in Selma und als ein Prediger aus Atlanta den Menschen „We shall overcome" verkündete. Yes, we can.

Ein Mann hat den Mond betreten, eine Mauer in Berlin stürzte ein und die Welt wurde durch unsere Wissenschaft und Vorstellungskraft vernetzt.

Und in diesem Jahr, bei diesen Wahlen, hat sie mit ihrem Finger den Bildschirm berührt und ihre Stimme abgegeben. Denn nach 106 Jahren in Amerika, nach den höchsten Höhen und den tiefsten Tiefen, weiß sie genau, wie Amerika sich verändern kann. Yes, we can.

Amerika, wir sind so weit gekommen. Wir haben so viel gesehen. Aber es bleibt noch immer so viel zu tun. Lasst uns deshalb heute Nacht uns selbst die Frage stellen: Wenn unsere Kinder bis ins nächste Jahrhundert leben, wenn meine Töchter so alt werden wie Ann Nixon Cooper – welchen Wandel werden sie dann gesehen haben? Welchen Fortschritt werden wir dann gemacht haben? Jetzt ist unsere Chance, auf diese Herausforderung zu antworten. Jetzt ist unsere Stunde."

Geschickter, wie es hier Obama macht, ist es kaum möglich, Geschichte, Geschichten und eine Botschaft zu verknüpfen.

Anekdoten aus dem Leben

Als Journalist musste ich schon viele Porträts schreiben. Ein gutes Porträt lebt von den Anekdoten, in denen die prägenden Charaktereigenschaften eines Menschen zum Ausdruck kommen. Wenn ich mich mit dem Satz begnüge: „Jens Kraftmeier erwies sich in zahlreichen Situationen als innovationsfreudiger und entscheidungsstarker Manager", werden sich die meisten Menschen langweilen und nicht viel über Jens Kraftmeier er-

169

fahren haben. Ich brauche also eine Anekdote, eine Geschichte über eine Situation, in der sich Jens Kraftmeier als innovationsfreudig und entscheidungsstark erwies. „Als Jens Kraftmeier den Schreinerbetrieb seines Vaters übernahm, hatte der vier Mitarbeiter. Drei davon standen kurz vor der Rente. Die Maschinen stammten aus dem letzten Jahrhundert. Aber Jens Kraftmeier hatte beobachtet, dass in den Kirchen die hölzernen Heiligenbildnisse in schlechtem Zustand waren. Er wusste: Das ist ein riesiger Markt. Also schrieb er drei Tage bis in die Nacht an einem Businessplan, zog sich am vierten seinen einzigen Anzug an, klemmte sich die Aktentasche mit dem Businessplan unter den Arm und fragte bei der örtlichen Sparkasse nach einem Kredit über eine Million Mark. Die weigerte sich. Über Wochen schwebte die Pleite über dem kleinen Schreinerbetrieb. Kraftmeier reiste durch halb Deutschland auf der Suche nach Finanziers. Er muss ziemlich überzeugend gewesen sein, denn er bekam das Geld." Können Sie sich jetzt vorstellen, was für ein Menschen Jens Kraftmeier ist? Sie werden übrigens bemerken, dass viele Porträts von Unternehmern in Zeitschriften und Zeitungen sich an das Muster der Heldengeschichte anlehnen.

Bei meinen Recherchen als Journalist wie bei meinen Rhetorik-Trainings stoße ich oft auf ein Problem: Vielen Gesprächspartnern fällt es schwer, auf Anhieb passende Geschichten und Anekdoten zu finden. Das gilt besonders für Manager. Sie haben verinnerlicht, auf abstrakte und blutleere Weise über ihre Arbeit zu sprechen. In angelsächsischen Ländern ist dies übrigens anders. Dort haben Führungskräfte gelernt, Geschichten und persönliche Erlebnisse bewusst als rhetorisches Mittel einzusetzen.

Selbstverständlich erleben auch deutsche Manager Geschichten. Sie verdrängen sie nur stärker. Deshalb mein Tipp: Schaffen Sie sich ein kleines Notizbuch an, in dem Sie einen Monat lang Erlebnisse, die Ihnen widerfahren, aufschreiben. Notieren Sie darin auch Geschichten, die Ihnen andere Menschen erzählen.

Ermuntern Sie Ihre Mitarbeiter, Ihnen ihre Erfahrungen anekdotisch zu berichten. Fragen Sie immer wieder nach: „Wie war das genau? Erzählen Sie doch einmal!" Hören Sie bei der lockeren Runde in der Teeküche besonders gut zu. Das ist der Ort, um gute Geschichten zu erfahren – nicht die offiziellen Präsentationen im Meeting-Room. Am Ende des Monats werden Sie einen reichen Schatz an kleinen Geschichten haben. Mehr noch: Sie werden ein Gespür für das Anekdotische in Ihrem Alltag entwickeln, das Sie auch in Zukunft mit passenden Geschichten versorgt.

Festgewachsen auf dem Klo

Je ungewöhnlicher und überraschender eine Geschichte ist, desto besser merken Menschen sie sich. Außergewöhnlich abstruse Geschichten werden selbst nach Jahren nicht vergessen. Dazu trägt bei, dass diese Berichte oft weiterverbreitet werden. Zu diesem Ergebnis kommt die kommunikationswissenschaftliche Nachrichtenwertforschung. Sie untersucht, nach welchen Kriterien (den sogenannten Nachrichtenwerten) Medien die Nachrichten auswählen. Ungewöhnliches und Bizarres wird demnach besonders gerne verbreitet.

Weitererzählen verankert Geschichten in der Erinnerung – wobei, wie Experimente zeigen, sie beim Weitererzählen verändert und ausgeschmückt werden. Man könnte dies als das Stille-Post-Phänomen bezeichnen.

Vor einiger Zeit erschien auf *Spiegel online* folgende Meldung:

FESTGEWACHSEN AUF DEM KLO

„Nach einer Weile gewöhnt man sich daran"

Hingesetzt, festgewachsen, rausoperiert: Zwei Jahre soll eine Frau aus Kansas auf der Toilette gelebt haben, bis die

Polizei sie samt Klobrille aus dem Haus trug. Ihre Beziehung sei normal gewesen, sie habe sich eben im Bad abgespielt, sagt ihr Freund. Jetzt ermitteln die Behörden.

Wichita – Das nennt man Sitzfleisch: Zwei Jahre lang soll eine Frau im US-Staat Kansas auf der Toilette ihres Freundes gegessen und geschlafen – kurzum gelebt – haben. Mit der Zeit habe sie jedes Gefühl in den Beinen verloren, ihre Haut sei um den Sitz herumgewachsen, berichtete ihr Lebenspartner Kory M. Dennoch habe sich die 35-Jährige hartnäckig geweigert, ihr unkonventionelles Asyl zu verlassen.

Auf M.s tägliche Aufforderung, doch endlich das Bad zu verlassen, habe sie stets geantwortet: „Vielleicht morgen." Der 36-Jährige erklärte in einem Telefoninterview, trotz des eigentümlichen Verhaltens seiner Freundin hätte das Paar weiterhin eine normale Beziehung geführt, die sich eben im Badezimmer abgespielt habe. Er habe seiner Freundin zu essen und zu trinken gebracht und bei Bedarf einfach das zweite Badezimmer in seinem Haus in Ness City genutzt. [...]"

Bereits am Tag nach dem Erscheinen tauchte genau diese Meldung laut Google rund 5 000-mal in irgendwelchen Webblogs und Internetforen auf. Sie erschien offenbar sehr vielen Menschen als so abstrus, dass sie sie ebenfalls veröffentlichen wollten. Vermutlich handelt es sich in dem Beispiel nicht gerade um ein Thema, in dessen Zusammenhang Sie und Ihr Unternehmen in der Öffentlichkeit auftauchen wollen. Es gibt sicherlich zahlreiche sympathische, aber dennoch außergewöhnliche Geschichten, die sich gut als Geschichten für Ihre Rhetorik eignen.

Noch ein Tipp: Unser Gedächtnis speichert eigene und gehörte Geschichten am besten, wenn wir sie gleich erzählen (oder weitererzählen). Ich bemühe mich deshalb, vor jedem Seminartag ein oder zwei kleine signifikante Beobachtungen aus dem Umfeld zu machen, Miniaturgeschichten sozusagen, die ich sofort in meine Präsentation im Seminar einbaue. Das hat gleich zwei Vorteile: Erstens speichere ich die Geschichte so besser. Und zweitens stelle ich in der Präsentation einen aktuellen Bezug für die Teilnehmer her.

Direkte Rede benutzen

Ist Ihnen übrigens bei meiner Geschichte über das Fitnesstraining etwas aufgefallen in der Art, wie ich sie erzählt habe? Meine Nacherzählung enthielt wörtliche Rede. Der Linguist Neal R. Norrick von der Universität Saarbrücken hat herausgefunden, dass Menschen, die in Alltagsgesprächen Erlebnisse erzählen, meistens wörtliche Rede benutzen. Sie macht das Erzählte spannender und erleichtert es uns offenbar, uns in die verschiedenen Rollen der Agierenden hineinzudenken.

Viel lernen können gute Redner von den Märchen. Sie erzählten sich die Menschen im Alltag, zur Unterhaltung, als Trost und Zuspruch und um moralische Botschaften weiterzugeben. Achten Sie einmal darauf, wie hier wörtliche Rede eingesetzt wird: „Ein Vater hatte zwei Söhne, davon war der älteste klug und gescheit, und wusste sich in alles wohl zu schicken. Der jüngste aber war dumm, konnte nichts begreifen und lernen, und wenn ihn die Leute sahen, sprachen sie: ‚Mit dem wird der Vater noch seine Last haben!‘ Wenn nun etwas zu tun war, so musste es der älteste allzeit ausrichten; hieß ihn aber der Vater noch spät oder gar in der Nacht etwas holen, und der Weg ging dabei über den Kirchhof oder sonst einen schaurigen Ort, so antwortete er wohl: ‚Ach nein, Vater, ich gehe nicht dahin, es gruselt mir!‘ Denn er fürchtete sich. Oder wenn abends beim Feuer Geschichten erzählt wurden, wobei einem die Haut schaudert, so sprachen die Zuhörer manchmal: ‚Ach, es gruselt mir!‘ Der jüngste saß in einer Ecke und hörte das mit an und konnte nicht begreifen, was es heißen sollte. ‚Immer sagen sie, es gruselt mir, es gruselt mir! Mir gruselt's nicht. Das wird wohl eine Kunst

173

sein, von der ich auch nichts verstehe.'"Versuchen Sie einmal, sich die Redepassagen sämtlich in indirekter Rede vorzustellen. Die Zeilen verlieren sogleich an Anschaulichkeit.

Auch wenn es sich am Anfang vielleicht etwas komisch anhört in Ihren Ohren: Scheuen Sie sich nicht, die Methode der wörtlichen Zitate in Ihren Reden und Präsentationen hin und wieder zu übernehmen.

Was Sie daraus lernen können, in Kürze:

- Menschen merken sich Botschaften und Fakten besser, wenn sie in Geschichten verpackt werden.

- Geschichten erlauben es den Zuhörern aufgrund der Spiegelneuronen, mitzufühlen und so besser zu verstehen.

- Geschichten werden intuitiv verstanden. Ihre Botschaft verankert sich im episodischen Gedächtnis.

- Menschen lernen am besten aus der Verallgemeinerung von Beispielen und Geschichten.

- Abstrakte Aussagen müssen durch Beispiele anschaulich gemacht werden.

- Die klassische Geschichte handelt von einem Helden, der gegen Widerstände zum Erfolg gelangt.

- An witzige und ungewöhnliche Geschichten erinnern sich Menschen besonders gut (Ausbruch aus dem Alltäglichen).

- Geschichten werden lebendiger, wenn Sie darin wörtliche Rede benutzen.

Erkenntnis 13: Malen mit Zahlen

Dieses Kapitel sollte es gar nicht geben. Schließlich hat es die Nummer 13 und diese Zahl gilt in der westlichen Welt als Unglückszahl. In amerikanischen Hochhäusern verzichtet man deshalb auf den 13. Stock und auf Hotelzimmer mit der Nummer 13. In der Tat konnten Wissenschaftler nachweisen, dass im westlichen Kulturkreis die 13 signifikant seltener vorkommt als die Zwölf, 14, 15 oder 16, was nur auf eine Vermeidung zurückzuführen sein kann. Der Vergleich allein mit der Zwölf wäre übrigens missleitend, sie kommt nämlich überdurchschnittlich häufig vor. Zwölf ist eine der Zahlen, die nach Untersuchungen von Sozialpsychologen eine besondere Wirkung auf uns haben. Wenn Sie eine Zeitschrift in die Hand nehmen, die sich durch Nutzwertjournalismus auszeichnet und viele Tipps enthält, zum Beispiel *Guter Rat* oder *Men's Health*, werden Sie feststellen: Besonders gerne geben die Redakteure drei, fünf, sieben, zehn oder zwölf Tipps. Das liegt nicht an einem geheimnisvollen Naturgesetz, das die Zahl von Tipps beeinflusst. Die Redakteure wissen vielmehr, dass diese Zahlen auf die meisten Menschen vollständiger und überzeugender wirken als, sagen wir, vier oder acht. Warum das so ist? Ganz genau weiß man es nicht. Vermutlich spielen kulturelle Prägungen eine Rolle. So kennen wir im christlichen Glauben die Dreifaltigkeit, die sieben Todsünden, die Zehn Gebote und die zwölf Apostel. Und, na ja, Schneewittchen und die *sieben* Zwerge.

Besondere Beachtung sollten wir der Drei schenken. Ob es sich um ein, zwei oder drei Objekte handelt, können Menschen auf einen Blick erkennen – innerhalb von 50 bis 60 Millisekunden. Ich schreibe bewusst nicht: abzählen. Bis drei zählen wir nämlich nicht. Unser Gehirn scheint vielmehr die Anzahl der

Objekte intuitiv zu erfassen, mit jenem Teil des Gehirns, der auch für das Erkennen von Gesichtern zuständig ist. Für jedes weitere Objekt brauchen wir ungefähr 200 bis 300 Millisekunden. In diesem Falle zählen wir.

In einige Sprachen indigener Völker existieren nur Zahlwörter für eins, zwei und drei. Was darüber hinausgeht, wird als „viele" zusammengefasst. Stanislas Dehaene, Professor für Neurowissenschaften am Collège de France in Paris, dessen Buch *Der Zahlensinn* dieses Kapitel viele Informationen verdankt, konnte nachweisen, dass bereits Babys Mengen bis drei unterscheiden können. Wenn man ihnen lange zwei Spielzeuge zeigt, langweilen sie sich. Fügt man ein drittes Spielzeug hinzu, steigt ihre Aufmerksamkeit. Der Effekt geht verloren, wenn zum Beispiel sechs Spielzeuge auf acht erhöht werden.

Schauen sie nun einmal auf folgende Zeichnungen:

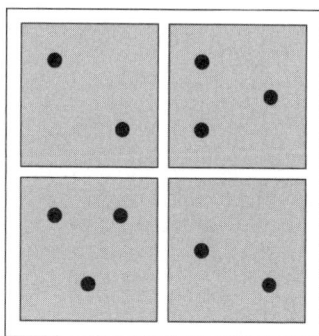 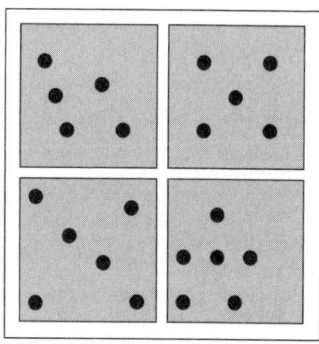

Es wird Ihnen keine Mühe bereiten, bei den linken vier Bildern zu sagen, auf welchem sich zwei, auf welchem sich drei Punkte befinden. Bei den rechten vier Bildern geht das nicht so einfach, zumal Sie durch die Ordnung bei zwei Beispielen in die Irre geführt werden.

Für Ihre Rhetorik bedeutet das: Am besten, Sie beschränken sich bei Ihren Argumenten und Aufzählungen auf drei.

Alles darüber hinaus droht Ihre Zuhörer zu überfordern. Das gilt vor allem, wenn Sie Wert darauf legen, dass sich Ihre Zuhörer am Ende Ihrer Rede noch an die Argumente erinnern. Sollte Ihnen selbst klar sein, dass Sie nur über schwache Argumente verfügen, ist es besser, möglichst viele aufzuzählen, zum Beispiel zehn oder zwölf. Dann bleibt bei Ihren Zuhörern der vorherrschende Eindruck: „Der hatte eine ganze Menge Argumente!" Diese Methode empfehle ich weniger, weil sie riskanter ist. Der eine oder andere Zuhörer mag sich nämlich doch um den Inhalt ihrer Argumente kümmern und nicht nur um deren Anzahl.

Selbst drei Argumente sind noch eine ganze Menge. Auf so viele Gründe muss man erst einmal kommen. Eine beliebte Konterstrategie im rhetorischen Fingerhakeln ist es, auf Einwände Ihrer Gegner mit der Forderung zu reagieren: „Sagen Sie mir doch einmal drei Gründe, warum ich das, was Sie sagen, glauben soll!" Es handelt sich um einen fiesen Trick, denn selbstverständlich würde *ein* guter Grund ausreichen. Weil aber die Drei in unserem Gehirn so gut verankert ist, wird der Angesprochene in der Regel stotternd versuchen, genau drei Argumente zu finden – was ein unschönes Bild Ihres Gegners bei den Zuhörern hinterlässt. Würden Sie übrigens sagen: „Nennen Sie mir doch einmal neun Gründe, warum ich Ihnen glauben soll!", würfe das einen Schatten auf Ihr rhetorisches Verhalten und würde sofort als Bösartigkeit entlarvt.

Alice kann nicht addieren

Die Probleme mit dem Addieren kommen sehr schön in einer Szene aus Lewis Carrolls *Alice hinter den Spiegeln* zum Ausdruck (Sie erinnern sich, das Buch mit dem Nonsensgedicht):

„,Kannst du addieren?', fragte die weiße Königin. ,Wie viel ist eins und eins und eins und eins und eins und eins und eins und eins und eins und eins?' ,Ich weiß es nicht', sagte Alice, ,ich bin nicht mehr mitgekommen.' ,Addieren kann sie nicht', unterbrach die rote Königin."

So witzig sich dieser kurze Dialog anhört, viele Redner gehen genau so vor wie die weiße Königin. Sie kündigen zum Beispiel zu Beginn ihrer Rede an, sieben Gründe für oder gegen eine Entscheidung anführen zu wollen. Statt einen nach dem anderen anzuführen und jeweils die Ordnungszahl zuzufügen, beginnen sie mit „Erstens", zählen dann aber mit „ein weiterer Grund", „darüber hinaus" und „außerdem" weiter. Am Ende stehen die Zuhörer da wie Alice und fragen sich: „Waren das nun sieben Gründe? Oder hat er einen vergessen? Ich bin nicht mehr mitgekommen."

Wann immer Sie eine Aufzählung ankündigen, sollten Sie für die Zuhörer oder Leser mitzählen. Am besten, Sie benutzen dafür die Finger, strecken also zum Beispiel, wenn Sie beim vierten Grund angekommen sind, vier Finger in die Höhe. Genau so haben es unsere Vorfahren gemacht, bevor die Zahlen erfunden wurden.

Die Zahlen erfunden wurden? Mathematik ist für uns heute so selbstverständlich, dass wir uns nicht vorstellen können, wie frühere Gesellschaften und Zeiten (einige wenige indigene Völker noch heute) ohne sie auskommen. Genau so war es aber. Bei einigen Schülern, die einem Südseevolk angehörten, wunderten sich die Lehrer zum Beispiel, warum sie während des Mathe-Unterrichts so zappelten. Es stellte sich heraus, dass sie zählten. In ihrer Sprache waren bestimmte Körperteile mit Zahlen verbunden. Wollte man dieses Zahlwort ausdrücken, zeigte man auf den entsprechenden Körperteil. Auf diese Weise kommt man auf kaum mehr als 30. Mit größeren Zahlen mussten die meisten Menschen die meiste Zeit unserer Entwicklungsgeschichte nicht umgehen.

Hier eine weitere kleine Zeichnung, die die Solitärillusion darstellt. Sagen Sie mir spontan, ob es mehr schwarze oder mehr weiße Punkte gibt.

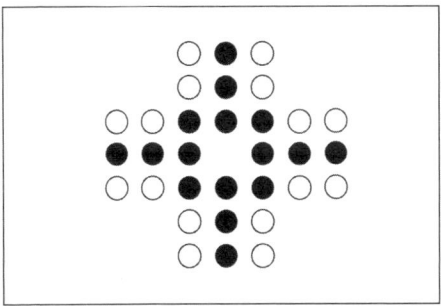

Solitärillusion

Es sind in beiden Fällen gleich viele Punkte. Wenn Sie jetzt sagen: „Hab ich's doch gewusst", dann liegt das wohl daran, dass Sie meine Frage im Zusammenhang mit diesem Kapitel vorsichtig gemacht hat. Grundsätzlich fällt es Menschen schwer, die Anzahl in einer Menge genau zu bestimmen. Viel leichter dürfte es Ihnen fallen, ungefähr die Menge der Punkte abzuschätzen. Es ist Ihnen sofort klar, dass es ich nicht um 22 oder 37 handelt. Die meisten Menschen können Mengen, zum Beispiel die Anzahl der Menschen auf einem Platz, relativ zuverlässig abschätzen. Nur Polizisten und Veranstaltern einer Demonstration scheint das in der Regel nicht so gut zu gelingen.

In unserem Gehirn existieren zwei Areale, die sich mit Zahlen und Größenordnungen beschäftigen. Im hinteren linken Schläfenlappen befindet sich offenbar jene Region, die für genaues Rechnen zuständig ist. Stanislas Dehaene schildert den Fall eines seiner Patienten, eines gewissen Herrn M., der genau dort eine Gehirnblutung erlitten hatte. M. war außerstande, einfache Rechenaufgaben wie 2 + 2 oder 4 − 1 zu lösen. Hingegen konnte der Mann schätzen. Er gab an, ein Jahr habe „ungefähr 350 Tage" und eine Stunde dauere „ungefähr 50 Minuten". Sein Schätzungsvermögen, angesiedelt vermutlich in der rechten Gehirnhälfte, war intakt geblieben. „Die rechte Hemisphäre weiß nichts vom Kopfrechnen", schreibt Dehaene. Andere Wissenschaftler konnten zeigen, dass Tiere ebenfalls über ein gewisses Vermögen verfügen, Größenordnungen zu schätzen. Hingegen konnten Forscher noch kein Tier finden, das zweifelsfrei zu rechnen vermochte.

Schätzen fällt auch uns Menschen leichter als Rechnen. Dies stehe als Mahnung jenen Rednern vor Augen, die lange Zahlenreihen zu referieren belieben. In vielen Fällen können die Zuhörer mit ungefähren Größen besser umgehen. Vor geraumer Zeit fand ich in einer Fernsehzeitschrift folgenden Vorspann vor einem Artikel:

„Jährlich erkranken in Deutschland 7,8 Millionen Menschen an einer Depression. Die meisten davon sind Frauen: Während etwa 4,4 Prozent aller Männer betroffen sind, bringen es Frauen auf immerhin 13,5 Prozent. Das heißt: Pro Jahr werden etwa fünf Millionen Frauen depressiv."

Ein solcher Vorspann regt nicht gerade zum Lesen an. Er sieht eher aus wie die Einladung zu einer Rechenaufgabe. Das Problem ist, dass die Zahlen für einen Überblick zu komplex sind; für eine genaue mathematische Bewertung (die im Vorspann einer Fernsehzeitschrift ohnehin nichts verloren hat) fehlen präzisere Angaben und Bezugsgrößen.

Bei einigen Menschen würde das Lesen des Vorspanns sogar krampfartige Anfälle auslösen. Sie leiden unter sogenannter arithmetischer Epilepsie. Die Ursache ist, so vermutet Stanislas Dehaene, im inferioren Schläfenlappen zu suchen. „Mit großer Wahrscheinlichkeit ist dieser Bereich bei diesen Patienten Sitz falsch verdrahteter und übererregbarer Neuronen, die unkontrollierbare elektrische Impulse an andere Bereiche des Gehirns schicken", sobald der Patient eine Rechenaufgabe zu lösen versucht. So schlimm ist es bei mir nicht. Aber manchmal wache ich noch heute von einem Albtraum auf – dann habe ich geträumt, am nächsten Tag erwarte mich eine Mathe-Arbeit.

Selbstverständlich hängt der Grad Ihrer mathematischen

Genauigkeit in Ihren Reden und Texten von den Umständen und Ihrem Publikum ab. Von einer Gruppe Mediziner wird eine Präsentation von Messreihen mit dem Hinweis „Das macht über den Daumen gepeilt grob gerechnet ungefähr sieben" sicherlich nicht als Ausweis Ihrer überragenden rhetorischen Fähigkeiten verstanden. An anderer Stelle wirkt scheinbare Genauigkeit unsinnig. „Berlin hat 3 567 936 Einwohner" wäre keine überzeugende Information.

Entlang des inneren Zahlenstrahls

Das liegt nicht zuletzt daran, dass Menschen über einen inneren Zahlenstrahl verfügen. Er fängt links an und bewegt sich nach rechts. Auf diesem Zahlenstrahl lesen wir Ziffern ab. Die größeren Zahlen stehen viel enger beieinander als die kleineren. Ihnen ist vermutlich sofort klar, dass vier kleiner ist als neun. Aber ist 753 größer als 630? Oder 898 907 746 975 kleiner oder größer als 584 835 620 301? In Experimenten konnten Wissenschaftler nachweisen: Wir brauchen desto länger für eine Antwort, je größer die Zahl ist. Das zweite Beispiel erweist sich als besonders interessant. Ein Computer würde sofort erkennen, dass es sich um eine Hunderterzahl handelt und dass die Hunderterstelle im ersten Fall größer ist als im zweiten. Folglich muss die erste Zahl größer sein. Menschen hingegen, so haben Untersuchungen ergeben, neigen dazu, sich beide Zahlen auf dem Zahlenstrahl vorzustellen und dann zu entscheiden. Eindeutig die mühseligere und unmathematischere Methode.

Hans-Christoph Nürk, Professor an der Universität Salzburg, und sein Team haben festgestellt, dass die unteren Schläfenlappen in unserem Gehirn sowohl für die Repräsentation von Zahlen als auch für räumliche Informationen zuständig sind. Bittet man Probanden, Zahlen mit der Hand darzustellen, so vermögen sie dies schneller mit der linken Hand für kleine Zahlen; für große Zahlen hingegen mit der rechten

Hand. Negative Zahlen, so haben andere Wissenschaftler herausgefunden, werden als links von den positiven Zahlen vorgestellt. Zumindest in unserem Kulturkreis. In Kulturen, deren Schrift von rechts nach links geht, dreht sich auch die Vorstellung des inneren Zahlenstrahls um.

Es hilft somit dem Verständnis, wenn Sie beim Sprechen über Zahlen durch gestische Bewegung entlang des Zahlenstrahls die Vorstellung ihrer Zuhörer unterstützen.

Ein kleiner Trick bei der Darstellung von Zahlen, zum Beispiel in einer Präsentation oder an der Tafel, leitet sich ebenfalls aus dem visuellen Verständnis von Größen ab. Es handelt sich um eine Variante des Stroop-Testes, den ich Ihnen später noch vorstellen werde. Menschen lassen sich täuschen, wenn Sie zum Beispiel die kleinere Zahl groß und die größere Zahl klein an eine Tafel zeichnen. Etwa so:

385   802

Beim Publikum bleibt der *Eindruck* zurück, die 385 sei die größere und wichtigere Zahl. Sie können das ja einmal bei Ihrer Präsentation über sinkende Verkaufszahlen ausprobieren.

Andererseits möchten Sie vielleicht, dass es Ihren Zuhörern leichter fällt, Ihre Berechnung zu verstehen. In diesem Fall sollten Sie sie in Alltagsbeispiele verpacken. „Tatsächlich können Menschen mit vertrauten Alltagsobjekten und Sachverhalten eher umgehen als mit abstrakten Objekten in unvertrauter Kombination, selbst wenn es sich in beiden Fällen um die gleiche logische Struktur handelt", schreibt Stanislas Dehaene in seinem Buch *Der Zahlensinn*. Deutlich wird das bei einem Test, den der englische Denkpsychologe Peter Wason entworfen hat.

Stellen Sie sich vor, ein Versuchsleiter zeigt Ihnen vier Spielkarten, die vor Ihnen auf dem Tisch liegen. Auf ihnen steht jeweils A, T, 6 und 9. Welche Karten müssen Sie auf jeden Fall umdrehen, um folgende Behauptung zu überprüfen: „Wenn auf der einen Seite der Karte ein Vokal steht, dann ist auf der anderen Seite eine gerade Zahl!"

Ziemlich schwierig, oder?

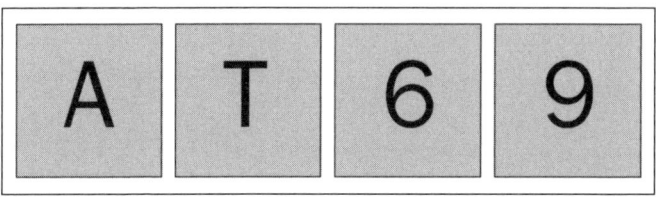

Nun ein anderes Problem: Sie sind Thekenbedienung in einer Kneipe und müssen das Gesetz durchsetzen, dass nämlich nur Jugendliche über 18 Spirituosen trinken dürfen. An einem Tisch sitzen vier Jugendliche, die ein kleines Spiel mit Ihnen vorhaben. Sie legen vier Karten auf den Tisch. Auf der einen Seite der Karte steht das Alter, auf der anderen das Getränk. Zu sehen sind „Obstler", „Cola", „17 Jahre" und „22 Jahre". Welche Karten müssen Sie umdrehen, um sicherzugehen, dass Sie sich jetzt und bei der nächsten Runde an das Gesetz halten?

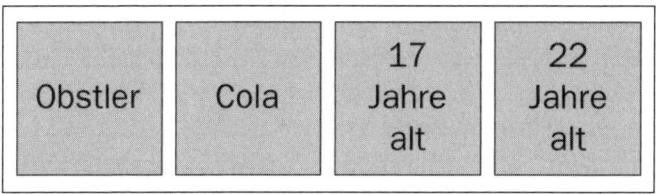

Ganz klar: „Obstler" und „17 Jahre". Die Antwort auf die erste Frage lautet A und 9.

In zahlreichen Studien beantworteten nur ein Viertel der Teilnehmer die erste Frage richtig, aber über zwei Drittel gaben die korrekte Antwort im zweiten Beispiel – obgleich wir es logisch mit exakt der gleichen Aufgabe zu tun haben.

Leda Cosmides und John Tooby von der University of California in Santa Barbara haben herausgefunden, dass die abstrakte Version die linke Hemisphäre des Gehirns aktiviert. Die zweite Version, bei der es sich um eine soziale Situation handelt, regt sowohl die linke als auch die rechte Gehirnhälfte an. Die Forscher vermuten, dass es die Aktivierung eben dieser sozialen Situation ist, die es uns ermöglicht, die Aufgabe leichter zu lösen. Es spricht also vieles dafür, Ihre Rechenexempel in Zukunft direkt aus dem Leben zu greifen.

Mit an Wahrscheinlichkeit grenzender Sicherheit

Unserem Gehirn fällt es schwer, mit Wahrscheinlichkeiten umzugehen. Wir stufen kleine spektakuläre Risiken als bedrohlicher ein als größere, weniger spektakuläre. Deswegen neigen viele Menschen zu Flugangst, aber deutlich weniger fürchten sich davor, ein Auto zu besteigen oder die Straße zu überqueren, obgleich die Lebensgefahr im Straßenverkehr höher ist als im Flugverkehr. Wissenschaftler vermuten, dass diese Fehleinschätzung evolutionär bedingt ist. Sie hilft uns, einen gefahrvollen Alltag zu bewältigen, bewahrte uns zugleich aber vor allerlei unsinnigen Heldentaten.

Die Stochastik, also Wahrscheinlichkeitsrechnung und Statistik, bietet beliebte Instrumente, um Fakten zum eigenen Gunsten auszulegen. Ein Beispiel: Im Oktober 2009 berichtete die *Frankfurter Rundschau* über eine Auswertung der offiziellen Arbeitsmarktstatistik durch einen DGB-Experten. Der Artikel beginnt wie folgt: „Mach dein Abi, dann haste bessere Chancen.' Der Rat stimmt in vielen Fällen offensichtlich nicht mehr. Die Arbeitslosigkeit von Menschen mit Fach- und Hochschulreife ist binnen eines Jahres besonders stark gestiegen."

Leider hat die Aussage im ersten Satz mit der im zweiten nichts zu tun. Der Rat lautet wohlweißlich „bessere Chancen" – nicht etwa: „bekommst du absolut sicher, ohne jeden Zweifel, ganz bestimmt einen Arbeitsplatz". Deshalb stimmt der Rat auch dann noch, wenn die Zahl arbeitsloser Abiturienten innerhalb eines Jahres besonders stark gestiegen ist.

Er würde nur dann seinen Wert verlieren, wenn die Chancen, einen Arbeitsplatz zu bekommen, mit Abitur geringer wären als ohne. Das ist nicht zu erwarten.

Es könnte zum Beispiel sein, dass aufgrund des Wirtschaftswachstums und der guten Situation auf dem Arbeitsmarkt Anfang des Jahres 2008 (also zum Vergleichszeitpunkt) die Zahl der arbeitslosen Abiturienten sehr niedrig war. Wenn die Quote bei, sagen wir, zwei Prozent liegt, dann wäre bei einer Quote von 2,5 Prozent eine Steigerung um 25 Prozent zu verzeichnen. Wenn andererseits die Quote der arbeitslosen Schulabgänger ohne Abschluss bereits damals schon sehr hoch war, dann würde eine geringere Steigerung in absoluten Zahlen deutlich mehr Betroffene bedeuten. Sie sollten sich also immer die absoluten Zahlen anschauen, wenn Sie mit exorbitant steigenden Prozentzahlen konfrontiert werden.

Nicht nur Journalisten haben Schwierigkeiten mit der Interpretation von Statistiken. Selbst Ärzte, die in der Ausbildung das Interpretieren von Messreihen gelernt haben müssten, neigen zur Fehlinterpretation stochastischer Angaben, haben Gerd Gigerenzer, Direktor des Harding Zentrums für Risikokompetenz am Max-Planck-Institut für Bildungsforschung in Berlin, und sein Team herausgefunden. Sie bringen absolute und relative Risiken, Sterbe- und Überlebensrate durcheinander. Die Wissenschaftler bringen folgendes Beispiel: Im Oktober 1995 warnte die britische Aufsichtsbehörde für Arzneimittelsicherheit, dass bestimmte orale Verhütungsmittel die Wahrscheinlichkeit für Thrombosen verdoppelten. Die Folge: Viele Frauen setzten auf den Rat ihrer Ärzte hin die Mittel ab, was zu 13 000 zusätzlichen Geburten (und Abtreibungen) im Folgejahr führte. Schwangerschaften und Abtreibungen führen jedoch viel häufiger zu Thrombosen. Die Zahlen dahinter belegen das: Die Thrombosegefahr durch das Mittel stieg von einem auf zwei von 7 000. Das relative Risiko verdoppelte sich also, aber das absolute Risiko wuchs um einen von 7 000!

Neuro-Wissenschaftler begründen unsere Schwierigkeiten bei der Interpretation von Wahrscheinlichkeiten damit, dass unser Gehirn kein Computer ist. Wir errechnen im Alltag keine Wahrscheinlichkeiten nach den Regeln der Stochastik, sondern entscheiden nach Gefühl. Dieses Gefühl wird durch die sprachliche Darstellung und die empfundene Bedrohung (oder Hoffnung) bestimmt. Es ist umso trügerischer, je geringer die Wahrscheinlichkeit eines Ereignisses ist. Das würde im Übrigen erklären, warum so viele Menschen trotz geringer Gewinnwahrscheinlichkeit noch immer Lotto spielen.

👈 Was Sie daraus lernen können, in Kürze:

- ▓ Geben Sie stets drei, fünf, sieben, zehn oder zwölf Tipps oder Gründe an. Am besten sind drei.

- ▓ Denken Sie an den inneren Zahlenstrahl und unterstreichen Sie Größenvergleiche durch Gesten. Wenn Sie ein wenig manipulieren wollen, schreiben Sie kleine Zahlen groß und große Zahlen klein.

- ▓ Illustrieren Sie Zahlenangaben durch Beispiele aus dem Alltag, vor allem anhand sozialer Beziehungen.

- ▓ Beschäftigen Sie sich mit Stochastik und schauen Sie genau hin, wenn Ihnen statistische Angaben vorgelegt werden. Fragen Sie nach den Vergleichswerten und nach den absoluten Zahlen, besonders bei ungewöhnlich hohen Zuwachsraten.

DRITTER TEIL

Und was ist mit Lesen und Schreiben?

Das Wunder des Lesens

Wenn Sie dieses Buch in der Hand halten und verstehen, was hier steht, dann können Sie lesen. Lesen zu können scheint Ihnen vermutlich selbstverständlich. Den meisten Menschen in den entwickelten Ländern fällt es sehr schwer, sich ein Leben ohne diese Fähigkeiten vorzustellen. Dabei war der größte Teil der Menschheit die meiste Zeit seiner Geschichte lese- und schreibunfähig. Und auch heute noch gibt es nach Schätzungen der UNESCO rund eine Milliarde Analphabeten auf der Welt. Darüber hinaus schätzen Wissenschaftler, dass rund ein Drittel der Menschen in den entwickelten Ländern nicht flüssig lesen kann. Sie sind nicht in der Lage, längere und komplexere Texte zu verstehen. In der Bundesrepublik können rund vier Millionen Menschen nicht ausreichend lesen und schreiben, schätzt der Bundesverband Alphabetisierung mit Sitz in Münster. Bei den meisten dieser vier Millionen Menschen handelt es sich um funktionale Analphabeten. Die Betroffenen besitzen zwar rudimentäre Kenntnisse, sind jedoch nicht in der Lage, den Inhalt eines längeren Textes zu erfassen. Bei einem Teil von ihnen, den Dyslektikern, liegt die Ursache in Verschaltungsproblemen im Gehirn. Bei einem anderen Teil aber daran, dass sie in der Schule nicht ausreichend lesen gelernt haben.

Was Sie das angeht? Diese Menschen gehören zu Ihren Kunden, manche vielleicht sogar zu Ihren Mitarbeitern. Diese Menschen werden täglich von Ihrem Unternehmen und von tausend anderen Firmen, Institutionen und den Medien mit schriftlichen Informationen konfrontiert – und sie verstehen nur einen Bruchteil davon. Deshalb ist es für jede Führungskraft wichtig:

1. zu wissen, wie Lesen in unserem Gehirn funktioniert, und
2. Texte zu schreiben, die von möglichst vielen Menschen ver-

standen werden – auch von solchen, die Probleme mit dem Lesen haben.

Wenn wir das Lesen lernen, bauen wir dabei unser Gehirn um. Der amerikanische Neurochirurg George A. Ojemann, Professor an der Universität von Washington in Seattle, hat herausgefunden, dass „viel mehr Neuronen beim Lesen von Worten ihre Aktivität verändern als beim Benennen von Objekten oder beim Wiederholen von Wörtern. Lesen ist vielleicht einfach von sich aus schwieriger, beansprucht mehr Neuronen. Wenn es an gut organisierten Neuronen mangelt, zeigt sich das beim Lesen deutlicher.‟

Es gibt einen weiteren Hinweis, dass unser Gehirn durch das Lesen Kapazitäten hinzugewinnt. Analphabeten sind nicht in der Lage, die einzelnen Silben eines Wortes zu erkennen. Sie verstehen zwar zum Beispiel das Wort „Manipulation‟, können es aber nicht in seine Lauteinheiten „Ma‟ „ni‟ „pu‟ „la‟ „tion‟ zerlegen. Erst wenn wir das phonographische System der Schrift gemeistert haben, sind wir in der Lage, die Sprache nach Lauten zu analysieren.

Wenn Kinder mit dem Lesen anfangen, aktivieren sie große Teile des Okzipitallappens, wo unter anderem die Sehfähigkeit verankert ist. Bei Leseanfängern sind zudem beide Hemisphären involviert. Für das Lesen einfacher Texte brauchen Kinder wesentlich mehr Hirnkapazität als Erwachsene, wenn diese kompliziertere Texte lesen. „Dies scheint auf den ersten Blick unerwartet‟, schreibt Maryanne Wolf, Professorin für kindliche Entwicklung an der Tufts University in Massachusetts. „Aber denken Sie nur einmal darüber nach, was geschieht, wenn wir Fähigkeiten gleich welcher Art erwerben. Zunächst benötigen wir dafür umfangreiche motorische und geistige Koordination, um das neuronale Feld zu bereiten. Stück für Stück, je gewandter wir werden, sinkt der geistige Einsatz und die Neuronenbahnen werden effizienter.‟

Bei Menschen mit Leseschwäche (Dyslexie) wie dem schwedischen König Karl Gustav und seiner Tochter, Kronprinzessin Victoria, treten hierbei Schwierigkeiten auf. Der Monarch muss seine Ansprachen stets auswendig lernen, weil er sie nicht vom Blatt ablesen kann. Normalerweise konzentriert sich beim Erwachsenen die neuronale Aktivität beim Lesen in der linken Hirnhälfte im visuellen Cortex, im Gyrus angularis und im Wernicke-Areal. Diese Strukturen sind offenbar am besten geeignet, schriftliche Informationen rasch und effizient zu verarbeiten. Dyslektikern ist dieser Weg, vermutlich aufgrund eines Gendefektes, versperrt. Sie suchen einen Umweg – und finden ihn, indem sie ihre rechte Gehirnhälfte stärker in Anspruch nehmen. Dies lässt sich mit bildgebenden Verfahren nachweisen. Dyslektiker benutzen demnach für das Lesen andere neuronale Bahnen als die Mehrheit der Menschen. Diese sind offensichtlich nicht ganz so gut und effektiv dazu geeignet wie die linksseitigen Bereiche. Die Folge: Die Wortverarbeitung verzögert sich.

Einige Wissenschaftler sehen in der rechtshemisphärischen Verarbeitung den Grund dafür, dass überdurchschnittlich viele kreative und mathematisch begabte Menschen unter Dyslexie leiden. Zu ihnen zählen zum Beispiel der Renaissance-Künstler Leonardo da Vinci, der Erfinder Thomas Alva Edison, Physik-Nobelpreisträger Albert Einstein und der Schauspieler Marlon Brando. Vielleicht, so vermuten die Forscher, fördert die stärkere Beanspruchung der rechten Gehirnhälfte beim Lesen ihre Kreativität und Fantasie. Denn auch diese Eigenschaften sind vornehmlich rechtsseitig.

Lesen bedeutet decodieren. Wir müssen Symbole in Bedeutungen umwandeln. Wenn wir einen Text vor Augen haben, sind natürlich als Erstes die Augen beschäftigt. Sie senden ihre Wahrnehmung an den visuellen Cortex, auch als „primäres Sehfeld" bezeichnet. Das ist jener Ort im Gehirn, an dem eingehende Bildsignale verarbeitet werden. Dies geschieht in der Regel innerhalb von 50 Millisekunden. Eine Millisekunde ist der tausendste Teil einer Sekunde. Bei einem geübten Leser haben sich im visuellen Cortex Zellen gebildet, die erkennen, dass es sich bei den eingehenden Signalen um Buchstaben, Buchstabenverbindungen und Wörter handelt. Sie geben die Signale weiter an eine bestimmte Stelle im unteren Parietallappen, den Gyrus angularis. Der Gyrus angularis ist zuständig dafür, eingehende schriftliche Informationen in akustische Wortbilder umzuformen. „Somit stellt der Gyrus angularis […] eine Art Eingang in das Wernicke-Areal dar, welcher nur von visuell wahrgenommenen Wörtern benutzt wird", schreiben die Neurobiologen Christoph Herrmann und Christian Fiebach. Der Prozess ist dargestellt im Schaubild auf Seite 33.

Unser Blick ist übrigens nicht starr auf das eine Wort geheftet, das wir gerade lesen. Vielmehr bewegt sich unser Auge in kleinen Schritten, den Sakkaden, über den Text. Die Sprünge kann man mit modernen Methoden der Blickaufzeichnung messen. Die Länge der Sakkaden zeigt an, wie leicht oder schwer es uns fällt, das gelesene Wort zu verarbeiten. Während dieser Sprünge, also wenn sich unser Auge bewegt, sind wir blind. Wir bekommen diese Mini-Blindheit nicht mit, weil unser Gehirn gleichsam ein Standbild festhält, bis das Auge bei der nächsten Fixation neue Informationen liefert.

In der Phase der Fixierung nimmt ein erfahrener Leser ungefähr acht Buchstaben vor den gerade gelesenen wahr; und er blickt 14 bis 15 Buchstaben voraus. Wir lesen also nicht nur, auf was sich gerade unser Blick richtet, sondern behalten im Auge, was davor geschrieben stand und was noch kommen wird. So gelingt es unserem Gehirn, das aktuell Wahrgenommene in einen Zusammenhang einzubetten. Da wir immer ein Stück vorauslesen, fällt es unserem Gehirn leichter, die Buchstaben zu identifizieren, wenn wir in der nächsten Sakkade auf sie treffen.

Nach 100 bis 200 Millisekunden erkennt das Gehirn, ob eine Buchstabengruppe überhaupt zur erwarteten Sprache gehören kann. „Bghrtfks" würde jetzt schon ausgeschlossen, da es

sich eindeutig nicht um ein Wort der deutschen Sprache handelt.
(Da alle Sprachen Vokale kennen, kann es wohl zu gar keiner
Sprache gehören.) Der Kognitionswissenschaftler Stanislas
Dehaene vom Collège de France in Paris glaubt, dass ein be-
stimmter Bereich des Gehirns – von den Neurologen Areal
37 genannt – für diese Funktion zuständig ist.[11]

An Wörter, die wir für weniger als 100 Millisekunden sehen,
können wir uns nicht erinnern. Trotzdem muss sie unser Gehirn
schon zu diesem frühen Zeitpunkt wahrgenommen haben. Folgendes Experiment deutet darauf hin: Versuchspersonen wurde
für weniger als 100 Millisekunden jeweils ein Wort gezeigt, zum
Beispiel „Maus“. Danach wurden sie gebeten, bei MAU☐ in dem
Quadrat entweder ein „l“ oder ein „s“ einzutragen. Im Deutschen
folgt auf „u“ ungefähr genauso oft „l“ wie „s“. Trotzdem haben
signifikant mehr Versuchspersonen „Maus“ geschrieben als
„Maul“. Bei einem Nichtwort wie AMU☐ ließ sich der Effekt
übrigens nicht nachweisen.

Nach 150 bis 200 Millisekunden stellt das Gehirn Vermutungen darüber an, welche grammatische Form und Funktion
das Wort hat. Wir wissen also, ob es sich bei einem Wort um ein
Adjektiv, Substantiv oder Verb handelt, bevor wir wissen, was
es bedeutet. Nach etwa 300 Millisekunden fragt das Gehirn im
mentalen Lexikon nach, was ein Wort bedeutet. Entweder wird
es jetzt verstanden – oder wir schauen es uns nochmals an, weil
wir noch nichts damit anfangen können. Schließlich setzt nach
500 bis 900 Millisekunden eine neue Sakkade ein: Das Auge
springt weiter zur nächsten Fixation eines Wortes. Bei einfachen,
klaren Worten geht das Ganze schneller. Durch schwierige, miss-
verständliche oder wenig bekannte Wörter kann der Prozess
aufgehalten werden. In manchen Fällen lexikalischer Unsicher-
heit führt das dazu, dass wir sogar im Text zurücklesen – eine
Mühe, die Autoren uns ersparen sollten.

Zwei Arten des Lesens

Lesen Sie bitte einmal folgenden Text: „Gmäeß eneir Sutide eneir elgnihcesn Uvinisterät, ist es nchit witihcg in wlecehr Rneflogheie die Bstachuebn in eneim Wrot snid, das Ezniige, was wcthiig ist, ist, dass der estre und der leztte Bstabchue an der ritihcegn Pstoiion snid. Der Rset knan ein ttoaelr Bsinöldn sien, tedztorm knan man ihn onhe Pemoblre lseen." Geht erstaunlich gut, nicht wahr? Aber nicht immer. Ich hatte einmal einen polnischen Kollegen in einem meiner Seminare. Er hatte erst recht spät, so mit 17 oder 18 Jahren, Deutsch gelernt. Dieser Kollege hatte enorme Schwierigkeiten, den Text zu lesen. Ähnliches trifft auf Leseanfänger zu, die gerade erst begonnen haben, sich die Schrift anzueignen. Arabischlernende müssen sich übrigens an etwas Ähnliches gewöhnen. Die arabische Schrift lässt die Vokale weg und schreibt nur die Konsonanten. Ds sht dnn fr mnch Lsr kmsch s. Trotzdem können Millionen Menschen perfekt Arabisch lesen.

Warum ist das so? In Kürze gesagt: Weil wir Wörter als Ganzes wahrnehmen. Wir betrachten sie als Bilder und nicht als eine Aneinanderreihung von Symbolen für Phoneme. Wir haben ein Art Prototyp dieses Wortes abgespeichert. Dieser Prototyp ist allerdings nicht sonderlich scharf, denn er muss das Wort ja in unterschiedlichen Schriften und Darstellungsformen erkennen. Bei meiner Handschrift zum Beispiel ist das nicht immer einfach. Findet unser Gehirn eine Übereinstimmung zwischen dem Prototyp und dem Geschriebenen, leitet es die Information an das mentale Lexikon weiter. Dort wird die Bedeutung der Buchstabenfolge abgerufen.

Das ist, wie gesagt, die Kurzversion. Um den Prozess ganz verständlich zu machen, muss ich ein wenig weiter ausholen. Angenommen die Strecke zwischen dem Hamburger Rathausplatz und dem Marienplatz in München entspräche der Stammesgeschichte des sprachbegabten Homo sapiens. Fährt man sie von Nord nach Süd ab, kommt man ungefähr bis Freising, bevor die Menschen zum ersten Mal Sprache in Schriftzeichen gebannt haben. Erst am Münchner Siegestor beginnt die allgemeine Alphabetisierung in den westlichen Industriestaaten.

Kein Wunder, dass das Gehirn in dieser evolutionär kurzen Zeit nicht in der Lage war, sich auf das Lesen einzustellen. Der Mensch ist für das Lesen nicht geschaffen. Dass er es trotzdem kann, hat damit zu tun, dass das Gehirn bestimmte Regionen, die zunächst für andere Aufgaben vorgesehen waren, dafür nutzt. Die Neurowissenschaftler sprechen vornehm von einer „Sekundärfunktion kortikaler Bereiche, die primär anderen Zwecken dienen". Wie bei fast allem kann der Mensch durch Üben seine Fertigkeiten verbessern. So haben Hirnforscher nachgewiesen, dass bei erfahrenen Lesern bestimmte Bereiche im Zusammenhang mit dem Gyrus angularis besonders effizient arbeiten. Leseanfänger und Menschen, die selten lesen, nutzen hingegen größere Bereiche, brauchen länger und benötigen für die Aufgabe mehr Energie. Das Gehirn stellt sich also auf das Lesen ein. So wie bei einem Pianisten, der von Kindesbeinen an übt, der Bereich für Fingerfertigkeit im motorischen Cortex überdurchschnittlich groß ist – obgleich es evolutionär gesehen keine Anlage zum Klavierspiel gibt.

Die Schrift hat sich vermutlich aus Symbolen entwickelt. Wahrscheinlich wollten Händler und Beamte Listen verfassen, um den Überblick über die Warenströme zu behalten, was mit zunehmendem Handel notwendig geworden war. Wie schon im ersten Kapitel erwähnt, versucht unser Gehirn, Muster zu erkennen und ihnen eine Bedeutung beizumessen. Das gilt auch für Symbole. Schon die Höhlenmalerei der Steinzeitmenschen kann dazu gerechnet werden. Sie symbolisierte zum Beispiel Jagdszenen. Vielleicht beschworen die Jäger als Anhänger einer Urzeit-Religion mit den Bildern ihr Jagdglück.

Forscher an der Universität von Washington haben festgestellt, dass sich bei Menschen nur eine geringe Aktivität im Okzipitallappen zeigt, wenn sie offensichtlich bedeutungslose Linien betrachten. Lassen sich die Linien hingegen als Symbole interpretieren, verdreifacht sich die neuronale Aktivität. Zugleich schaltet unser Denkorgan Verbindungen zwischen dem visuellen Cortex und Regionen, die als Assoziationszentrum bezeichnet werden, vor allem eben dem Gyrus angularis. Die amerikanische Psycholinguistin Maryanne Wolf von der Tufts University in Massachusetts schreibt dazu: „Indem Generation für Generation ein stetig wachsendes Repertoire an Symbolen lernte, reichten unsere Vorfahren das Wissen darüber weiter, dass unser Gehirn fähig ist, sich anzupassen und zu verändern. Unser Gehirn bereitete sich auf das Lesen vor."

Schriften der Welt

Aus Symbolen wurden Piktogramme; aus Piktogrammen entwickelte sich die erste Schrift. Wir kennen heute drei wichtige Schriftsysteme: die logografische Schrift, zum Beispiel die chinesische, die Silbenschrift, zum Beispiel die japanische Hiragana-Schrift, und die alphabetischen Schriften, zum Beispiel Latein. Die Grenzen sind nicht immer so klar, wie es hier scheint. Zum Beispiel nutzen Chinesisch und ägyptische Hieroglyphen einige Schriftzeichen auch, um Phoneme zu repräsentieren.

Dennoch bestimmt die Schrift, wie unser Gehirn mit Geschriebenem umgeht. Die Gehirnaktivitäten chinesischer und deutscher Leser unterscheiden sich zum Beispiel signifikant. Wer Deutsch oder Englisch liest, hat nämlich zwei Möglichkeiten: Zum einen kann er bei Wörtern, die er in seinem Wortbild-Speicher als Prototyp abgelegt hat, sofort von der Worterkennung zum mentalen Lexikon springen. Auf diese Weise lesen Chinesen typischerweise ihre Schriftzeichen.

Besonders deutlich lässt sich bei Japanern nachweisen, dass unterschiedliche Schriften im Gehirn an unterschiedlichen Stellen verarbeitet werden. Im Japanischen gibt es drei Schriftsysteme. Zum einen eine Bilderschrift, die sich aus dem Chinesischen ableitet. Sie wird Kanji genannt. Zum Zweiten zwei Silbenschriften, die unter dem Namen Kana zusammengefasst werden. Zum Dritten eine alphabetische Schrift mit der Bezeichnung Romaji. Bei einer Läsion bestimmter Teile des Gehirns kann es sein, dass der Patient die Silbenschriften und die alphabetische Schrift noch lesen kann, die Bilderschrift aber nicht mehr. Der umgekehrte Fall ist seltener. Alphabetische und Silbenschrift können nämlich auch mit ihren Lautwerten gelesen werden, während die Bilderschrift auf die bildverarbeitenden Areale angewiesen ist.

Im System der lateinischen Schrift wendet das Gehirn beide Methoden gleichzeitig an, behaupten einige Wissenschaftler. Falls das Wort nicht im Wortbild-Speicher vorkommt, etwa weil es ungewöhnlich oder fremdartig ist, steigt der Leser auf die phonemische Lesart um: Er liest Lautwert für Lautwert, gleichsam mit seiner inneren Stimme in seinem Kopf. So bemüht er sich, Stück für Stück zu erkunden, ob ihm das Wort etwas sagt. Die beiden Lesemethoden liefern sich ein Wettrennen: Wer findet schneller heraus, was ein Wort bedeutet? Die erste Methode, das Lesen aus dem Wortbild-Speicher, ist meistens der Sieger. Sie geht schneller und ist einfacher. Nur bei sehr langen und komplizierten Wörtern muss die Wortbild-Speicher-Methode aufgeben. Dann kommt, mit einiger Verspätung, die phonetische Methode ins Ziel. Deshalb sollten Autoren, die es ihren Lesern leicht machen wollen, einfache und vertraute Wörter benutzen; Wörter also, die ein Leser mit großer Wahrscheinlichkeit in seinem Wortbild-Speicher hat.

Wie groß der Wortbild-Speicher ist, hängt davon ab, wie gebildet jemand ist, wie gewandt im Lesen, wie geübt in der Sprache. Ich zum Beispiel stelle an mir selber fest, dass ich gut geschriebene Texte auf Deutsch in der Regel lese, indem ich auf meinen Wortbild-Speicher zurückgreife. Englischsprachige Texte lese ich hingegen überwiegend phonemisch.

Das Entscheidende dabei ist: Lesen ist für unser Gehirn harte Arbeit. Es fällt ihm umso schwerer, je weniger gewohnt ihm die Tätigkeit ist. Für einen schwierigen Text muss Ihr Gehirn richtig auf Touren kommen. Wenn die benutzten Wörter wenig vertraut und die Sätze kompliziert sind, feuern auf beiden Seiten die Neuronen im Frontallappen, das Broca-Areal wird aktiv ebenso wie das Wernicke-Areal. Sogar die Schläfenlappen und der rechte Teil des Kleinhirns werden einbezogen. Es ist also mächtig was los im Gehirn des Lesers.

Natürlich sind Leser in bestimmten Fällen bereit, sich beim Lesen Mühen zu unterziehen. Wer zu einem Buch des amerikanischen Schriftstellers William Gaddis greift oder ein Werk des portugiesischen Autors António Lobo Antunes zur Hand nimmt, weiß, dass ihm eine gewisse Anstrengung bevorsteht. Der Leser nimmt dies auf sich, weil er sich von der Lektüre intellektuellen Gewinn erhofft. Auch darf er davon ausgehen, dass die Texte von Gaddis, Antunes und anderer anspruchsvoller Schriftsteller nicht aus Nachlässigkeit oder Ignoranz schwierig sind, sondern weil die Autoren mit der Sprache und ihrer Aussage gerungen haben. Im Übrigen sind die Auflagen dieser Schriftsteller im Vergleich zu weniger anstrengend schreibenden Kollegen gering.

Vertriebsunterlagen, Pressemitteilungen und Fachartikel lesen hingegen nur wenige Menschen um des sprachlichen Genusses willen. Deren Verfasser tun gut daran, ihren Lesern keine Steine in den Weg zu legen.

Kurzum: Als Autor sollten Sie stets davon ausgehen, dass Sie es in vielen Fällen mit einem Publikum zu tun haben, das nicht gerne liest. Es bedeutet für viele Menschen Mühe und hohen Energieeinsatz – zwei Dinge, die sie lieber vermeiden. Deshalb gilt: Schreiben Sie so klar und verständlich wie möglich. Machen Sie es dem Gehirn der Leser einfach.

Wenn wir lesen können, müssen wir lesen

Wie gesagt: Unser Gehirn ist für das Lesen nicht gemacht. Darum müssen wir es mühsam in der Schule lernen. Manche Menschen lernen es nie; andere lernen es nur unvollständig und haben keinen Spaß daran. Alle normal entwickelten Kinder lernen von der Geburt an eine Sprache. Darauf sind sie ausgerichtet, denn die Sprache hat die Evolution beim Menschen vorgesehen. Sie sicherte unseren Vorfahren einen Überlebensvorteil. Hingegen lernt so gut wie kein Kind dadurch lesen, dass wir ihm ein Buch in die Wiege legen. Wir müssen es ihm beibringen. Hat das Kind aber einmal das System der phonographischen Schrift verstanden, ist es, als würde ein Schalter umgelegt. „Ich konnte von einem Tag auf den anderen lesen", erinnert sich mein Freund Tim zum Beispiel an seine Grundschulzeit.

Von da an können wir das Lesen nicht mehr abstellen. Ob wir wollen oder nicht – wir *müssen* lesen. Davon lebt die Plakatindustrie. Beweisen lässt sich dieses Phänomen durch den Stroop-Effekt. Er ist nach dem US-amerikanischen Psychologen J. Ridley Stroop benannt, der ihn 1935 publiziert hat.

Bitte sagen Sie laut, welche Farbe die folgenden Wörter haben:

schwarz	weiß
grau	**schwarz**
grau	schwarz
weiß	**grau**
schwarz	grau
weiß	grau

Achtung! Ich habe nicht danach gefragt, was dort geschrieben steht. Die meisten Menschen sagen zum Beispiel bei einem grau geschriebenen „schwarz" Grau. Der Stroop-Test beweist, dass wir große Schwierigkeiten haben, die Farbe von Farbwörtern zu benennen, wenn ihre Bedeutung von der Farbe ihrer Schrift abweicht. Mit richtigen Farben (Rot, Grün, Blau, Gelb) ist der Effekt noch deutlicher. Das liegt daran, dass sich unser Gehirn mit dem Inhalt des geschriebenen Wortes beschäftigt und dies die Wahrnehmung der Farbe beeinträchtigt.

Ich hatte weiter oben für PowerPoint-Präsentationen plädiert, weil gleichzeitiges Lesen und Hören die Erinnerung verbessert. An dieser Stelle nun mahne ich zur Vorsicht: Immer wieder erlebe ich Präsentationen, bei denen der Vortragende ein Chart an die Wand wirft und dazu sagt: „Das brauchen Sie nicht zu lesen!" Genau das geht nicht: Man muss lesen, wenn es etwas zu lesen gibt! Wenn ich etwas nicht lesen soll, darf es mir nicht präsentiert werden.

Einige Unverständlichkeiten

Das Credo dieses Buches lautet: Reden und schreiben Sie verständlich! Was aber ist Verständlichkeit? Mit dieser Frage beschäftigt sich ein Wissenschaftszweig der Linguistik, die sogenannte Verständlichkeitsforschung. Nicht immer wird sie dabei ihrem eigenen Anspruch gerecht. Einige der unverständlichsten wissenschaftlichen Bücher und Aufsätze habe ich ausgerechnet in der Verständlichkeitsforschung gefunden. So heißt es in einem Buch mit dem sinnigen Titel *Verständlich machen*:

„Während die Aufgabe des Verständlich-Machens in rhetorischer bzw. rhetorisch-hermeneutischer Perspektive somit auf das ‚Zur-Sprache-Bringen' dessen, ‚was zu sagen' ist, gerichtet ist, besteht die Aufgabe in hermeneutischer bzw. hermeneutisch-rhetorischer Perspektive darin, die fremde sprachliche Form verständlich zu machen, d. h., sie auf die in dieser Form (und vielleicht nur in *dieser* Form) sprachlich gedeuteten Aspekte der Wirklichkeit zurückzuführen."

Im gleichen Buch an anderer Stelle heißt es: „Wenn nun im Prinzip kein Modus des Verstehens mehr vorgestellt werden kann, der nicht den Charakter einer Schlussfolgerung hätte, so können wir festhalten, dass die sprachtheoretische Offenlegung des inferentiellen Charakters jeglichen Verstehens für die Explikation eines linguistischen Verstehensbegriffs darstellt."

Die Hirnforschung geht heute davon aus, dass solche Sätze für *keinen* Leser *auf Anhieb* voll verständlich sind – auch nicht für Experten. Das liegt daran, dass so viele einzelne Informationseinheiten unser Arbeitsgedächtnis überfordern. Schließlich müssen wir uns nicht nur die einzelnen Informationshäppchen merken, sondern sie auch noch untereinander in Beziehung setzen. Sie erinnern sich: Das durchschnittliche Arbeitsgedächtnis ist nicht in der Lage, mehr als sieben Informationseinheiten in Erinnerung zu behalten. Und wir haben ein Aufmerksamkeitsfenster von nur drei Sekunden. Hinzu kommt jetzt noch: Unser Gehirn kann nur mit maximal zwei Einschüben umgehen.[12]

Der Leser wird sich folglich für eine der drei folgenden Strategien entscheiden:

1. Der Experte, der sich im Thema auskennt, wird einen ungefähren Eindruck bekommen, was der Autor aussagen wollte. In seinem Gehirn verbinden sich bestimmte Stichwörter mit seinem vorhandenen Wissen. Sein *Verstand* wird Vermutungen darüber anstellen, was der Satz aussagen könnte. Sein *Gefühl* wird ihm sagen, dass er damit vermutlich richtigliegt – vor allem dann, wenn im Verlauf des Satzes Begriffe auftauchen, die er erwartet hatte.

2. Der geduldige und interessierte Laie liest den Satz einmal, erkennt, dass er ihn nicht verstanden hat, und setzt noch einmal an. Er wird ihn ein zweites Mal langsam von Beginn an lesen. Dabei fasst er in seinem Arbeitsgedächtnis kleinere Informationseinheiten zu größeren zusammen, verarbeitet diese und speichert sie ab. Dadurch reduziert der geduldige Leser die Anzahl der Informationseinheiten und erschließt sich so mühevoll die Gesamtaussage des Satzes.

3. Der ungeduldige Leser bricht die Lektüre ab oder verzichtet darauf, den Satz zu verstehen.

Letzteres ist das Wahrscheinlichste. Das gilt vor allem, wenn uns äußere Umstände nicht zur Lektüre zwingen. Der Rechtsanwalt *muss* die Akten zu einem wichtigen Fall sorgfältig lesen; der Steuerberater *muss* sich mit den Mitteilungen der Finanzbehörde beschäftigen; der Student *muss* vor der Prüfung den wissenschaftlichen Artikel Satz für Satz verstehen. Aber niemand ist gezwungen, die Informationsbroschüre, den Marketing-Flyer, den Newsletter oder die Pressemitteilung Ihres Unternehmens zu studieren. Folglich werden die meisten Menschen es nicht tun, wenn es ihnen nicht so einfach wie möglich gemacht wird.

Zu Beginn der 40er-Jahre des vergangenen Jahrhunderts hat der amerikanische Schreibtrainer Rudolf Flesch, ein österreichischer Emigrant, eine Formel für die Lesbarkeit von Texten entwickelt. Die sogenannte Flesch-Formel errechnet sich wie folgt:

1. Zählen Sie die Anzahl der Wörter in Ihrem Text.
2. Zählen Sie die Anzahl der Silben in Ihrem Text.
3. Zählen Sie die Anzahl der Sätze in Ihrem Text.
4. Errechnen Sie die durchschnittliche Silbenzahl pro Wort, indem Sie die Zahl der Silben durch die Zahl der Wörter teilen.
5. Errechnen Sie die durchschnittliche Satzlänge, indem Sie die Zahl der Wörter durch die Zahl der Sätze teilen.
6. Multiplizieren Sie die durchschnittliche Satzlänge mit 1,015.
7. Multiplizieren Sie die durchschnittliche Wortlänge mit 84,6.
8. Addieren Sie die beiden Ergebnisse.
9. Subtrahieren Sie die Summe von 206,835.

Das Ergebnis ist der Flesch-Lesbarkeitsfaktor. Er liegt zwischen null und 100. Null bedeutet so gut wie nicht lesbar, 100 steht für einen extrem einfachen Text. Was allerdings nicht extrem einfach ist, ist die Formel. Man kann den Flesch-Faktor allerdings von einigen Textverarbeitungsprogrammen automatisch ausrechnen lassen. Flesch selbst hat für Comics einen durchschnittlichen Wert von 92 errechnet. Artikel in der Zeitschrift *Reader's Digest* kamen im Schnitt auf 65, in der *New York Times* auf 39. Ein typischer Kfz-Versicherungsvertrag erreichte eine Lesbarkeit von zehn.

Fleschs Formel bezieht sich auf englischsprachige Texte. Der Schweizer Toni Amstad hat sie 1978 in einer Dissertation über die Verständlichkeit von Zeitungsartikeln den Verhältnissen der deutschen Sprache angepasst. Deutsche Wörter sind in der Regel länger. Die Flesch-Formel errechnet sich laut Amstad für das Deutsche folgendermaßen: 180 minus der durchschnittlichen Satzlänge minus der durchschnittlichen Wortlänge mal 58,5.

Kritiker haben angemerkt, dass Fleschs Formel zu schematisch sei. Selbst der Autor musste zugeben, dass sie nur die Lesbarkeit, nicht aber die Verständlichkeit misst. Einige Wissenschaftler haben deshalb weitere Formeln entwickelt, etwa den Gunning-Fog-Index, den Coleman-Liau-Index und den SMOG-Index. Im Prinzip teilen sich diese Formeln ein Problem: Sie kümmern sich nicht darum, um was es in dem Text geht, sondern addieren, subtrahieren, multiplizieren, ziehen die Wurzel aus Wort- und Satzlängen. Sie kommen so zu einem mathematischen Ergebnis, ohne sich um die Inhalte zu kümmern.

Diesen Mangel beheben die Hamburger Kommunikationspsychologen Friedemann Schulz von Thun, Inghard Langer und Reinhard Tausch. Sie haben Anfang der 70er-Jahre ein einfaches Modell entwickelt, unter welchen Voraussetzungen Texte von ihren Lesern gut verstanden werden. Ihnen geht es also nicht nur um die Lesbarkeit, sondern um die Verständlichkeit von Texten.

Was bedeutet es, einen Text zu verstehen? Einige Verständ-

lichkeitsforscher antworten darauf mit theoretisch anspruchs-
vollen Betrachtungen zur Frage: Was ist Wahrheit? Was können
wir erkennen? Konstruiert nicht unser Gehirn eine Wirklichkeit,
die es gar nicht gibt? Das sind ohne Zweifel spannende Fragen.
Die Hirnforschung versucht, darauf eine Antwort zu geben.
Jeder Text aktiviert bei jedem Leser unterschiedliche, ganz eigene synaptische Verbindungen. Sie hängen vom Wissen, von der
Erfahrung und den Erinnerungen jedes einzelnen Lesers ab. Die
Erwähnung einer Madeleine, die Marcel Prousts oben erwähnten Helden in der *Suche nach der verlorenen Zeit* zu einer senti-
mentalen Erinnerung veranlasst hätte, würde bei einem anderen
Menschen vielleicht Ekel hervorrufen. Ich zum Beispiel finde,
in Tee getunktes, matschiges Rührgebäck ist keine besonders
appetitliche Vorstellung. Oder es löst keine Empfindung aus. In
diesem Sinne würde in der Tat jeder Mensch einen Text anders
verstehen.

Zudem: Ob es eine von den Konstruktionen unseres Gehirns
unabhängige Wirklichkeit gibt, wissen wir nicht. Einige bizarre
Fälle von Hirnläsionen erlauben eine Ahnung davon, wie sehr
unsere Wirklichkeit ein Konstrukt unseres Gehirns ist: Es gibt
Menschen, die sind fest davon überzeugt, dass sie noch über ein
amputiertes Glied verfügen. Andere weigern sich anzuerkennen,
dass ihr Arm oder ihr Bein Teil ihres Körpers ist. Wenn man sie
darauf hinweist, behaupten sie steif und fest, diese Gliedmaße
gehöre einem anderen Menschen. Bestimmte quicklebendige
Menschen sind sich sicher, tot zu sein. Sie lassen sich beim besten
Willen nicht vom Gegenteil überzeugen. Sogenannte Synästhe-
tiker verknüpfen mehrere Sinneseindrücke, sie sehen Zahlen
farbig oder empfinden die Temperatur von Geräuschen. Es gibt
Menschen, die nach einem Gehirnschlag davon überzeugt sind,
dass alle ihnen nahestehenden Bekannten durch Agenten aus-
getauscht worden sind. Bei anderen wiederum ist es umgekehrt:
Sie handeln nach dem Motto „Seid umschlungen, Millionen!"
und herzen wildfremde Passanten. Der Psychiater Frederic Flach

berichtet von einer jungen Frau namens Rickie, die einen optischen Eindruck nicht länger als wenige Sekunden fixieren kann. Danach sieht sie alles verschwommen. Als Flach diese Wahrnehmungsstörung bei der 20-jährigen Rickie entdeckte, fragte sie ihn: „Ist das denn nicht normal?" Da sie keine andere Wahrnehmung kannte, konnte sie nicht wissen, dass andere die Umwelt anders erleben.

In Rainer Werner Fassbinders visionärem Fernsehfilm *Welt am Draht* aus dem Jahre 1973 erkennt der Protagonist, dass die Welt um ihn herum nur die Simulation eines gigantischen Computers ist. Mit einem ähnlichen Motiv spielen die Matrix-Filme der Wachowski-Brüder. Vielleicht, so vermuten heute einige Hirnforscher und Philosophen, ist die Welt um uns herum in der Tat nur das Produkt eines Hochleistungscomputers – unseres Gehirns.

Allein, solch anspruchsvolle Überlegungen führen uns im Alltag nicht weiter, wenn wir uns über die Verständlichkeit von Texten Gedanken machen. In der Praxis sollten wir davon ausgehen, dass die meisten Menschen einen Artikel, eine Broschüre oder ein Formular im Durchschnitt ungefähr gleich wahrnehmen und auf die gleiche Wirklichkeit beziehen. Die Hamburger Forscher definieren deshalb Verständlichkeit ganz pragmatisch. Ein Text ist demnach umso verständlicher, je besser der Leser die darin enthaltenen Informationen in eigenen Worten wiedergeben kann.

Die Hamburger Verständlichkeitsforscher haben repräsentativ ausgewählte Testpersonen nach dem Zufallsprinzip in zwei Gruppen aufgeteilt. Manche der Teilnehmer hatten Hauptschulbildung, andere waren Akademiker, sie waren Frauen und Männer, vom Land und aus der Stadt, alt und jung, belesen oder eher passionierte Fernsehgucker. Der einen Gruppe legten die Forscher einen Originaltext vor. Sie entnahmen ihn einer Zeitschrift, einem Schulbuch, einer Broschüre oder einer Marketingmappe. Außerdem untersuchten sie Gebrauchsanleitungen und Vertragstexte. Die andere Gruppe sollte denselben Text in einer bearbeiteten Version lesen. Diese zweite Version hatten die Wissenschaftler mit vier Verständlichkeitsmachern neu formuliert.

Nach der Lektüre sollten die Versuchsteilnehmer mit eigenen Worten wiedergeben, was sie von den Texten verstanden hatten. Außerdem wurden ihnen Fragen dazu gestellt. Als Sahnehäubchen der Verständlichkeit galt, wenn die Leser angaben, den Text gerne gelesen zu haben.

Um zu zeigen, wie das Vorgehen aussieht, zitiere ich hier einen solchen Text, wie er in einem Versuch vor einigen Jahren verwendet wurde. Die eine Gruppe bekam folgenden Auszug aus einer Broschüre der Bundesversicherungsanstalt für Angestellte von 1999, die sinnigerweise den Titel „Fremdwort Rente. 200 Begriffe verständlich gemacht" trug:

„Altersteilzeitarbeit. Die Altersteilzeitarbeit soll den gleitenden Übergang in den Ruhestand fördern. Sie ist zugleich eine Anspruchsvoraussetzung für die Rente nach der Altersteilzeitarbeit.

Arbeitnehmer können danach ab dem vollendeten 55. Lebensjahr ihre Arbeitszeit um die Hälfte vermindern, müssen aber weiterhin sozialversicherungspflichtig beschäftigt bleiben.

Wird der Arbeitsplatz neu besetzt und sind weitere zusätzliche Leistungen (Aufstockungen des Gehalts, Entrichtung zusätzlicher Beiträge zur Rentenversicherung) vereinbart, erhält der Arbeitgeber hierfür einen Zuschuss der Bundesanstalt für Arbeit. Für die Altersrente wegen Altersteilzeitarbeit ist die Wiederbesetzung des freiwerdenden Arbeitsplatzes jedoch nicht Voraussetzung."

Diesen Text empfanden die meisten Leser als trocken und kompliziert. Sie mussten ihn sorgfältig lesen, um die Regelungen richtig zu verstehen. Die Leser mit geringer Schulbildung konnten damit weniger anfangen als Akademiker. Aber auch die Leser mit Hochschulbildung hatten keinen Spaß an den Erläuterungen.

Die zweite Gruppe bekam eine Überarbeitung dieses Textes vorgelegt, der sich wie folgt las:

„Alters-Teilzeitarbeit. Ab 55 Jahren haben Arbeitnehmerinnen und Arbeitnehmer die Möglichkeit, nur noch halb zu arbeiten! Der Übergang in den Ruhestand ist dann nicht mehr so plötzlich.

Bei der Alters-Teilzeitarbeit besteht ein Anspruch auf die spätere Rente, wenn man weiterhin sozialversichert bleibt.

Allerdings ist dieser Anspruch auf Rente nicht so hoch, wie wenn man in den letzten Jahren voll gearbeitet hätte. Das kann jedoch etwas ausgeglichen werden: Der Arbeitgeber kann dem Teilzeit-Arbeitnehmer anbieten, dass sein Gehalt aufgestockt wird und/oder dass zusätzliche Beiträge in die Rentenversicherung eingezahlt werden. Für solche zusätzlichen Leistungen erhält der Arbeitgeber einen Zuschuss von der Bundesanstalt für Arbeit – allerdings nur dann, wenn der Arbeitsplatz nach dem Ausscheiden des Mitarbeiters neu besetzt wird."

Die zweite Version wurde von allen Mitgliedern aller Gruppen besser verstanden. Sie konnten Fragen zum Sachverhalt klarer und korrekter beantworten.

Noch ein Auszug aus einem Text, der sich mit Kommunikationstechnologie befasst. Anbieter dieser Dienstleistungen haben ja eine besondere Freude daran, ihre Leser zu verwirren und ihnen den Eindruck zu vermitteln, sie seien völlige Technikidioten (vermutlich sind sie es auch, aber es ist unfein und wenig werbewirksam, ihnen dies solcherart klarzumachen!).

Hier also einige Zeilen aus der etwas älteren Bedienungsanleitung der Deutschen Telekom: „ISDN (Integrated Services Digital Network), das dienstintegrierende digitale Netz, verbindet die früher getrennten Netze zur Übertragung von Sprache (Telefon) und Daten (Telex, Datex). Als digitales Netz ermöglicht ISDN dem Benutzer eine Vielzahl von Leistungsmerkmalen, die vom Netzbetreiber z. T. als Paket und z. T. einzeln angeboten werden."

Peer Kaeding und Kathrin Poplutz, zwei Mitarbeiter des Hamburger Teams der Verständlichkeitsforscher, haben die Passage so übersetzt und in den Tests mit Versuchspersonen benutzt: „Was ist ISDN? ISDN ist ein modernes Telefonnetz. Es verbindet die bisherigen Netze zur Übertragung von Sprache (Telefon) und Daten (Telex, Datex). Es kann also Sprache und Daten gleichzeitig übertragen. Dadurch ist es komfortabler als die herkömmlichen Verbindungen. (Das bedeutet auch die englische Abkürzung ISDN. Sie steht für ‚Integrated Services Digital Network‘. Übersetzt heißt dies ‚Integrierte Dienste Digitales Netzwerk‘.)“

Ein wichtiges Ergebnis der Hamburger Forschung zur Verständlichkeit ist: „Alle Intelligenz- und Bildungsgruppen profitierten von Verständlichkeitsverbesserungen in etwa gleichem Ausmaß“, schreiben Langer, Schulz von Thun und Tausch in ihrem grundlegenden Buch *Sich verständlich ausdrücken*. „Auch für intelligentere und sog. gebildete Leser sind die Originaltexte also nicht verständlich genug.“ Das wundert nicht: Mäandernde Sätze, komplizierte Wörter, ständige Unterbrechungen im Gedankenfluss eines Textes sind für alle Gehirne eine Herausforderung – egal ob sie Professoren oder Hauptschülern gehören.

Jedenfalls gibt es angesichts der Forschungsergebnisse keine Berechtigung mehr für das Argument: „Meine Leser sind Fachleute, denen machen so schwierige Texte nichts aus. Die sind das gewohnt. Die wollen das sogar so!“ Die Forschung zeigt, dass solche Annahmen falsch sind.

Drei Gründe für Phrasendeutsch

Warum fällt es vielen Autoren und Rednern schwer, sich klar und verständlich auszudrücken?

Ich vermute, dafür gibt es drei wesentliche Gründe:

1. Sie denken zu wenig darüber nach, für wen sie schreiben und mit wem sie sprechen. Ich habe in vielen Unternehmen Manager kennengelernt, die sich meilenweit von der Sprachwelt ihrer Mitarbeiter entfernt haben. Sie unterhalten sich den ganzen Tag in einem deutsch-englischen Kauderwelsch, und merken gar nicht, dass Mitarbeiter oder Außenstehende mit ihren Begriffen nichts anfangen können. Kürzlich bekam ich zufällig mit, wie ein junger Manager einen ausländischen Taxifahrer von den Vorzügen eines „Job-Enrichments" überzeugen wollte.

   Es handelt sich um ein sehr ernst zu nehmendes Problem der internen Kommunikation, wenn Führungskräfte und Mitarbeiter eine komplett andere Sprache sprechen. Man muss übrigens nicht Führungskraft sein, um als Fachmann zu vergessen, was Laien noch verstehen. Jeder, der als Nicht-Computer-Experte schon einmal einen IT-Techniker von der Firmenhotline um Aufklärung zu einem Problem gebeten hat, weiß das aus eigener Erfahrung. Einige Abteilungen sind besonders anfällig für Kauderwelsch: Marketing, Vertrieb und die Personalentwicklung. Letztere heißt inzwischen meistens Human Resources Development. In vielen Fällen versuchen die Unternehmen, den Mitarbeitern die Phrasen des Managements beizubringen. Einfacher und effektiver wäre es umgekehrt: Die Führungskräfte lernten, sich klar und verständlich auszudrücken.

2. Sie leben zu sehr in ihrer eigenen Sprachwelt. Kürzlich wollte ich mir für einen Marathon neue Laufschuhe kaufen. Dazu blätterte ich in einem Prospekt eines Sporthauses. Ich hatte

einige einfache Fragen: Welche Schuhe passen am besten zu meinen Laufgewohnheiten, meinem Laufstil und meinen Füßen? Leider verstand ich von den Angaben in dem Prospekt kein Wort. Jeder Hersteller hatte sich eigene englische Fachbegriffe und Abkürzungen ausgedacht. Die Schuhe mussten also alle toll sein und steckten voller Hochtechnologie? Aber welche waren nun die richtigen für mich? Die Trainingsschuhe des Herstellers, der mir dies ohne großes Marketingkauderwelsch erklärt hätte, hätte ich sofort gekauft. Viele Firmen haben ihren eigenen Jargon entwickelt, vielmals vorangetrieben von den Marketingfachleuten. Auch hier wäre der umgekehrte Weg sinnvoller: Statt aller Welt die Begriffe der eigenen Firma einzutrichten, sollte ein Unternehmen sich lieber bemühen, die Sprache seiner Kunden zu sprechen. Es sei denn, man hat nichts zu sagen. Denn Grund Nummer drei lautet:

3. Man hat nichts Substanzielles zu sagen, möchte das aber möglichst wortreich tun. Klares und verständliches Deutsch birgt eine Gefahr: Wer nur Hohles und Banales mitzuteilen hat, steht plötzlich nackt da. Davor fürchtet sich so mancher Manager, Marketingexperte, Wissenschaftler und Politiker. Gelegentlich ist es vielleicht in der Tat nötig, wortreich nichts zu sagen. Der frühere Notenbankchef der Vereinigten Staaten, Alan Greenspan, gab kürzlich zu: „Wenn ich etwas gefragt wurde, auf das ich nicht antworten konnte oder wollte, bin ich in krude Satzkonstruktionen verfallen." Seine Zuhörer hätten dann gedacht, er habe etwas unglaublich Tiefsinniges gesagt und ihre Frage beantwortet. Greenspans Vorgehen war vermutlich klug: Schließlich hätte eine einzige klare Äußerung die Weltmärkte in Turbulenzen stürzen können. Die Angewohnheit zum Verrätseln lässt sich aber leider nicht so leicht wieder ablegen. Seine Frau, scherzte Greenspan, habe seinen Heiratsantrag erst beim fünften Mal verstanden.

Die vier Verständlichmacher

Wenn Sie diese Argumente von Klardeutsch überzeugen, werden Sie sich vielleicht fragen: Wie werden meine Texte und meine Präsentationen verständlicher? Die Hamburger Forscher haben dazu vier Verständlichkeitsmacher formuliert. Sie stellen so etwas wie das magische Viereck der Verständlichkeit dar. Ihnen wird auffallen, dass sich die Ergebnisse dieser konventionellen Forschung mit den Erkenntnissen der Hirnforschung decken.

Der erste Verständlichmacher ist *Einfachheit*. Einfache, kurze Sätze, geläufige Wörter, wenige Fachbegriffe und eine anschauliche Sprache helfen dem Leser, Texte besser zu verstehen. Je einfacher ein Text ist, desto besser wird er verstanden. Es gibt allerdings eine Untergrenze: Werden Leser mit zu simplen Texten konfrontiert, verstehen sie diese zwar gut, fühlen sich aber unterfordert und verlieren das Interesse. Als optimal gelten Texte, die etwa 20 bis 30 Prozent unter dem maximalen Verständlichkeitsniveau liegen. Maximales Verständlichkeitsniveau heißt: Der Leser kann diesen Text unter Anstrengungen noch verstehen. Wo dieses Niveau bei der angepeilten Zielgruppe liegt, muss man in der Praxis aus dem Bauch heraus entscheiden und dann im Alltag erproben.

Der zweite Verständlichmacher ist *Gliederung und Ordnung.* Dabei kommt es darauf an, dass die Gedanken logisch miteinander verbunden sind. Es sollte keine Lücken in der Argumentation geben, weil der Autor meint, bestimmte Zusammenhänge verstünden sich von selbst. Oft höre ich in Seminaren. „Das kann sich der Leser doch denken!" Kann er vielleicht wirklich! Aber er will oft nicht. Und selbst wenn er es tut, ist er einen Augenblick verwirrt und wird den Text als schwierig empfinden. Oder er denkt sich etwas anderes als er soll.

Zu diesem Verständlichmacher gehört auch, dass der Leser durch Absätze, Zwischenüberschriften und Hervorhebungen den Aufbau des Textes leichter begreift. Je besser ein Text ge-

gliedert und je logischer er aufgebaut ist, desto besser verstehen
ihn die Leser.

Der dritte Verständlichmacher lautet *Kürze und Prägnanz.*
Prägnante Texte sind auf das Wesentliche beschränkt, gedrängt
und sehr knapp. Hier gilt nicht: Je kürzer, desto besser. Denn
wenn zu viele Informationen auf engstem Raum vermittelt werden sollen, leidet die Verständlichkeit. Zum Beispiel neigt ein
Autor, der sich besonders knapp ausdrücken will, zum Nominalstil.

Nominalstil bereitet den Lesern Mühe. Er ist wie eine Zip-
datei, die im Gehirn ausgepackt werden muss. Das Lesen eines
Satzes im Nominalstil hat das Erfordernis zur Folge, dass das
Gehirn vor dem Verstehen zunächst eine Auflösung der verdich-
teten Satzinhalte zum Einsatz bringen muss. Dies ergibt das
Erfordernis einer Dechiffrierung und In-Beziehung-Setzung der
einzelnen Satzinhalte.

Oder besser so: Wenn Sie einen Satz im Nominalstil schreiben, muss ihn der Leser in seinem Kopf erst auflösen. Er muss
entschlüsseln, was die einzelnen Teile des Satzes bedeuten. Danach muss er herausfinden, wie sie zusammengehören. Erst dann
kann er den Satz verstehen.

Das Gegenteil von Kürze und Prägnanz wäre Weitschwei-
figkeit. Auch sie schadet der Verständlichkeit. Der Autor sollte
ein Mittelmaß anstreben.

Auch beim vierten Verständlichmacher gilt es, ein Mittelmaß
zu finden, den *anregenden Zusätzen.* Dabei geht es um Anekdoten, Beispiele, wörtliche Reden, Menschen, die in den Texten
auftreten, rhetorische Fragen und dergleichen mehr. Wer seine
Aussage in Anekdötchen ersäuft, wird der Verständlichkeit schaden. Wer nie ein Beispiel bringt, auch.

Besonders gegen Beispiele haben viele Schreiber Vorbehalte,
vor allem, wenn sie Akademiker sind. In meinen Schreibseminaren erlebe ich es oft: Autoren, die ihre Texte kürzen müssen,
streichen lieber die Beispiele als die Formulierung der Regel.

Warum tun sie das? Akademiker haben an der Universität gelernt, dass die allgemeine Regel wichtiger ist als der Einzelfall. Das stimmt. Aber nur zum Teil. Denn wie kommen Forscher auf eine allgemeine Regel? Indem sie viele Einzelfälle untersuchen und die Regel aus den Gemeinsamkeiten ableiten. Der Ulmer Neurowissenschaftler und Lernforscher Manfred Spitzer hält es sogar für Unsinn, Regeln zu pauken, statt anhand von Beispielen zu lernen. „Das Lernen von einzelnen Fakten oder Ereignissen ist daher meist nicht nur nicht notwendig, sondern auch ungünstig", schreibt er in seinem Buch *Lernen – Gehirnforschung und die Schule des Lebens*. „Es wird dadurch gelernt, dass wir Beispiele verarbeiten […] und aus diesen Beispielen die Regeln *selbst* produzieren." Nicht anders lernen Kleinkinder ihre Muttersprache: Nicht mithilfe eines Grammatik-Dudens, sondern indem sie aus dem Gehörten die Grammatik unserer Sprache abstrahieren.

Die Hamburger Verständlichkeitsforscher haben anhand dieser vier Verständlichmacher ein Beurteilungsfenster entwickelt. Es sieht für einen optimal verständlichen Text so aus:

Einfachheit	Gliederung Ordnung	++	++
Kürze, Prägnanz	Zusätzliche Stimulanz	0	0/+

Beurteilungsfenster für einen optimalen Text nach der „Hamburger Verständlichkeitsforschung".

Wiederholung schafft Wahrheit

Was also sollen Sie tun? Hier finden Sie zehn einfache Regeln, an denen Sie sich orientieren können. Dabei greife ich das ein oder andere auf, das ich an anderer Stelle bereits erwähnt habe. Das macht aber nichts: Unser Gehirn lernt am besten durch Wiederholung. Wenn Sie die gleiche Botschaft mit ähnlichen Worten anhand neuer Beispiele mehrmals erzählen, erreichen Sie bei Ihren Zuhörern und Lesern die beste Wirkung. Zudem sollten Sie die Suggestivkraft der Redundanz nicht vergessen. Sie hat sogar Macht über unser Gedächtnis: Versuchspersonen, denen man wiederholt erzählt, sie hätten eine bestimmte Episode selbst erlebt, glauben nach anfänglichem Widerstand selbst daran – selbst wenn sie nachweislich nie passiert ist. Die amerikanische Psychologin Elizabeth F. Loftus von der University of California in Irvine konnte in einem Experiment feststellen, dass ein Viertel der Teilnehmer an einem Versuch sich lebhaft und mit vielen Details daran erinnerte, wie sie als Kind in einem Einkaufszentrum verloren gegangen sind. Das war aber nie passiert. Es musste ihnen nur oft genug eingeredet werden.

Meine Penetranz, Ihnen die Klardeutsch-Botschaft in diesem Buch zu vermitteln, gemahnt Sie vielleicht an Werbesprüche. Gut so! Denn Psychologen können nachweisen, dass die stete Wiederholung von Werbebotschaften in unserem Unterbewusstsein wirkt – selbst dann, wenn wir sie eigentlich doof finden. In einem Experiment wurden einer Gruppe immer wieder die Vorteile des Zähneputzens erläutert, einer anderen Gruppe wurde gesagt, Zähneputzen sei nicht so wichtig. Die Mitglieder der ersten Gruppe gaben daraufhin an, sich in den vergangenen zwei Wochen wesentlich öfter die Zähne geputzt zu haben als die Mitglieder der zweiten Gruppe. Mehr noch: Selbst wenn Zähneputzen völliger Unsinn wäre (was es natürlich nicht ist), gewönne die Behauptung „Zähneputzen ist toll" für die Menschen mit jeder Wiederholung an Glaubwürdigkeit. Eine falsche Behauptung immer und immer wieder zu wiederholen führt dazu, dass Menschen sie glauben. Aber keine Angst: Meine Klardeutsch-Botschaften sind nichts als die reine Wahrheit. Und darum hier die zehn Regeln:

Zehn Regeln für klares Deutsch

1. Machen Sie sich klar, für wen Sie schreiben!
   Sehr häufig kommt es vor, dass Texte an der Zielgruppe vorbeigeschrieben werden. Meistens sind die Texte zu schwierig und setzen zu viel Wissen voraus: der BWL-lastige Artikel voller Anglizismen in der Mitarbeiterzeitschrift, die sich an Arbeiter am Band richtet. Die Marketingbroschüre voller IT-Fachbegriffe, die eigentlich für ahnungslose Nutzer gedacht ist. Die Präsentation vor einem Laienpublikum, die vor Details und Fakten nur so strotzt. Dass ein Text für die Zielgruppe zu einfach und zu verständlich ist, kommt nur sehr selten vor.
   Zielgruppen haben unterschiedliche gemeinsame Erfahrungen. Beim Priming lösen bestimmte Begriffe unterschiedliche Assoziationen aus. Wenn Sie vor Chemikern erklären, ein Stoff sei nur leicht toxisch, werden diese denken: „Alles klar, *leicht* toxisch – dann ist es ja nicht schlimm." Ein Laienpublikum hingegen hört „leicht *toxisch*" und denkt: „Mein Gott, ich werde vergiftet!"

2. Meiden Sie Schachtelsätze!
   Einige Stilratgeber empfehlen generell kurze Sätze. Das ist nur die halbe Wahrheit. Die Psycholinguistik hat zwar herausgefunden, dass Sätze mit 13 bis 17 Wörtern am besten verstanden werden. Wichtiger als die Zahl ihrer Wörter ist aber, wie übersichtlich die Sätze aufgebaut sind. Ein gut strukturierter Satz kann ruhig einmal länger als 17 Wörter sein. Vermeiden Sie es vor allem, einen Zwischensinn aufzubauen. Das bedeutet: Der Leser denkt eine Zeit etwas ganz

anderes, als der Satz aussagen soll – manchmal das glatte Gegenteil. In einem *Spiegel*-Artikel über die frühen Christen ging es darum, dass der Apostel Paulus die Römer ermahnte, auf Ausschweifungen zu verzichten. Dann hieß es weiter: „Solche Sätze gefielen den Senatoren, die auf Fressbetten lagen und Flamingozungen speisten, in keiner Weise." Bis nach dem zweiten Komma wundert sich der Leser: Warum gefiel den genussfreudigen Senatoren der Aufruf zur Askese?

3. Packen Sie die wichtigste Aussage in einen Hauptsatz!
Wir neigen oft dazu, wichtige Aussagen in Nebensätzen zu verstecken. Es ist aber entscheidend, dass die wichtigste Botschaft in Form eines Hauptsatzes daherkommt. Also besser so: Die wichtigste Botschaft gehört in einen Hauptsatz. Das ist entscheidend. Karl Marx und Friedrich Engels haben ihr *Kommunistisches Manifest* schließlich nicht mit dem Satz begonnen: „Es lässt sich in letzter Zeit beobachten, dass das Gespenst des Kommunismus in Europa umgeht." Sondern sie haben einen Hauptsatz geschrieben – und den Paukenschlag an seinen Schluss gesetzt: „Ein Gespenst geht um in Europa – das Gespenst des Kommunismus." In diesem Falle können Manager von Marx und Engels durchaus etwas lernen.

4. Geizen Sie mit Wörtern!
Je mehr Worte Sie machen, desto mehr muss Ihr Leser oder Zuhörer verdauen. Schnell entstehen Pleonasmen. Zum Beispiel hatten laut ihrer Selbstdarstellung Firmengründer an der Hochschule Fulda, die PDS in Thüringen, ein Sozialprojekt in Oberbayern, ein Unternehmensberater, ein Webdesigner und noch viele andere mehr „innovative neue Ideen". Was aber heißt „innovativ" anderes als „mit neuen Ideen"? Ich versuche, mir überflüssige Adjektive dadurch abzugewöhnen, dass ich mir überlege: Könnte man das gegenteilige Adjektiv sinnvoll verwenden? Ergäbe also „zurückgebliebene

neue Ideen" statt „innovative neue Ideen" einen Sinn? Die
Antwort können Sie sich in diesem Falle selbst geben.

Schreibtrainer ermahnen ihre Klienten oft, auf Füllwörter zu verzichten. In einem Buch unter dem Titel *Perfekt
schreiben*, das ich selbst zusammen mit meinem Kollegen
Steffen Sommer geschrieben habe, listen wir zahlreiche Flick-
wörter auf, von „allenfalls" bis „zuweilen". Dazu gehören, um
nur wenige Beispiele zu nennen, „anscheinend", „durchaus",
„irgendwie", „quasi", „relativ" und „wohl". Mein eigenes Lieb-
lingswort lautet „auch". Wenn ich nicht aufpasse, rutscht es
mir immer wieder in den Text. Ich habe einmal den Test
gemacht und alle „auch" aus einem Artikel von mir gestrichen. Beim erneuten Lesen stellte ich fest, dass rund zwei
Drittel überflüssig waren. Nur in einem Drittel erwies sich
„auch" als notwendig, weil es sinntragend war oder die Satzmelodie beeinflusste.

Trotzdem warne ich vor einem allzu pauschalen Vorgehen.
Füllwörter sind wie die Betonböller in verkehrsberuhigten
Zonen. Sie sollen den Verkehr abbremsen. Die Autofahrer
werden langsamer und aufmerksamer. Füllwörter verlangsamen den Lesefluss, sie können damit die Aufmerksamkeit
auf das Gesagte lenken. Der Satz „Füllwörter haben Sinn"
ist klar und eindeutig. Den Satz „Füllwörter haben durchaus
Sinn" lesen wir langsamer, dafür wird die Aussage betont.
Zu viele Betonböller machen eine verkehrsberuhigte Zone
gefährlicher, weil sich die Autofahrer dann zu sehr auf die
Böller konzentrieren und nicht mehr auf zum Beispiel spie-
lende Kinder am Straßenrand. Auf Autobahnen, wo es um
schnelles Vorankommen geht, werden Betonböller ein le-
bensgefährliches Risiko. So ist es mit Füllwörtern: Zu viele
davon lenken die Aufmerksamkeit ab. Dort, wo ein Leser
schnell vorankommen will, sind sie für sein Verständnis des
Inhalts sogar gefährlich.

In der gesprochenen Sprache verwenden wir übrigens

mehr Füllwörter. Zum einen schwächen sie allzu harsche Äußerungen ab und haben somit eine soziale Funktion. Zum Zweiten entschleunigen sie die Sätze. Wir haben mehr Zeit zum Mitdenken, während jemand spricht. Mithilfe der Prosodie können wir zugleich die Aufmerksamkeit auf die sinntragenden Wörter lenken. Diesen Unterschied sollten Sie bedenken, wenn Sie Texte schreiben, die mündlich vorgetragen werden, zum Beispiel Reden.

5. Werden Sie konkret und präzise!
Die zweite Regel ist das Mantra dieses Buches. Hinter schwammigen Begriffen kann man sich gut verstecken. Wenn Ihr kleiner Sohn erklärt, er werde sein Spielzimmer „zeitnah aufräumen", können Sie darauf vermutlich ewig warten. Darum sollten wir auch einen Politiker oder Wirtschaftsboss fragen, wann genau denn nun „zeitnah" ist. Werfen Sie blutleere Abstrakta über Bord, merzen Sie Worthülsen aus.

6. Erläutern Sie Fachbegriffe, die sich nicht vermeiden lassen!
Viel zu viele Autoren setzen voraus, dass ihre Leser bestimmte Fachbegriffe kennen. In Wirklichkeit haben diese keine oder nur eine sehr unklare Vorstellung davon, was die Fachvokabeln bedeuten. Erläutern Sie deshalb die wichtigsten Fachwörter. Das kann auch beiläufig in ein bis zwei Sätzen geschehen. Sie müssen es ja nicht übertreiben wie Max Weber in seinem Hauptwerk *Wirtschaft und Gesellschaft*. Weber stellt dem Text einige Hundert Seiten Wortdefinitionen voran.

Besonders problematisch sind Begriffe, die in der Fachsprache etwas anderes bedeuten als im Alltag, was zum Beispiel bei Juristen oder Jägern häufiger vorkommt. In der Jägersprache ist die Kanzel der Hochsitz, der Schweiß das Blut des Wildes und die Blume der Schwanz des Feldhasen. Der Weinfreund hingegen versteht unter Blume den Duft des Weines. Wenn Leser die Texte interpretieren, schiebt sich die alltägliche Bedeutung aus dem mentalen Lexikon nach vorn.

Es kann also sein, dass Sie in einem Text mehrmals darauf hinweisen müssen, wenn ein Fachbegriff in diesem Sinn missverständlich ist.

7. Bevorzugen Sie Verben!
Kraftvolle Verben machen einen Text dynamischer und leichter lesbar. Wenn wir sprechen, reden wir mit Verben, nicht in Nominalkonstruktionen. Die Menschen haben sich 200 000 Jahre lang so Geschichten erzählt. „Als er in den Wald kam, machte er seinen Sack auf, breitete das Korn auseinander, die Schnur aber legte er ins Gras und leitete sie hinter eine Hecke. Da versteckte er sich selber, schlich herum und lauerte. Die Rebhühner kamen bald gelaufen, fanden das Korn – und eins nach dem andern hüpfte in den Sack hinein. Als eine gute Anzahl drinnen war, zog der Kater den Strick zu, lief herbei und drehte ihnen den Hals um; dann warf er den Sack auf den Rücken und ging geradewegs zum Schloss des Königs." 16 Vollverben zählt der Leser in dieser Passage des Märchens „Der gestiefelte Kater".

8. Schreiben Sie im Aktiv!
Aktiv ist die grammatische Form, in der Menschen sich Geschichten erzählen. Schauen Sie sich nochmals die oben zitierte Passage aus dem Märchen an. Kraftvoll wirkt der Text auch, weil er im Aktiv formuliert ist. Passivkonstruktionen hingegen verschleiern den Urheber. Das kann manchmal erwünscht sein. In einem Interview mit der *Stuttgarter Zeitung* erklärte vor einiger Zeit der amtierende Vorstandsvorsitzende von Daimler, Dieter Zetsche, bei der Fusion mit Chrysler sei die Marktsituation falsch eingeschätzt worden. Durch die Passiv-Formulierung ersparte sich Zetsche, seinen Vorgänger Schrempp als denjenigen zu benennen, der die Situation falsch eingeschätzt hatte.

9. Werden Sie sinnlich!
Nutzen Sie den Priming-Effekt, um das Gehirn miterleben zu lassen. Wörter können Reize sein, die sogar körperliche

Reaktionen hervorrufen. Wie Reize funktionieren, zeigt der bekannte pawlowsche Reflex bei Tieren: Hunden wurde ihr Lieblingsfutter stets mit einem Gongschlag serviert. Schon nach kurzer Zeit lief ihnen bei einem Gongschlag das Wasser im Munde zusammen, selbst wenn es kein Futter gab. Statt eines Gongschlages wirken bei Menschen Wörter. Das ist der Grund, warum Sie beim Lesen von Kochbüchern mächtig Appetit bekommen.

10. Gliedern Sie glasklar!

Der Leser oder Zuhörer folgt Ihnen auf eine Reise. Nehmen Sie ihn an der Hand und führen Sie ihn über Klippen und gefährliche Stellen. Autoren wissen in der Regel, was sie sagen wollen. Also überspringen sie oft zwei, drei Gedanken auf dem Weg zu ihrer Schlussfolgerung. Der Leser, der das Ziel nicht kennt, gerät dabei aber ins Stolpern. Zwar ist unser Gehirn in der Lage, Auslassungen zu ergänzen – aber nicht immer gelingt das. Und nicht immer gelingt es korrekt. „Das kann sich der Leser doch denken!" ist jedenfalls in den meisten Fällen kein überzeugendes Argument. Wenn Sie einen Text zu Ende geschrieben haben, denken Sie ihn noch einmal Satz für Satz durch. Tun Sie so, als kennen Sie den Gedankengang nicht. So entdecken Sie mögliche Auslassungen.

Das Gehirn beim Schreiben überlisten
– Fünf Tipps, wie Sie zu besseren Texten kommen

Warum fällt es uns so schwer, klare und verständliche Texte zu schreiben? Weil wir so selten klare und verständliche Texte lesen. Der Stil, den wir vor dem Schreiben gelesen haben, färbt auf unseren eigenen Stil ab. Das zeigt sich bei einem simplen Versuch: Den Teilnehmern wurde ein einfaches Bild gezeigt, auf dem eine Katze eine Maus fängt. Sie wurden gebeten zu beschreiben, was sie auf dem Bild sehen. Die meisten sagten: „Die Katze fängt die Maus." Hatten die Teilnehmer vorher einen Passiv-Satz gelesen, der mit dem Bild in keinem Zusammenhang stand (zum Beispiel: „Der Garten wird vom Gärtner umgegraben!"), antworteten sie: „Die Maus wird von der Katze gefangen." Die Lektüre nur eines einzigen Satzes kann bereits den Stil seines Lesers beeinflussen. Wissenschaftler vermuten, dass wir es hier erneut mit dem Priming-Effekt zu tun haben. Kein Wunder, dass Studenten, nachdem sie die Bücher ihrer Professoren gelesen haben, selber Hausarbeiten in haarsträubendem Wissenschaftsdeutsch schreiben.

Hier folgen fünf Tipps, was Sie dagegen tun können:

1. Programmieren Sie Ihr Gehirn auf guten Stil
   Andererseits können Sie das Priming nutzen, um Ihren Stil zu verbessern. Für eine Rede, eine Präsentation, einen Aufsatz arbeiten wir uns oft durch Fachartikel, Aktennotizen, Broschüren und wissenschaftliche Bücher. Diese Werke zeichnen sich selten durch einen bewundernswerten Stil aus. Bevor Sie anfangen zu schreiben, sollten Sie deshalb einen frischen, klaren Stil tanken. So programmieren Sie Ihr Gehirn auf guten Stil. Lesen Sie einige Seiten eines anschaulich schrei-

benden und verständlichen Schriftstellers. Sie müssen sich nicht durch einen 800-Seiten-Roman kämpfen. Zwei bis drei Seiten genügen. Ich empfehle den Teilnehmern meiner Seminare die Erzählungen von Franz Kafka. Kafka gelingt es, in einfachen Worten Ungeheuerliches zu berichten. Wie zum Beispiel in dieser Passage:

„Als Gregor Samsa eines Morgens aus unruhigen Träumen erwachte, fand er sich in seinem Bett zu einem ungeheuren Ungeziefer verwandelt. Er lag auf seinem panzerartig harten Rücken und sah, wenn er den Kopf ein wenig hob, seinen gewölbten, braunen, von bogenförmigen Versteifungen geteilten Bauch, auf dessen Höhe sich die Bettdecke, zum gänzlichen Niedergleiten bereit, kaum noch erhalten konnte. Seine vielen, im Vergleich zu seinem sonstigen Umfang kläglich dünnen Beine flimmerten ihm hilflos vor den Augen."
Machen Sie sich keine Illusionen. Nach drei Seiten Kafka werden Sie nicht schreiben wie Kafka. Zumal hinter Kafkas einfachen Worten unendlich viel Arbeit steckt. Sie können das sehen, wenn Sie einmal ein Faksimile seiner Handschriften anschauen. Darin werden Sie entdecken, wie oft der Autor Wörter und Sätze gestrichen, überschrieben und ergänzt hat. Andere bekannte Autoren, die sich gut eignen, sind Siegfried Lenz, Günter Grass und Ernest Hemingway (auch in der deutschen Übersetzung). Von Thomas Mann oder Goethe würde ich abraten. Sie schreiben zwar brillantes Deutsch – für Pressemitteilungen und Texte in Vertriebsbroschüren ist es aber zu brillant.

2. Mit fremden Federn schreiben
Sie können diese Übung zur Programmierung Ihres Gehirns noch steigern. In meinen Schreibseminaren lege ich den Teilnehmern hin und wieder einen Text eines Autors vor, der einen außergewöhnlichen Stil pflegt. Besonders gut eignet sich zum Beispiel Heinrich von Kleist. Der Anfang seiner „Anekdote aus dem letzten Preußischen Krieg" liest sich so:

„In einem bei Jena liegenden Dorf, erzählte mir, auf einer Reise nach Frankfurt, der Gastwirt, daß sich mehrere Stunden nach der Schlacht, um die Zeit, da das Dorf schon ganz von der Armee des Prinzen von Hohenlohe verlassen und von Franzosen, die es für besetzt gehalten, umringt gewesen wäre, ein einzelner preußischer Reiter darin gezeigt hätte; und versicherte mir, daß wenn alle Soldaten, die an diesem Tage mitgefochten, so tapfer gewesen wären, wie dieser, die Franzosen hätten geschlagen werden müssen, wären sie auch noch dreimal stärker gewesen, als sie in der Tat waren. Dieser Kerl, sprach der Wirt, sprengte, ganz von Staub bedeckt, vor meinen Gasthof, und rief: ‚Herr Wirt!' und da ich frage: was gibts? ‚ein Glas Branntewein!', antwortet er, indem er sein Schwert in die Scheide wirft: ‚mich dürstet.' Gott im Himmel! sag ich: will er machen, Freund, daß er wegkömmt? Die Franzosen sind ja dicht vor dem Dorf! ‚Ei, was!' spricht er, indem er dem Pferde den Zügel über den Hals legt. ‚Ich habe den ganzen Tag nichts genossen!'"

Ich bitte die Teilnehmer, die gesamte Anekdote sorgfältig durchzulesen. Danach sollen sie einen eigenen Text schreiben – im Stil Kleists. Auf diese Weise programmieren die Teilnehmer ihr Gehirn auf einen neuen, fremden Stil. Natürlich ist es nicht das Ziel, künftig Marketingbroschüren und Geschäftsbriefe in kleistscher Manier zu verfassen. Es geht vielmehr darum, aus dem eigenen Stil herauszuschlüpfen. Dadurch lernt der Autor, Abstand zu gewinnen und den Blick für die stilistischen Mittel fremder Texte zu schärfen.

3. Écriture automatique

Viele Menschen sind gehemmt, wenn sie ihre Gedanken auf Papier bringen sollen. Ein Teilnehmer in einem meiner Seminare bildete in einem Konzern als Meister Lehrlinge aus. Wenn dieser Mann mündlich etwas erklärte, war seine Rede einfach, verständlich und anschaulich. Sobald er aber gezwungen war, diese Informationen aufzuschreiben, verkrampfte er. Seine Sätze wurden steif und gewunden, seine Erklärungen waren blutleer und unanschaulich. Die Texte wurden unverständlich. Etwas aufzuschreiben, was er vorher glänzend erklärt hatte, erschien diesem Meister als so ungeheure Aufgaben, dass er daran scheiterte. In diesem Falle hilft oft die „écriture automatique". Die Teilnehmer verlieren den übergroßen Respekt vor dem Aufschreiben, indem sie einfach drauflosformulieren. Die Seminarteilnehmer erhalten einen ersten Satz. Von da an sollen sie drei bis fünf Minuten ohne Pause weiterschreiben – was immer ihnen gerade einfällt. Fällt ihnen nichts ein, dürfen sie „xxx" aufs Papier malen. Das kommt aber sehr selten vor.

Am Ende lesen alle vor, was sie geschrieben haben. Die meisten Teilnehmer sind erstaunt, dass die Texte logisch sind und flüssig formuliert. Nicht selten sind sie besser als vieles, was nach intensivem Nachdenken entstanden ist.

Der Schweizer Medienlinguistiker Daniel Perrin untersucht am Institut für angewandte Medienwissenschaft der Zürcher Hochschule Winterthur den Schreibprozess von Profi-Autoren. Er empfiehlt Schreibern, die écriture automatique im Alltag anzuwenden. Sie sollten einen Text, soweit möglich, in einem Zug durchschreiben. Natürlich muss man vorher das Material gesichtet und die Fakten einigermaßen parat haben. Aber während des Schreibens sollten die Autoren nicht lange innehalten, nicht in ihrem Material wühlen, nicht in eine Sitzung verschwinden und sich danach erneut an den Rechner setzen. Erst wenn der Text fertig ist, sollten sie sich eine Pause gönnen. Dann ist diese Pause sogar notwendig, damit das Gehirn das Geschriebene verarbeiten kann. Es folgt eine zweite Phase: das Redigieren des Textes. Jetzt dürfen sie fehlende Fakten einbauen, an Sätzen feilen, bessere Wörter suchen.

Der Vorteil des Durchschreibens: Die meisten Texte werden logischer und klarer im Aufbau. Unser Gehirn hört nämlich nicht auf zu denken, wenn wir das Schreiben unterbrechen. In den Pausen rattert es weiter. Setzen wir uns dann wieder an den Text, fangen wir an jener Stelle an weiterzuschreiben, wo wir aufgehört haben zu denken – und nicht, wo wir aufgehört haben zu schreiben.

4. Beim Laufen Selbstgespräche führen
Einige Spaziergänger in den Wäldern rund um Stuttgart werden mich vermutlich für einen seltsamen Zeitgenossen halten. Das sind jene, denen ich beim Laufen begegnet bin, während ich an einem Text arbeitete. Wenn ich nämlich beim Schreiben nicht weiterkomme, schnüre ich, wann immer es geht, die Laufschuhe und mache mich auf den Weg. Während des Laufens formuliere ich meinen Text. Besonders schwierige Stellen spreche ich vor mich hin. Ich erzähle mir selber, was ich in dem Text sagen will. Dabei klären sich bei mir die Gedanken. Das liegt daran, dass das Gehirn beim Laufen mit mehr Sauerstoff versorgt wird. Zugleich schüttet es das Stresshormon ACTH aus. Es sorgt dafür, dass wir in Stresssituationen klar und konzentriert denken. Manche sprechen von einem Kreativitätshormon. Außerdem wirkt sich die Regelmäßigkeit der Bewegung positiv aus. Sie können sich auf Inhaltliches konzentrieren, weil die motorischen Prozesse des Laufens vom Kleinhirn gesteuert werden. Peinlich wird es eigentlich nur, wenn plötzlich Spaziergänger auftauchen, während ich vor mich hin murmele. Wobei eigentlich zu Gefühlen der Peinlichkeit kein Grund besteht. Schon der Schriftsteller Heinrich von Kleist hat einen Aufsatz verfasst mit dem Titel „Über die allmähliche Verfertigung der Gedanken beim Reden" und mittelalterliche Mönche pflegten beim Denken umherzuwandeln und vor sich hin zu sprechen.

Haben Sie die Gedanken für Ihren Text auf diese Art geformt, empfiehlt es sich, sie einer unbeteiligten Person zu erzählen. Aus deren Fragen und Hinweisen können Sie erschließen, welche Probleme bei Ihrem Leser auftauchen könnten.

5. Neu erzählen lassen

An den meisten Texten arbeiten wir für längere Zeit. Wir schreiben viele Absätze, streichen Passagen, ergänzen Beispiele und kürzen sie wieder heraus. So formt sich in unserem Gehirn der Text. Wir wissen hoffentlich stets, was wir mit unserem Text aussagen wollen. Weil wir aber so intensiv mit dem Text beschäftigt sind, verlieren wir die Distanz zu dem, was wir dann schließlich wirklich aufs Papier bringen.

In meinen Seminaren treffe ich gelegentlich auf Teilnehmer, die nahezu erschüttert sind, wenn jemand ihre Texte nicht versteht. „Aber das ist doch völlig klar! Ich will damit ausdrücken, dass …", rufen sie dann empört aus. Und meistens gelingt es ihnen dann, in zwei, drei Sätzen den Kern ihrer Aussage zu formulieren. Das genau wäre es gewesen, was sie hätten aufschreiben müssen. Beim Schreiben gilt: Der Leser hat fast immer recht. Entscheidend ist, was er verstanden hat, nicht was er hätte verstehen sollen. Um zu testen, was beim Leser angekommen ist, hat sich die Rückerzähl-Methode bewährt. Geben Sie einem Unbeteiligten Ihren Text vor der Veröffentlichung zum Lesen. Das kann Ihr Lebenspartner sein oder ein Kollege, der mit dem Thema des Textes nicht befasst ist. Diese Person soll Ihnen nach der Lektüre erzählen, was und wie er Ihren Text verstanden hat. Prüfen Sie: Ist es das, was ich ausdrücken wollte? Sie können einen zweiten Unbeteiligten fragen, falls Sie dem Urteil der ersten Person misstrauen. Sollten auch in diesem Falle Missverständnisse auftreten, ändern Sie Ihren Text. Bedenken Sie: Der Leser hat recht. Es hat keinen Zweck, darauf zu beharren, dass Sie es ja mit den besten Absichten anders gemeint hatten. Zwei zufällig ausgewählte Personen, die Ihre Worte nicht richtig verstehen, könnten für 20 Prozent Ihrer Leserschaft stehen.

Was kann man tun, wenn gerade kein fremder Leser zur Verfügung steht. Schreibprozessforscher empfehlen: Machen Sie sich selbst zum fremden Leser. Das ist zwar nicht so gut wie ein echter Unbeteiligter, aber besser als nichts. Am besten stellen Sie die Distanz zum eigenen Text her, indem Sie ihn so weit wie möglich verfremden. Ändern Sie die Schriftart. Vergrößern oder verringern Sie die Zeilenabstände. Machen Sie den Rand schmäler. Und vor allen Dingen: Schlafen Sie eine Nacht darüber.

Im Schlaf verarbeitet unser Gehirn die Informationen des Tages. Es baut neue synaptische Verbindungen auf und verstärkt die tagsüber aktivierten. In Laborversuchen konnten Hirnforscher an Ratten beobachten, dass im Schlaf jene Neuronen aktiv wurden, die auch während eines (Lern-)Erlebnisses zuvor gefeuert hatten. Die Wissenschaftler sprechen von Konsolidierung. Beim Menschen vermutet man, dass Informationen vom Hippocampus in den Cortex übertragen werden. Dieses Sich-setzen-Lassen sollten Sie sich für Ihre Texte zunutze machen.

Fazit: Klardeutsch!

Blähdeutsch, das Gegenteil von Klardeutsch, hat weitreichende Folgen für Unternehmen wie für die ganze Gesellschaft. Drei davon will ich nennen:

Genervte Zuhörer

Der Philosoph Arthur Schopenhauer schreibt in seinem furiosen Pamphlet „Über die seit einigen Jahren methodisch betriebene Verhunzung der Deutschen Sprache", das er zwischen 1852 und 1860 schrieb: „Man muss sparsam mit der Zeit, Anstrengung und Geduld des Lesers umgehen; dadurch wird man bei ihm sich den Kredit erhalten, dass, was dasteht, des aufmerksamen Lesens wert ist." Kunden, Mitarbeiter, Zulieferer müssen täglich mit Tausenden von Informationen umgehen, die ihnen sprachlich vermittelt werden. Viele Topmanager haben mir schon geklagt, dass sie jeden Morgen einige Hundert E-Mails auf ihrem Rechner finden. Nur einen winzigen Teil davon können sie lesen, verstehen und bearbeiten. Was nicht auf Anhieb verständlich ist, wird oft ignoriert. Darüber hinaus verbringen Führungskräfte mehrere Stunden am Tag in Sitzungen und hören sich dort in einigen Fällen zwei bis drei Präsentationen am Tag an. Die wenigsten dieser Texte und Vorträge sind gehirngerecht. Sie erzielen nicht die Wirkung, die sie sollen. Blähdeutsch verschwendet die Arbeitszeit von jedem von uns und kostet den Unternehmen damit viel Geld.

Verständnislosigkeit

Hin und wieder frage ich in meinen Seminaren einen Manager, was er mit einem bestimmten Satz ausdrücken wolle. Dann denkt der Mann oder die Frau kurz nach und gerät oft ins Stottern. „Wenn Sie mich so fragen: Das weiß ich auch nicht mehr!" Wie soll ein Fremder verstehen, was der Urheber selbst nicht entschlüsseln kann? Sprachkritik fördert so Unschärfe im Denken zutage.

Kurt Tucholsky erkannte dies schon 1931. In einem sprachkritischen Artikel schrieb er: „Verwickelte Dinge kann man nicht simpel ausdrücken; aber man kann sie einfach ausdrücken. Dazu muss man sie freilich zu Ende gedacht haben." Einen Sachverhalt gehirngerecht aufzubereiten bedeutet zuvörderst, ihn im Gehirn zu durchdenken. Die Disziplin zum Klardeutsch hat somit eine Disziplin des Denkens zur Folge.

Demotivierte Mitarbeiter

Vor einiger Zeit traf ich einen älteren Abteilungsleiter in einem ostdeutschen mittelständischen Betrieb. Er war schon seit drei Jahrzehnten dort beschäftigt. Er hatte die DDR-Zeit durchgemacht und erlebt, wie sein Betrieb von einer westdeutschen Firma übernommen wurde. Als ich ihm erzählte, dass ich mich mit Sprache beschäftige, war er sofort Feuer und Flamme. „Als die neuen Eigentümer kamen, hat hier kein Mensch verstanden, was die gesagt haben", berichtete er. „Ich saß in den Meetings, wie das ja heute heißt, und wusste nicht, was diese westdeutschen Manager mir vermitteln wollten. Das lag nicht an den Inhalten, sondern an der Sprache!" Er habe sich dann hingesetzt und die neue Managementsprache gelernt – so wie man eine Fremdsprache lernt. Langsam ging ihm auf, über was seine Westkollegen sprachen. Mehr als einmal wunderte sich der Mann, wie die neuen Führungskräfte hinter imposanten Formulierungen unspektakuläre Tatsachen versteckten.

So wie diesem Abteilungsleiter geht es in Deutschland fast jedem Arbeitnehmer. Sie verstehen nicht mehr, was ihre Chefs von ihnen wollen, weil sich viele Manager eine Sprache angewöhnt haben, die nur noch Eingeweihte entschlüsseln können. Sie fühlen sich alleingelassen und verängstigt. Das ist keine gute Grundlage, um mit Schwung seine Aufgaben zu erledigen.

In vielen Unternehmen sind, nach US-amerikanischem Vorbild, sogenannte „Visionen" oder „Leitbilder" eingeführt worden. Darin heißt es zum Beispiel: „Den Herausforderungen der Zukunft stellen wir uns frühzeitig durch Innovationen und Kreativität. Hierbei nutzen wir die Möglichkeiten der modernen Technologie verantwortungsbewusst im Interesse unserer Mitglieder, Kunden, Geschäftspartner und Mitarbeiter." So steht es im Leitbild einer norddeutschen Volksbank. Eine Unternehmensberatung behauptet von sich, sie stehe „für konsequente Kundenorientierung, Loyalität, Engagement, hohe fachliche und soziale Kompetenz ihrer Mitarbeiter sowie innovative Produkte". Vermutlich könnte jede Firma dieser Welt diese Ansammlung von Floskeln unterschreiben. Von gehirngerechter Sprache keine Spur.

Wie kommen Führungskräfte auf die Idee, mit solchen Leitbildern ihre Mitarbeiter motivieren zu können? In der Regel wird passieren, was ich aus vielen Unternehmen kenne: Wenn ich das Unternehmensleitbild anspreche, verdrehen die Mitarbeiter die Augen. „Nicht schon wieder!", jammern sie.

Schalten Sie Ihr Vorderhirn ein!

Hat dieses Buch einen Küchenzuruf? Ja, den hat es. Er drückt sich schon in seinem Titel aus: Klardeutsch. Damit meine ich eine gehirngerechte Sprache, die zusammengefasst fünf Kriterien erfüllt:

- Sie ist einfach. Das bedeutet, sie verzichtet auf Blähungen, überflüssige Fremdwörter, Einsprengsel aus dem Englischen und lange, vielsilbige Wörter (der Sprachkritiker Ludwig Reiners nennt sie „Silbenschleppzüge"). Unser Gehirn hat mit solchen Wörtern mehr Mühe; es muss also mehr Energie aufwenden, die Form zu verstehen – folglich bleibt ihm weniger Energie, sich mit dem *Inhalt* zu befassen.
- Sie ist übersichtlich. Die Sätze sind linear gebaut. Der Sprecher oder Schreiber verzichtet auf Einbettungen. Auf diese Weise ermöglicht er dem Gehirn seiner Zuhörer oder Leser, den Gedanken ohne Hürden zu folgen.
- Sie ist anschaulich. Konkrete Wörter, Metaphern, Beispiele und Anekdoten lockern das Gesagte auf und erleichtern es dem Gehirn, sich den Inhalt zu merken.
- Sie ist nicht langweilig. Gezielt gesetzte sprachliche Reize lassen den Zuhörer oder Leser an genau den Stellen aufmerken, an denen er aufmerken soll. So lenkt eine gehirngerechte Sprache die Aufmerksamkeit auf das Neue, das es zu berichten gilt.
- Sie verschwendet nicht die Zeit und Aufmerksamkeit der Zuhörer. Eine gehirngerechte Sprache kommt auf den Punkt. Sie sagt ohne Umschweife, um was es geht und was davon wichtig ist.

Der eine oder andere Leser mag in diesem Buch Tricks gefunden haben, seine Zuhörer oder Leser durch Rhetorik zu beeinflussen. Das ist legitim, denn gehirngerecht zu sprechen und zu schreiben ist kein Verbrechen. Sprache ist ein Führungsinstrument, das wir so gut wie möglich nutzen sollten. Es liegt nahe, sich dabei der Neuro-Rhetorik zu bedienen, denn niemand kann sich den Mechanismen seines Gehirns entziehen. Unser Gehirn assoziiert mit bestimmten Wörtern Gutes oder Schlechtes, egal ob wir es wollen oder nicht. Unser Gehirn merkt sich kuriose Geschichten, auch wenn wir sie nicht behalten wollen. Unser limbisches System zwingt uns bei bestimmten Wörtern oder Geschichten entsprechende emotionale Reaktionen auf, auch wenn wir uns gegen sie wehren. In diesem Sinne ist jeder von uns der Neuro-Rhetorik ausgeliefert.

Der entwicklungsgeschichtlich jüngste Teil des menschlichen Gehirns ist das Vorderhirn, der präfrontale Cortex. Hier werden die Emotionen, die in den tiefer liegenden Regionen wie der Amygdala entstehen, bewertet. Das bedeutet: Wir können uns gegen die Reaktionen unseres Gehirns zwar nicht wehren, aber wir können über die Sprache und die eingesetzten Mittel reflektieren. In diesem Sinne sind wir der Neuro-Rhetorik *nicht* hilflos ausgeliefert. Das, vor allem anderen, unterscheidet uns von weniger entwickelten Lebewesen.

Ich verstehe den Blick, den dieses Buch auf die Neuro-Rhetorik wirft, als Anregung, sich der Wirkung von Sprache auf unser Gehirn bewusst zu werden. Damit versuche ich ein Stück Aufklärung in der Tradition von – man erlaube mir die Anmaßung – Immanuel Kants Aufruf, sich seines eigenen Verstandes zu bedienen. Wer versteht, wie Sprache funktioniert, kann seinen präfrontalen Cortex einsetzen, um sich ihren Manipulationen zu entziehen.

Zum Schluss: Dank und ein leiser Zweifel

Als der Abiturient Max Planck 1874 ein Physikstudium beginnen wollte, riet ihm sein Lehrer Philipp von Jolly davon ab. In dieser Wissenschaft sei alles Wesentliche erforscht. Es gelte, nur noch unbedeutende Lücken zu schließen. Das war, wie wir alle wissen, ein kolossaler Irrtum. Der Physik stand Anfang des 20. Jahrhunderts eine gewaltige Umwälzung durch die Quantenmechanik und die Relativitätstheorie bevor. Wir erkennen daraus: Alles Wissen ist vorläufig.

Zum Glück sind wir vorsichtiger geworden mit unseren Prognosen. Die Hirnforschung hat zwar in den letzten zwei bis drei Jahrzehnten enorme Fortschritte gemacht. Die Technik erlaubt es uns, dem Gehirn sehr präzise bei der Arbeit zuzusehen, wenn es Sprache hört, versteht und produziert. Tausende Experimente zur Sprachverarbeitung mit dem EEG, dem PET und dem funktionellen Magnetresonanztomografen lieferten Bruchstücke von Erkenntnis; wir sind dabei, aus diesen Tausenden von Teilchen ein Puzzle zusammenzulegen, und stellen dabei fest, dass uns noch viele, viele Teilchen fehlen. Zu Beginn des 19. Jahrhunderts war die Phrenologie des badischen Arztes Franz Joseph Gall eine Zeit lang sehr populär, eine frühe Form der Hirnforschung. Auf ihrer Grundlage versuchten Wissenschaftler, aus der Form des Schädels Aussagen über die Charaktereigenschaften des Menschen zu machen. Einige aus heutiger Sicht fragwürdige Experimente schienen die Ergebnisse der Untersuchungen zu belegen.

Wir wissen nicht, ob uns in der Hirnforschung in den nächsten Jahren so etwas wie damals die Revolution durch die Quantenphysik bevorsteht. Wir wissen auch nicht, ob spätere Generationen auf das heutige Wissen der Hirnforschung zurückblicken werden wie wir auf die Phrenologie. Wir bewegen uns gegenwärtig innerhalb eines Paradigmas, um es in der Terminologie des Wissenschaftstheoretikers Thomas S. Kuhn (*Die Struktur wissenschaftlicher Revolutionen*) zu sagen. Innerhalb dieses Paradigmas machen wir gewaltige Fortschritte und gelangen zu faszinierendem Wissen. Ob es ein neues Paradigma geben wird, wann es uns bevorsteht und wie es aussehen wird, wissen wir nicht. Alles Wissen ist vorläufig.

Die Freude am Wissen und an der Erkenntnis hat mich dazu veranlasst, dieses Buch zu schreiben. Es baut zu einem großen Teil auf den aktuellen Forschungsergebnissen der Neurowissenschaften auf. Die Lektüre von über 100 Fachbüchern, von Fachaufsätzen und viele Gespräche mit Wissenschaftlern sind darin eingeflossen. Anregungen und Hinweise von Lesern nach der ersten Ausgabe kamen hinzu. Vorangetrieben haben mich die Neugier und die Freude an den unzähligen Aha-Erlebnissen bei der Recherche. Das ist aus neurobiologischer Sicht nicht weiter verwunderlich: Aha-Erlebnisse der Erkenntnis veranlassen das Belohnungszentrum in unserem Gehirn, bestimmte Neurotransmitter auszuschütten, die Glücksgefühle auslösen. Neues zu lernen ist für uns Menschen wie Kokain zu schnupfen, Schokolade zu essen oder Sex zu haben. Wenn Sie es so sehen, sind große Teile dieses Buches im Rausch geschrieben. Natürlich hoffe ich, dass auch Ihr Gehirn Sie bei der Lektüre mit Glücksgefühlen belohnt.

Aber wir alle wissen: Kokain schadet unserer Gesundheit. Zu viel Schokolade macht dick. Und gelegentlich wachen wir nach dem Sex aus einem Hochgefühl auf und fragen uns, ob er mit dem richtigen Partner war. Vielleicht geschieht dies eines Tages auch mit den Erkenntnissen aus diesem Buch. Einige davon, die ich aus Experimenten und wissenschaftlichen Aussagen gezogen habe, sind spekulativer Natur. Ein Neurowissenschaftler, dem ich mehrere meiner Schlussfolgerungen vortrug, meinte: „Ein Angelsachse würde sie als ‚educated guess' bezeichnen.

Die Wissenschaft kann es nicht beweisen, aber einiges spricht dafür." In diesem Sinne sollten die Leser die Neuro-Rhetorik dieses Buches verstehen: als wohlbegründete Annahme auf der Basis wissenschaftlicher Erkenntnis.

Ein solches Vorgehen ist unvermeidlich. Neurolinguistik ist Grundlagenforschung. Sie dient nicht dazu, Managern zu besseren Präsentationen und Firmen zu besseren Marketingtexten zu verhelfen. Wenn also hier ein Dank folgt, so bleiben die Fehler und Fehlinterpretationen ganz in meiner Verantwortung. Wertvolle Hinweise verdanke ich Professor Grzegorz Dogil vom Lehrstuhl für Experimentelle Phonetik der Universität Stuttgart und Professor Angela Friederici, Direktorin des Arbeitsbereiches Neuropsychologie des Max-Planck-Instituts für Kognitions- und Neurowissenschaften in Leipzig. Mit Dr. Maren Schmidt-Kassow und Dr. Thomas C. Gunther, ebenfalls vom Max-Planck-Institut, durfte ich einige meiner Schlussfolgerungen diskutieren. Jens Brauer nahm sich die Zeit, mir EEGs und fMRTs verständlich und anschaulich zu erklären. Mein Lektor Martin Janik vom Hanser Verlag hat mich stets ermahnt, über dem verständlichen Schreiben die inhaltliche Tiefe nicht zu vernachlässigen.

Mein Freund Tim Schleider und mein Kollege Steffen Sommer haben es stoisch ertragen, dass ich ihnen jede neu gewonnene Erkenntnis sogleich in kleinen Volksreden nahebringen musste. Wolfgang Haas vom Südwestdeutschen Zeitschriftenverleger-Verband, Dr. Bernhard Haupt vom Südwestdeutschen Zeitungsverleger-Verband und Jutta Petersen-Lehmann, Chefredakteurin der *Neuen Apotheken Illustrierten*, haben es mir ermöglicht, meine vorläufigen Erkenntnisse in Seminarform zu entwickeln. Hunderte Teilnehmer dieser und vieler anderer Seminare haben Bruchstücke daraus kommentiert und mir auf diese Weise geholfen, Klarheit zu bekommen. Allen anderen, zahlreichen Wissenschaftlern, Kollegen und Gesprächspartnern, danke ich pauschal und entschuldige mich, sie nicht einzeln aufzuzählen.

Ihnen, liebe Leser, wünsche ich zum einen, dass Sie mein Staunen über die unglaubliche Leistungsfähigkeit dieser seltsamen Neuronenmasse in unserem Schädel nachempfinden können. Und zum Zweiten viel Erfolg dabei, es dieser Neuronenmasse mit Ihren Texten und Reden so einfach und so spannend wie möglich zu machen.

Anmerkungen

1 An dieser Stelle ließe sich einwenden, dass es Genie möglicherweise besser gelungen wäre, Chinesisch zu lernen. Die chinesische Sprache hat eine vergleichsweise simple Grammatik. Wörtlich übersetzt würden sich die Sätze nicht viel anders lesen als diese Wortfolge. Die Erwartung wäre vermutlich enttäuscht worden: Die Schwierigkeit beim Chinesischen liegt in der Betonung der Wörter. Die Fähigkeit des Gehirns, diese Hürde ohne Mühe zu bewältigen, ist ebenfalls mit der Pubertät abgeschlossen.

2 Es gibt übrigens auch zwei Kreolsprachen deutschen Ursprungs. „Unserdeutsch" entstand im späten 19. und frühen 20. Jahrhundert in der deutschen Kolonie Papua-Neuguinea. In der deutschen Kolonie Namibia entwickelte sich das „Küchendeutsch".

3 Wissenschaftler sprechen von der Out-of-Africa-Theorie. Sie gilt als stärker gesichert als die konkurrierende Theorie eines multiregionalen Ursprungs. Gestützt wird die Out-of-Africa-Hypothese durch Übereinstimmungen in der mitochondrischen DNA, die ausschließlich mütterlicherseits vererbt wird. Sie deuten darauf hin, dass möglicherweise alle heute lebenden Menschen von einer einzigen Frau abstammen, der „mitochondrischen Eva", die vor etwa 150 000 Jahren in einem kleinen Gebiet in Afrika gelebt haben soll. Von dort aus wanderten Evas Nachfahren in alle Welt aus. Man darf sich diese Wanderung jedoch nicht so vorstellen wie die Völkerwanderung der Spätantike, in der ganze Völker innerhalb von zwei oder drei Generationen einen Kontinent durchquerten. Die Urmenschen bewegten sich vermutlich von Generation zu Generation nur wenige Kilometer weiter. Stimmt die Out-of-Africa-Theorie, dann sind alle unsere heutigen Idiome Degenerationen einer afrikanischen Ursprache.

4 Der Patient war Polizist und versucht seinem Arzt zu erklären, was er früher gemacht hat.

5 Ohne prosodische Merkmale entscheiden sich die meisten Menschen für die erste Version. Das hat hoffentlich nichts mit deren Meinung zu Frauen und Autofahren zu tun. Einschübe sind schlichtweg der ungewöhnlichere Satzbau.

6 Genau genommen werden die Ergebnisse mehrerer EEGs gemittelt und Signale, die nichts mit der Wortverarbeitung zu tun haben, herausgerechnet. Diese Bearbeitung nennt man EKP (Ereignis-korreliertes

Potenzial). EKPs sind sehr gut geeignet, um die Dauer von Hirnaktivität zu messen. Sie erlauben jedoch nur eine sehr grobe Lokalisierung. Um herauszufinden, wo im Gehirn eine Information verarbeitet wird, setzen die Forscher PET (Positronen-Emissionstomografie) und fMRT (funktionelle Magnetresonanztomografie) ein. Diese beiden Verfahren werden als bildgebend bezeichnet, weil sie die bekannten Bilder des arbeitenden Gehirns liefern.

7   Falls Sie Ihren Wortschatz erweitern möchten: Ein Hyetograf ist ein Gerät, mit dem Niederschlagsmengen gemessen werden; Raytracing bezeichnet einen Algorithmus über die Aussendung von Strahlen, der bei der Berechnung von 3-D-Grafiken benutzt wird; Scheelsucht ist ein altes Wort für Neid und Scharbock ein ebenfalls veralteter Begriff für die Vitamin-Mangelkrankheit Skorbut.

8   Sehr schnell werden Strukturwörter erkannt, zum Beispiel „und", „wenn", „die" und so weiter.

9   Die Deutschsprachigen wären nach dieser Erkenntnis ein besonders morbides Volk. Germanisten der Universität Graz haben im Deutschen 650 verschiedene Ausdrücke für das Sterben gefunden.

10 Ein ähnliches Phänomen, das weniger mit Gefühlen und mehr mit Priming zu tun hat, ist die sogenannte Ankerheuristik. Dabei wird Menschen ein Anker angeboten, an dem sie sich bei der darauffolgenden Schätzung orientieren. Ein Beispiel: Eine Gruppe von Probanden wird gefragt: 1. Ist der Rhein länger oder kürzer als 300 Kilometer? 2. Wie lang ist der Rhein? Die andere Gruppe wird gefragt: 1. Ist der Rhein länger oder kürzer als 5 000 Kilometer? 2. Wie lang ist der Rhein? Im ersten Fall liegt die Antwort bei der zweiten Frage bei etwa 500 bis 600 Kilometer, im zweiten Fall bei etwa 3 000 Kilometer. Die vorherige Frage mit der offensichtlich weit danebenliegenden Antwort hat für die Versuchspersonen die Vorgabe für die Schätzung auf die zweite Frage geliefert. Dieser Trick wird gerne bei Verkaufsverhandlungen eingesetzt. Der Rhein misst übrigens 1 324 Kilometer.

11 Hirnforscher unterteilen das Gehirn in verschiedene nummerierte Bereiche, die sich nach der Art der Nervenzellen an dieser Stelle unterscheiden. Die unterteilten Bereiche werden nach ihrem Erforscher, dem deutschen Neuroanatomen Korbinian Brodmann, Brodmann-Areale genannt.

12 Manche Leute auch mit drei. Aber auf die sollten Sie sich nicht verlassen. Zumal die Fähigkeit weder mit der Intelligenz noch mit der Bildung zusammenhängt, sondern ausschließlich mit der angeborenen Kapazität des Arbeitsgedächtnisses.

Literatur

Adams, Reginald et al.: „Effects of Gaze on Amygdala Sensitivity to Anger and Fear Faces". In: *Science*, vol. 300, 6/2003, S. 1536

Anderlik, Heidemarie/Kaiser, Katja: *Die Sprache Deutsch* (Ausstellungskatalog des Deutschen Historischen Museums Berlin). Sandstein, Dresden 2009

Bader, Markus: *Sprachverstehen. Syntax und Prosodie beim Lesen*. Westdeutscher Verlag, Opladen 1996

Bauer, Joachim: *Warum ich fühle, was du fühlst. Intuitive Kommunikation und das Geheimnis der Spiegelneuronen*. Hoffmann & Campe, Hamburg 2005

Berger, Ruth: *Warum der Mensch spricht. Eine Naturgeschichte der Sprache*. Eichborn, Frankfurt am Main 2008

Bergmann, David: *Der die was? Ein Amerikaner im Sprachlabyrinth*. Rowohlt, Reinbek bei Hamburg 2007

Blakemore, Sarah-Jayne/Frith, Uta: *Wie wir lernen – Was die Hirnforschung darüber weiß*. DVA, München 2005

Brandt, Michael: *Gehirn. Sprache. Artefakt. Fossile und archäologische Zeugnisse zum Ursprung des Menschen*. Hänssler, Holzgerlingen 2000

Bredenkamp, Jürgen: *Lernen, Erinnern, Vergessen*. C.H. Beck, München 1998

Bryant, Gregory A./Barrett, H. Clark: „Recognizing Intentions in Infant-Directed Speech: Evidence for Universals". In: *Psychological Science*, vol. 18, 8/2007, S. 657

Burger, Harald: *Sprache der Massenmedien*. de Gruyter, Berlin 1990

Cahill, Larry et al.: „Similar neural mechanisms for emotion-induced memory impairment and enhancement". In: *Proceedings of the National Academy of Science*, vol. 100, 11/2003, S. 13123–13124

Cattell, Ray: *An Introduction to Mind, Consciousness and Language*. Continuum, London 2006

Chomsky, Noam: *Sprache und Geist*. Suhrkamp, Frankfurt am Main 1973

Chomsky, Noam: *On Language*. WW Norton, New York City, 2007

Christmann, Ursula/Groeben, Norbert: „Psychologie des Lesens". In: Franzmann, Bodo (Hrsg.): *Handbuch Lesen*. Schneider, Baltmannsweiler 2006, S. 145–223

Cohen, John: „Die Genetik der Sprache". In: *Technology Review* 2/2008, S. 50–55

Crinion, J. et al.: „Language Control in the Bilingual Brain". In: *Science*, vol. 312, 6/2006, S. 1537–1539

Damasio, Antonio R.: *Descartes' Irrtum. Fühlen, Denken und das menschliche Gehirn*. 4. Aufl., List, Berlin 2006

De Martino, Benedetto et al.: „Frames, Biases, and Rational Decision-Making in the Human Brain". In: *Science 4*, vol. 313, 8/2006, S. 684–687

Deacon, Terrence W.: *The Symbolic Species. The Co-evolution of Language and the Brain*. Norton, New York 1997

Dehaene, Stanislas: *Der Zahlensinn oder Warum wir rechnen können*. Birkhäuser, Basel 1999

Deutscher, Guy: *The Unfolding of Language. The Evolution of Mankind's Greatest Invention*. Heinemann (Random House), London 2005

Devlin, Keith: *Das Mathe-Gen oder Wie sich das mathematische Denken entwickelt + Warum Sie Zahlen ruhig vergessen können*. Klett-Cotta, Stuttgart 2001

Devlin, Keith: *Der Mathe-Instinkt. Warum Sie ein Mathe-Genie sind und Ihr Hund und Ihre Katze auch*. Klett-Cotta, Stuttgart 2005

Dietrich, Christian/Swingley, Daniel/Werker, Janet F.: „Native language governs interpretation of salient speech sound differences at 18 months". In: *PNAS* October 2, 2007, 10.1073/pnas.0705270104

Dietrich, Rainer: *Psycholinguistik*. 2. Aufl., J.B. Metzler, Stuttgart 2007

Dittmann, Jürgen/Tesak, Jürgen: *Neurolinguistik. Studienbibliographie*. Julius Groos, Heidelberg 1993

Ekman, Paul: *Gefühle lesen. Wie Sie Emotionen erkennen und richtig interpretieren*. Spektrum, Heidelberg 2004

Ender, Uwe Frank: *Sprache und Gehirn. Darstellung und Untersuchung der linguistischen Aspekte des Verhältnisses von Sprache und Gehirn*. Wilhelm Fink, München 1992

Fink, Helmut/Rosenzweig, Rainer (Hg.): *Neuronen im Gespräch. Sprache und Gehirn*. Mentis, Paderborn 2008

Fischer, Steven Roger: *Eine kleine Geschichte der Sprache*. dtv, München 1999

Frenzel, Karolin/Müller, Michael/Sottong, Hermann: *Storytelling. Das Harun-al-Raschid-Prinzip. Die Kraft des Erzählens fürs Unternehmen nutzen*. Hanser, München 2004

Friederici, Angela D. (Hrsg.): *Language Comprehension. A Biological Perspective*. 2. Aufl., Springer, Berlin 1999

Fujii, N./Graybiel, A. M.: „Representation of Action Sequence Boundaries by Macaque Prefrontal Cortical Neurons". In: *Science*, vol. 301, 10/2003, S. 1246–1249

Gehirn & Geist. „Sprich mit mir". Dossier (Sonderheft) 3/2006

Geo Wissen. „Das Geheimnis der Sprache". Vol. 40 (2007)

Gesa Feenders et al.: „Molecular Mapping of Movement-Associated Areas in the Avian Brain: A Motor Theory for Vocal Learning Origin". In: *PLoS ONE* 3(3): e1768. doi:10.1371/journal.pone.0001768

Gigerenzer, Gerd et al.: „Glaub keiner Statistik, die du nicht verstanden hast". In: *Gehirn & Geist* 10/2009, S. 34–39

Golding-Meadow, Susan: *Hearing Gesture. How Our Hands Help Us Think*. Belknap Press, Cambridge, Mass. 2003

Greenfield, Susan A.: *Reiseführer Gehirn*. Spektrum, Heidelberg 2003

Gunter, Thomas C. et al.: „Neural correlates of the precessing of co-speech gestures", NeuroImage, vol. 39, 11/2007, S. 2010–2024

Haarmann, Harald: *Weltgeschichte der Sprachen. Von der Frühzeit des Menschen bis zur Gegenwart*. C.H. Beck, München 2006

Herrmann, Christoph/Fiebach, Christian: *Gehirn & Sprache*. Fischer, Frankfurt am Main 2004

Herschkowitz, Norbert: *Was stimmt? Das Gehirn. Die wichtigsten Antworten*. Herder, Freiburg 2007

Holle, Henning/Gunter, Thomas C.: „The Role of Iconic Gestures in Speech Disambiguation: ERP Evidence". In: *Journal of Cognitive Neuroscience*, vol. 19, 7/2007, S. 1175–1192

Holle, Henning: *The Comprehension of Co-Speech Iconic Gestures: Behavioral Electrophysiological and Neuroimaging Studies* (Diss.). MPI Series, Leipzig 2007

Honjo, Iwao: *Language Viewed from the Brain*. Karger, Basel 1999

Jackendoff, Ray: *Foundations of Language. Brain, Meaning, Grammar, Evolution*. Oxford University Press, Oxford 2002

Jakobson, Roman: *Brain and Language. Cerebral Hemispheres and Linguistic Structure in Mutual Light*. Slavica, Columbus, Ohio 1980

Janson, Tore: *Eine kurze Geschichte der Sprachen*. Spektrum, Heidelberg 2006

Kampe, Knut et al.: „Reward value of attractiveness and gaze". In: *Nature*, vol. 413, 10/2001, S. 589

Kehrein, Roland: *Prosodie und Emotionen*. Niemeyer, Tübingen 2002

Keller, Jörg/Leuninger, Helen: *Grammatische Strukturen – Kognitive Prozesse. Ein Arbeitsbuch*. Narr, Tübingen 1993

Kenneally, Christine: *The First Word. The Search for the Origins of Language*. Viking, London 2007

Kochendörfer, Günter: *Gedächtnisformen in neuronalen Modellen der Sprachverarbeitung*. Narr, Tübingen 1999

Kraus, Andreas: „Fußangeln der Erinnerung". In: *Gehirn & Geist*, 5/2004, S. 66–69

Kraus, Karl: *Die Sprache*. Suhrkamp, Frankfurt am Main 1987

Lai, Cecilia S. et al.: „A forkhead-domain gene is mutated in a severe speech and language disorder". In: *Nature*, vol. 413, 10/2001, S. 519–523

Lakoff, George/Johnson, Mark: *Leben in Metaphern. Konstruktion und Gebrauch von Sprachbildern*. 5. Aufl., Carl Auer, Heidelberg 2007

Langer, Inghard/Schulz von Thun, Friedemann/Tausch, Reinhard: *Sich verständlich ausdrücken*. 7. Aufl., Reinhardt, München 2002

Lieberman, Philip: *Human Language and our Reptilian Brain. The Subcortical Bases of Speech, Syntax and Thought*. Harvard University Press, Cambridge, Mass. 2000

Marschall, Joachim: „Leugnen ist zwecklos. Einschränkende Redewendungen wie „Ich möchte jetzt nicht arrogant klingen, aber …" machen Aussagen nur noch drastischer". In: *Süddeutsche Zeitung* vom 9. Januar 2008

McGuinness, Diane: *Why Our Children Can't Read And What We Can Do About It. A Scientific Revolution in Reading*. Touchstone, New York 1999

McWhorter, John H.: *The Power of Babel. A Natural History of Language*. Heinemann, London 2001

Meeren, Hanneke K. M. et al.: „Rapid perceptual integration of facial expression and emotional body language". In: *PNAS*, October 31, 2005, 10.1073/ pnas.0507650102

Miller, George A.: „The Magical Number Seven, Plus or Minus Two: Some

Mithen, Steven: *The Singing Neanderthals. The Origins of Music, Language, Mind, and Body*. Harvard University Press, Harvard 2006

Limits on Our Capacity for Processing Information". In: *Psychological Review*, vol. 63, 1956, S. 81–97

Miller, George A.: *Wörter. Streifzüge durch die Psycholinguistik*. Zweitausendeins, Frankfurt am Main 1993

Müller, Anja: *Die Macht der Stimme. Die Stimme als rhetorischer Wirkungsfaktor: Zur persuasiven Funktion und Wirkung der Prosodie*. Der Andere Verlag, Bad Iburg 1999

Müller, Cornelia: *Redebegleitende Gesten. Kulturgeschichte – Theorie – Sprachvergleich*. Berlin Verlag Arno Spitz, Berlin 1998

Neininger, Bettina: *Sprachverarbeitung außerhalb der klassischen Zentren* (Diss.). Universität Konstanz 2001

Nicoladis, Elena/Sherman, Jody: „Gestures by advanced Spanish-English second-language learners". In: *Gesture*. Vol. 4:2, 2005, S. 143–156

Norrick, Neal R.: *Conversational Narrative. Storytelling in Everyday Talk*. John Benjamins Publishing, Amsterdam, Philadelphia 2000

Obler, Lorain K./Gjerlow, Kris: *Language and the Brain*. Cambridge University Press, Cambridge 1999

Paeschke, Astrid/Sendlmeier, Walter F.: „Die Reden von Rudolf Scharping und Oskar Lafontaine auf dem Parteitag der SPD im November 1995 in Mannheim – Ein sprechwissenschaftlicher und phonetischer Vergleich von Vortragsstilen". In: *Zeitschrift für Angewandte Linguistik*, 27. 1997, S. 5–39

Peng, Fred C. C.: *Language in the Brain. Critical Assessments*. Continuum, London 2005

Perrin, Daniel: *Schreiben ohne Reibungsverlust: Schreibcoaching für Profis*. Werd, Zürich 1999

Perrin, Daniel/Rosenberger, Nicole: *Schreiben im Beruf. Wirksame Texte durch effiziente Technik*. Cornelsen, Berlin 2005

Pinker, Steven: *How the Mind Works*. Penguin, London 1997

Pinker, Steven: *The Language Instinct. How the Mind Creates Language*. HarperCollins, New York 2007 (TB-Ausgabe)

Pinker, Steven: *The Stuff of Thought. Language as a Window into Human Nature*. Viking, New York 2007

Pinker, Steven: *Wörter und Regeln. Die Natur der Sprache*. Spektrum, Heidelberg 2000

Pöppel, Ernst: *Zum Entscheiden geboren. Hirnforschung für Manager*. Hanser, München 2008

Quevedo, Joao: „Differential effects of emotional arousal in short- and long-term memory in healthy adults". In: *Neurobiology of Learning and Memory*, vol. 79, 3/2003, S. 132–135

Ramachandran, Vilayanur: *Eine kurze Reise durch Geist und Gehirn.* Rowohlt, Reinbek bei Hamburg 2005

Ratey, John J.: *Das menschliche Gehirn. Eine Gebrauchsanweisung.* 4. Aufl., Piper, München 2006

Reiter, Markus/Sommer, Steffen: *Perfekt schreiben.* 2. Aufl., Hanser, München 2007

Reiter, Markus: *Der perfekte Medienauftritt.* Hanser, München 2006

Reiter, Markus: *Die Phrasendrescher. Wie unsere Eliten uns sprachlich verblöden.* Gütersloher Verlagshaus, Gütersloh 2007

Reiter, Markus: *Überschrift, Vorspann, Bildunterschrift.* UVK, Konstanz 2006

Reiter, Markus: „Wegweise im Supermarkt der Wörter". In: *Gehirn & Geist* 11/2007, S. 76–79

Sanders, Willy: *Was die Wörter verraten. Kleine Geschichten rund um die Sprache.* C.H. Beck, München 2000

Sauer, Christian: *Souverän schreiben.* F.A.Z.-Buch, Frankfurt am Main 2007

Schacter, Daniel L.: *Aussetzer. Wie wir vergessen und uns erinnern.* Lübbe, Bergisch Gladbach 2005

Schacter, Daniel L.: *Searching for Memory. The Brain, the Mind, and the Past.* Basic Books, New York 1996

Scheier, Christian/Held, Dirk: *Wie Werbung wirkt. Erkenntnisse des Neuromarketing.* Haufe, Freiburg 2007

Schneider, Wolf: *Speak German! Warum Deutsch manchmal besser ist.* Rowohlt, Reinbek bei Hamburg 2008

Schneider, Wolf: *Wörter machen Leute. Magie und Macht der Sprache.* Piper, München 1976

Schooneveld, C. H. van/Waugh, Linda R. (Hrsg.): *The Melody of Language.* University Park Press, Baltimore 1980

Siefer, Werner/Weber, Christian: *Ich. Wie wir uns selbst erfinden.* Campus, Frankfurt am Main 2006

Spektrum der Wissenschaft. „Die Evolution der Sprache". (Dossier) 1/2004

Spinnen, Burkhard: *Gut aufgestellt. Kleiner Phrasenführer durch die Wirtschaftssprache.* Herder, Freiburg 2008

Spitzer, Manfred. *Lernen. Gehirnforschung und die Schule des Lebens.* Spektrum, Heidelberg 2007

Spitzer, Manfred: *Nervensachen. Geschichten vom Gehirn.* Suhrkamp, Frankfurt am Main 2005

Spitzer, Manfred: *Vorsicht Bildschirm. Elektronische Medien, Gehirnentwicklung, Gesundheit und Gesellschaft.* Klett, Stuttgart 2005

Strange, B. A./Hurlemann, R./Dolan, R. J.: „An emotion-induced retrograde amnesia in humans is amygdala- and β-adrenergic-dependent". In: *Proceedings of the National Academy of Science*, vol. 100, 11/2003, S. 13626–13631

Their, Karin: *Storytelling. Eine narrative Managementmethode.* Springer, Heidelberg 2005

Thompson, Richard F.: *Das Gehirn. Von der Nervenzelle zur Verhaltenssteuerung.* 3. Aufl., Spektrum, Heidelberg 2001

Tucholsky, Kurt: *Sprache ist eine Waffe. Sprachglossen.* 10. Aufl., Rowohlt, Reinbek bei Hamburg 2004

Ueding, Gerd: *Rhetorik des Schreibens. Eine Einführung.* 4. Aufl., Beltz, Weinheim 1996

Urban, Martin: *Wie die Welt im Kopf entsteht. Von der Kunst, sich eine Illusion zu machen.* Eichborn, Frankfurt am Main 2002

Vogeley, Kai: „Empathie: Viel sagende Blicke". In: *Gehirn & Geist* 10/2009, S. 60–65

Weikum, Whitney et al.: „Visual Language Discrimination in Infancy". In: *Science*, vol. 316, 5/2007, S. 1159

Wernicke, Carl: *Der aphasische Symptomenkomplex. Eine psychologische Studie auf anatomischer Basis.* (Reprint der Ausgabe Cohn u. Weigert, Breslau 1874) Springer, Berlin, Heidelberg, New York 1974.

Wittmann, Marc/Pöppel, Ernst: „Neurobiologie des Lesens". In: Franzmann, Bodo (Hrsg): *Handbuch Lesen.* Schneider, Baltmannsweiler 2006, S. 224–239

Zimmer, Dieter E.: *Deutsch und anders. Die Sprache im Modernisierungsfieber.* Rowohlt, Reinbek bei Hamburg 1997

Zimmer, Dieter E.: *So kommt der Mensch zur Sprache. Über Spracherwerb, Sprachentstehung, Sprache & Denken.* Heyne, München 2008

Zimmer, Dieter E.: *Sprache in Zeiten ihrer Unverbesserlichkeit.* Hoffmann & Campe, Hamburg 2005

Der Autor

Markus Reiter gehört zu den renommiertesten Schreib- und Kommunikationstrainern im deutschsprachigen Raum. Er gibt seine Erkenntnisse zur gehirngerechten Sprache sowohl an Manager als auch an Profi-Schreiber, vor allem Journalisten, weiter. In Stuttgart betreibt er das Büro „Klardeutsch". Zu seinen Kunden gehören Wirtschaftsunternehmen, Verlage, PR-Agenturen und öffentliche Institutionen.

Markus Reiter hat nach einem Tageszeitungsvolontariat Politikwissenschaft, Geschichte, Kommunikationswissenschaft und Volkswirtschaftslehre in Bamberg, Edinburgh und an der Freien Universität Berlin studiert. Der Politologe war danach bei einer Kölner PR-Agentur als PR-Berater für Politik tätig. Er wechselte zu *Reader's Digest Deutschland* und schrieb dort hauptsächlich Reportagen. Später übernahm er die Position des stellvertretenden Chefredakteurs und leitete das Magazin zeitweise interimistisch. Bei der *Frankfurter Allgemeinen Zeitung* arbeitete Reiter als Redakteur im Feuilleton. Danach war er bei einer Stuttgarter Kommunikationsagentur Chefredakteur und Mitglied der Geschäftsleitung.

Reiter unterrichtet an mehreren Journalistenakademien und hat zahlreiche Bücher veröffentlicht, vornehmlich zu den Themen Sprache und Kommunikation.

Kontakt: www.klardeutsch.de